GAIA REISEN

Wanderführer mit 68 Touren

Mosel

mit Moselsteig

AUTOR

Bernhard Pollmann • geboren in Freiburg im Breisgau, zählt als Autor und Fotograf von mehr als 30 Wander- und Fahrradführern zu den besten Kennern der Landschaften in Deutschlands Südwesten.

VORWORT

Die Mosel durchfließt zwischen dem Schengener Dreiländereck und Koblenz eines der großartigsten und seit 2000 Jahren berühmtesten Täler Deutschlands. Sonnenverwöhnte Steilhänge schwingen sich neben der Talsohle zum Hunsrück und zur Eifel hinauf, durch die artenreichen Wälder, durch Rebfluren, Streuobstwiesen und Felsflanken hoch über dem Fluss und seinen Mäandern führen abwechslungsreiche Wanderwege und Pfade, Fachwerkdörfer und Weinorte laden zur Genießerrast ein.

Traben-Trarbach, Bernkastel-Kues, Cochem: die Weinorte an der Mosel genießen Weltruf, die Altstadt von Trier steht ebenso wie der Mündungsbereich bei Koblenz als Weltkulturerbe unter dem Schutz der UNESCO.

Pilger können auf dem Jakobsweg den Kathedralen Lothringens zuwandern, und der Moselsteig ist binnen kurzem zu einem der beliebtesten Fernwanderwege avanciert.

Spannende Wanderungen an der Mosel wünscht

Wasserliesch-Löschemer-Kapelle Blick aufs Moseltal.

INHALT UND TOURENÜBERSICHT

AUFTAKT

Vorwort 2
Inhalt und Tourenübersicht 4
Gebietsübersichtskarte 12
Das Gebiet 14
Allgemeine Tourenhinweise 18
Meine Highlights 20

Tour		Seite
01	Perl – Schengen – Sierck	24
02	Perl – Wellenstein – Remich/Nennig	27
03	Rabüscheck – Oberperl – Hammelsberg	31
04	Nennig – Berg – Lateswald	34
05	Merzkirchen – Borg – Perl	37
06	Perl – Leukquelle – Orscholz	43
07	Mettlach – Cloef – Montclair	47
08	Kastel – Neufels – Klause	51
09	Tawern – Metzenberg – Hosteberg	54
10	Palzem – Wincheringen – Thorn	57

Drachenflieger über der Talweitung von Piesport.

ANHANG

Alles außer Wandern 276
Übernachtungsverzeichnis 280
Tourismusinformationen 288
Orte, Tourismusbüros 288
Register 290

km	h	hm	hm								
10	2:30	200	200	✓	✓		✓	✓			
29,2	5:35	490	480	✓	✓		✓				
9	2:15	200	200	✓							
8	2:15	150	150	✓							
20	4:45	250	230				✓	✓			
22	5:30	350	110	✓							
17	4:30	400	400	✓	✓		✓				
6	1:45	100	100	✓			✓				
25	6:30	400	400	✓			✓	✓		✓	
33	8:45	420	420	✓	✓		✓				

INHALT UND TOURENÜBERSICHT

Tour		Seite
11	Remich – Stadtbredimus – Wincheringen	63
12	Wincheringen – Wormeldange – Wellen	68
13	Nittel – Köllig – Rehlingen	72
14	Irreler Wasserfälle – Teufelsschlucht – Ernzen	76
15	Echternach – Girsterklaus – Wasserbillig	80
16	Igel – Liersberg – Löwener Mühle	85
17	Wasserliesch – Liescher Berg – Grana-Denkmal	88
18	Porta Nigra – Liebfrauendom – Kaiserthermen	91
19	Kordel – Ramstein – Butzweiler	97
20	Schweich – Landwehrkreuz – Klüsserath	100
21	Riol – Kumer Knüppchen – Riol	104
22	Mehring – Fünfseenblick – Leiwen	107
23	Klüsserath – Trittenheim – Neumagen	112
24	Piesport – Weißley – Neumagen	116
25	Monzel – Dreifaltigkeit – Klausen – Klüsserath	119
26	Lieser – Küser Plateau	124
27	Zeltingen – Rachtig	127
28	Traben-Trarbach – Graacher Schanzen – Wolfer Kloster	130
29	Enkirch – Starkenburg – Traben-Trarbach	133
30	Briedel – Hindenburglay – Beinter Kopf	136
31	Zell – Collisturm – Merl	139
32	Bullay – Reil – Alf	142
33	Neef – Hochkessel – Petersberg	145
34	Eller – Calmont	148
35	Valwig – Valwigerberg – Brauselay	151

km	h	hm	hm	P							
17	4:30	400	390	✓	✓		✓				
18	4:30	400	390	✓	✓		✓				
19	5:05	250	250		✓		✓				
14	3:35	250	250	✓			✓				
23	6:00	510	490	✓	✓		✓			✓	
12	3:00	250	250	✓	✓						
9,5	2:45	250	250	✓	✓						
5	1:35	50	50				✓				
12	3:15	350	350	✓			✓				
19	4:30	450	450	✓	✓						
10	2:30	250	250	✓	✓			✓		✓	
20	5:15	300	300		✓		✓	✓			
12,5	3:15	300	290		✓		✓				
8	2:20	300	300		✓		✓			✓	
23	5:30	410	390		✓		✓				
14	3:30	250	250	✓							
8	2:00	100	100	✓	✓		✓				
18	4:50	350	350	✓	✓		✓				
9,5	2:35	300	300	✓	✓						
12,5	3:30	200	200	✓							
7,5	2:00	200	200	✓	✓		✓				
15	4:00	350	350	✓	✓		✓				
13	3:30	350	350	✓	✓			✓			
7,5	2:45	300	300	✓	✓		✓	✓			
10	2:55	300	300	✓	✓		✓				

INHALT UND TOURENÜBERSICHT

Tour		Seite
36	Dortebachtal	154
37	Kaisersesch – Rosenthal – Pommern	157
38	Pommern – Martberg – Karden	162
39	Moselkern – Eltz – Müden	165
40	Burgen – Druidenstein	168
41	Buchholz – Eckmühle – Brodenbach	171
42	Oberfell – Bleidenberg – Alken	176
43	Koblenz – Deutsches Eck – Balduinbrücke	180
44	Maria Laach – Laacher See	184
	Ab hier Moselsteig	
45	1. Etappe: Perl – Wochern – Palzem	187
46	2. Etappe: Palzem – Helfant – Nittel	190
47	3. Etappe: Nittel – Wasserliesch – Konz	194
48	4. Etappe: Konz – Mohrenkopf – Trier-Pallien	198
49	5. Etappe: Trier-Pallien – Ehrang – Schweich	201
50	6. Etappe: Schweich – Mehring	204
51	7. Etappe: Mehring – Leiwen	208
52	8. Etappe: Leiwen – Zummethöhe – Neumagen	211
53	9. Etappe: Neumagen – Kesten – Monzel	214
54	10. Etappe: Monzel – Mülheim – Bernkastel	218
55	11. Etappe: Bernkastel – Zeltingen – Ürzig	222
56	12. Etappe: Ürzig – Mont Royal – Traben-Trarbach	227
57	13. Etappe: Traben-Trarbach – Enkirch – Reil	231
58	14. Etappe: Reil – Prinzenkopf – Zell	234
59	15. Etappe: Zell – Bullay – Neef	238

km	h	hm	hm	P							
10	2:30	300	300	✓							
17	4:25	420	130	✓	✓		✓				
10	2:55	390	390		✓		✓				
17	4:30	410	410	✓	✓		✓				
12	3:15	350	350	✓	✓						
15	4:00	100	400	✓	✓		✓				
13	4:10	450	450	✓	✓		✓				
7	2:00	50	50	✓	✓		✓				
9	2:15	100	100	✓	✓		✓				
23	6:10	600	560	✓	✓		✓				
14,9	4:00	490	480		✓		✓				
21,5	5:45	630	690		✓		✓				
17,2	4:30	630	560		✓		✓				
18	5:00	640	680		✓		✓				
12	3:00	530	540		✓						
13,3	3:45	650	620		✓						
12,7	3:30	560	620		✓		✓				
17,6	4:45	760	690	✓	✓		✓				
14,1	3:45	680	350	✓	✓		✓				
17,3	5:00	970	900	✓	✓		✓				
15	4:00	600	690	✓	✓		✓				
15,3	4:00	690	680	✓	✓		✓				
12,4	3:15	500	510	✓	✓		✓				
19,6	5:45	1250	1220	✓	✓		✓				

INHALT UND TOURENÜBERSICHT

Tour		Seite
60	Neef – Bremm – Ediger-Eller	242
61	Ediger – Senheim – Beilstein	246
62	Beilstein – Valwigerberg – Cochem	250
63	Cochem – Pommern – Treis-Karden	254
64	Treis-Karden – Eltz – Moselkern	258
65	Moselkern – Hatzenport – Löf	261
66	Löf – Bleidenberg – Kobern-Gondorf	264
67	Kobern-Gondorf – Winningen	268
68	Winningen – Koblenz	272

Binnenschifffahrt auf der Mosel.

km	h	hm	hm	P							
9,9	3:00	660	630	✓	✓		✓	✓			
16	4:30	750	800	✓	✓		✓				
13,8	3:40	860	880		✓		✓				
23,9	6:30	1280	1280	✓	✓	✓	✓				
12,6	3:45	750	750	✓	✓		✓				
13,9	4:00	740	740	✓	✓		✓				
14,8	4:15	720	730	✓	✓		✓				
12,6	3:30	850	730		✓		✓				
12,8	3:30	140	270		✓		✓				

GEBIETSÜBERSICHTSKARTE

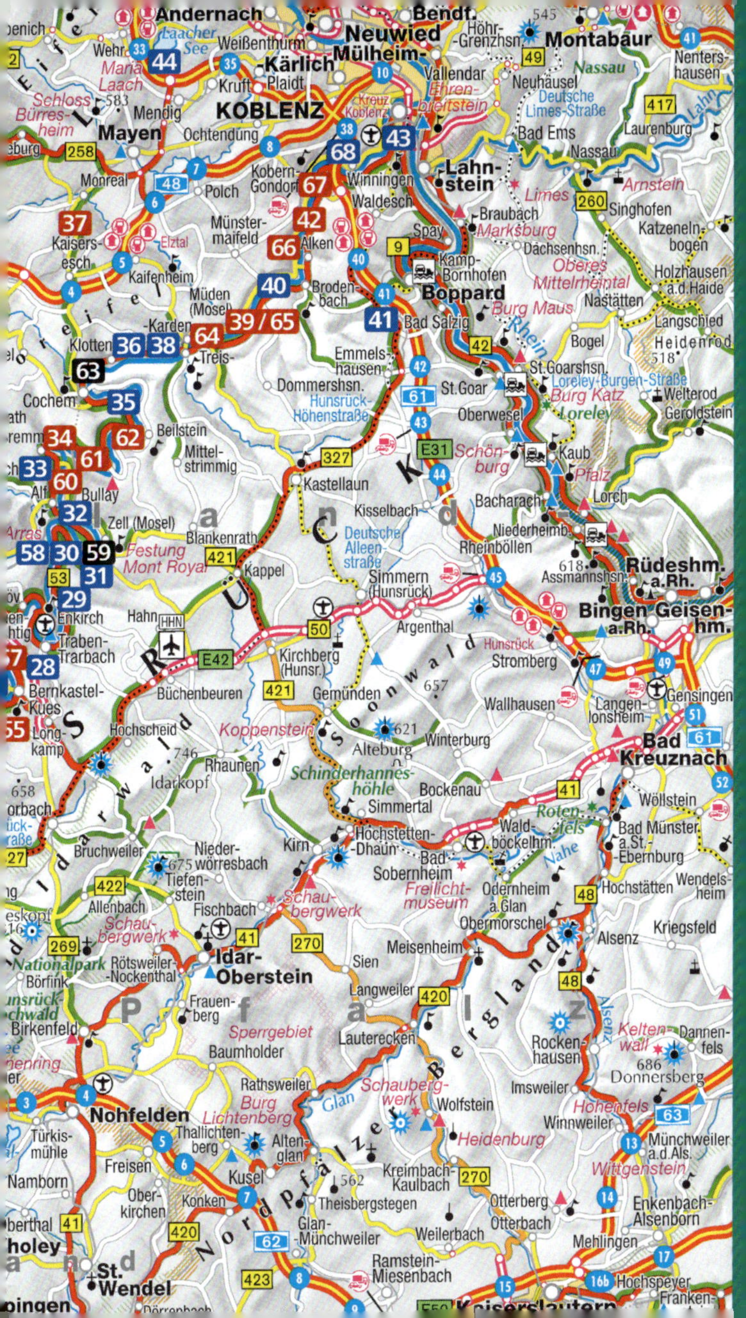

DAS GEBIET

Die Mosel ist der größte Nebenfluss des Rheins in Deutschland. Sie entspringt am Col de Bussang in den Vogesen im Naturpark Ballons des Vosges und mündet nach 545 km am Deutschen Eck in Koblenz in den Mittelrhein.

Von den Vogesen zum Rhein

Von der Quelle am Col de Bussang fließt die Mosel auf 278 km durch das lothringische Schichtstufenland in den Départements Vosges, Meurthe-et-Moselle und Moselle an den Städten Epinal, Toul und Metz vorbei, ehe sie ab dem Schengener Dreiländereck vorübergehend zum Grenzfluss wird. Auf 36 km Länge bildet sie ein gemeinsames Hoheitsgebiet des Großherzogtums Luxemburg und der Bundesrepublik Deutschland, auf deutscher Seite werden die dortigen Ausläufer des lothringischen Schichtstufenlands als Mosel-Saargau bezeichnet, der Fluss als Obermosel. Ab der Einmündung der Sauer am luxemburgischen Grenzort Wasserbillig fließt sie via Konz und Trier auf einer Strecke von 206 km zwischen Eifel und Hunsrück durch Rheinland-Pfalz, wobei in Schweich das durch Mäander und Steilhänge geprägte Durchbruchstal durch das Rheinische Schiefergebirge beginnt. Dort mündet die Mosel auf 60 m über NN in den Mittelrhein in der UNESCO-Weltkulturerbe-Landschaft Mittleres Rheintal. Wie die Mosel entspringen auch ihre wichtigsten Zuflüsse in den Vogesen: in Remiremont mündet die Moselotte, in Frouard die Meurthe und in Konz die Saar. Ab der Schleuse Pompey-Frouard bei Mosel-Kilometer 347 (gerechnet von der Mündung aus) ist die Mosel als Wasserstraße für 1500-t-Schiffe ausgebaut. Der deutsche Name Mosel ist eine Verkürzung des lateinischen Diminutivs „Mosella“, das „kleine Maas“ bedeutet.

Obermosel, Saargau, Gutland

Der Begriff Obermosel bezeichnet den deutschen Teil des Moseltals vom Schengener Dreiländereck bis zur Mündung der Saar in Konz. Von der saarländischen Weinbaugemeinde Perl bis zur Mündung der Sauer in Wasserbillig bildet die Mosel ein gemeinsames Hoheitsgebiet der Bundesrepublik Deutschland und des Großherzogtums Luxemburg, das Gebiet rechts dieses gut 40 km langen Moselabschnitts wird als Saargau bezeichnet, während die luxemburgische Seite zum Gutland gehört. Der Saargau, das Muschelkalkgebiet westlich der Saar, ist ein Teil des lothringischen Schichtstufenlands, charakteristisch sind steile Berg-„Stufen“ mit kurzen, tief eingeschnittenen Bachtälern, Offenland-Hochflächen mit schweren, landwirtschaftlich genutzten Böden und Streuobstwiesen sowie Laubmischwälder. Die Siedlungen sind dörflich geprägt: Haufen- und Straßendörfer und Weiler. Zur Abgrenzung vom oberen Saargau wird der untere Saargau auch als Mosel-Saargau bezeichnet. Der Weinanbau hat hier eine 2000 Jahre alte Tradition. Die älteste, schon von den Römern angebaute Rebsorte ist der Elbling. Die hauptsächlich angebauten Rebsorten sind Rivaner/Müller-Thurgau, Kerner, Weißer Burgunder (Pinot blanc) und Blauer Spätburgunder (Pinot noir). In Perl beginnt die nach Koblenz führende Moselweinstraße, die 242 km lange deutsche Ferienstraße längs der Mosel durch das größte deutsche Riesling-Anbaugebiet.

Burg Saarburg an der Saar, dem größten Nebenfluss der Mosel.

Als Gutland werden die von der Alzig entwässerten Landschaften im mittleren und südlichen Luxemburg bezeichnet. Das Gutland umfasst mehr als zwei Drittel der Fläche des Großherzogtums (68 %); die Sauer im Norden markiert die Grenze zum Ösling, einem Teil der Ardennen. Das Gutland erstreckt sich von der Sauer im Norden bis zur Mosel im Osten, von der Grenze zu Frankreich im Süden bis zur belgischen Grenze im Westen, in seiner Mitte liegt die Landeshauptstadt Luxemburg.

Mittelmosel

Als Mittelmosel wird der 120 km lange Abschnitt des Flusses vom Ende der Trierer Talweitung in Schweich moselabwärts bis Zell bezeichnet. Landschaftsprägend sind die zahlreichen Mäander, die der Fluss zwischen Hunsrück und Eifel im Rheinischen Schiefergebirge ausgetieft hat, die von Weinreben bepflanzten Steilhänge über dem bis zu 300 m tief eingeschnittenen Engtal und die vielen malerischen Weindörfer in einem Gebiet, in dem seit den Zeiten der Römer Wein angebaut wird. Die meisten Lagen tragen die Weißweinrebe Riesling. Wegen der Steilhänge ist das Gebiet relativ verkehrsfeindlich, die Römer nutzten den Fluss als Transportweg, heute führen durch diesen Talabschnitt weder Eisenbahnen noch Autobahnen, die Hauptverkehrsader ist neben dem Fluss die Moselweinstraße (B 53), die zuweilen recht nah an den Radweg heranrückt. Zahlreiche Steiltäler, von denen einige nur periodisch Wasser führen, durchbrechen die Talhänge. Durch die Mäanderbogen hat der Fluss ein ausgeprägtes Sytem von Prall- und Gleithängen geschaffen. Den steilen Prallhängen liegen landzungenartig flache Gleitufer gegenüber, die von nährstoffreichen Auelehmen bedeckt sind. Über dem Talgrund liegt eine meist steil abgesetzte, 1 bis 1,5 m hohe Niederterrasse aus sandig-kiesigem Lehm, aus dieser Terrasse erheben sich die aus Tonschiefer und Grauwacken aufgebauten Steilhänge. Wo die sonnenseitigen Hänge nicht in

Rebland umgewandelt wurden, tragen sie trockene Eichen-Hainbuchen- und Eichen-Elsbeerenwälder sowie an steilen Felsgebieten Heideflächen. Auf den Schattenhängen hingegen wachsen Gebüsche, Ebereschen und Haselsträucher sowie Fichtenforste.

Happy Mosel: autofreies Moseltal
Das Moseltal von Schweich bis Cochem ist alljährlich am Sonntag nach Pfingsten Schauplatz des autofreien Erlebnistags „Happy Mosel“. Dann verwandelt sich auch die Moselweinstraße in eine Fahrrad- und Fußgängerzone, auf der Zehntausende radeln, skaten und wandern, während in den Orten längs der 140 km langen Strecke Volksfeststimmung herrscht (www.happy-mosel.com).
Das autofreie Moselland zählt zu den schönsten Ereignissen an der Mosel. Der große Erfolg hat dazu geführt, dass auch längs der Saar zwischen Konz und Merzig ein autofreier Sonntag eingerichtet wurde: „Saar Pedal“ findet jeweils am dritten Sonntag im Mai statt. Hinzu kommen Summer Biking an Nims und Sauer (vierter Augustsonntag) und Ruwertal aktiv am dritten Augustsonntag.

Untermosel: Terrassenmosel
Als Untermosel wird der nördliche Talabschnitt der Mosel ab der Gegend unterhalb von Zell, der größten Weinbaugemeinde an der Mosel, bis zur Mündung in Koblenz bezeichnet. Die Steilheit der von Felsen durchsetzten Hänge in diesem V-Tal, in dem sich die Mosel 150 bis 200 m in den Grundgebirgssockel eingeschnitten hat, hat dazu geführt, dass vergleichsweise wenige Weinberge während der Flurbereinigung in moderne Großterrassen umgewandelt wurden. Das bedeutendste Beispiel für diese „alten“ Weinberge ist der Bremmer Calmont: Der steilste Weinberg Europas wird bis heute nur mit der Hand bewirtschaftet. Die Steilheit der Weinberge bewirkt eine Intensivierung der Sonneneinstrahlung, die an der Untermosel „Äquatoreffekt“ genannt wird. In besonders steilen Hängen entspricht die Intensität der Sonneneinstrahlung der in Gegenden 1000 km weiter südlich. Spezialität sind trockene Rieslinge von außergewöhnlicher Kraft. Vielfach finden die Reben nur Platz auf schmalen Terrassen, die durch Mauern aus Schiefersteinen gesichert werden. Seit den 1980er Jahren wird die Untermosel daher auch als „Terrassenmosel“ bezeichnet (im Unterschied zu den flurbereinigten „Großterrassen“). Die Steilhänge begleiten die Untermosel immer wieder über längere Strecken als geschlossene Felswände, hin und wieder durchbrochen durch tief eingeschnittene Bachtäler.

Moseleifel – Abdachung der Eifel zu den Moselhängen
Die Moseleifel ist die südöstliche Abdachung der Eifel zu den Moselsteilhängen zwischen Koblenz und Trier. Das Gebiet gliedert sich in Riedel mit Hochflächencharakter, die vom Moseltal Richtung Hocheifel ansteigen und eine durchschnittliche Höhe von 380 bis 400 m erreichen, sowie durch tiefe Taleinschnitte. Die Hochflächen sind überwiegend landwirtschaftlich genutzt, die Hanglagen der steilen Täler dagegen meist bewaldet wie die Kerbtäler von Elzbach, Pommerbach, Endertbach und Ellerbach. Unter Naturschutz stehen das Üßbachtal und der Kondelwald. Auch in klimatischer Hinsicht nimmt die Moseleifel eine Mittelstellung zwischen Moseltal und

Hocheifel ein, der Temperaturunterschied gegenüber der Hocheifel beträgt 1 bis 2 °C.

Mosel-Schifffahrtsweg

Am 26. Mai 1964 wurde der Mosel-Schifffahrtsweg eröffnet. Der Ausbau des Flusses zu einer Wasserstraße für 1.500-t-Schiffe zwischen Frouard und Koblenz verbindet die lothringische und luxemburgische Industriezone mit dem Rhein und führte zu einem rasanten Aufschwung des Fremdenverkehrs. Die Schleifen vor allem zwischen Trier und Cochem sowie unterschiedliche Wassertiefen, kleine Inseln, Untiefen und Sandbänke behinderten jahrhundertelang die Schifffahrt auf der Mosel. Wegen der Hochwasser nach der Schneeschmelze konnten Dampfschiffe ihre Fahrten oftmals erst im März beginnen, in regenarmen Sommern musste der Verkehr oft ganz eingestellt werden. Durch den Ausbau zur Wasserstraße erhielt die Mosel 14 Staustufen (zugleich Elektrizitätswerke) und eine 40 m breite Fahrrinne mit mindestens 2,70 m Tiefe. 1992 bis 2001 wurde die Fahrrinnentiefe zwischen Koblenz und Frouard auf 3,00 m erhöht.

Die touristische Entwicklung an der Mosel profitierte enorm vom Ausbau, der durch eine Verbesserung des Straßennetzes begleitet wurde. Das Moselvorgelände wurde durch die Anlage von Bootsliege- und Campingplätzen für den Fremdenverkehr umgestaltet. Allein an den Moselabschnitten in Deutschland gibt es rund 500 Bootsanlegestellen der Sport- und Freizeitschifffahrt mit mehr als 800 Liegeplätzen, hinzu kommen elf Sportboothäfen mit rund 1.500 Liegeplätzen. Die Mosel mit der weißen Flotte zu bereisen ist heute auf vielen Strecken von April bis Oktober möglich. Etwa 40 Schifffahrtsunternehmen mit einer Flotte von rund 100 Fahrzeugen bieten Fahrten vom Rhein bis Trier oder Tagesausflüge an. Die Flotte genießt ein Vorschleusungsrecht, das in der Moselschifffahrtspolizeiverordnung verankert ist. An der deutschen Mosel sind 144 Landebrücken registriert, die eine Anbindung für fast jeden Moselort sicherstellen.

Mosella von Ausonius – berühmtestes Mosel-Gedicht

Die „Moselreise“ (lateinisch: Mosella) des aus Bordeaux stammenden Schriftstellers und Erziehers Decimus Magnus Ausonius ist eines der berühmtesten literarischen Werke der römischen Spätantike. Ausonius reiste im Jahr 368 im Gefolge Kaiser Valentinians I. auf der alten Römerstraße von Bingen über den Hunsrück in die Kaiserstadt Trier, wo er seit 367 die Erziehung des nachmaligen Kaisers Gratian leitete. In der „Mosella“ beschreibt er in Hexametern die Annäherung an den Fluss, die liebliche Flusslandschaft, die Fruchtbarkeit der Hänge mit den Weinbergen und den Fischreichtum (15 Arten). In einem zweiten Gedicht, zu dem ihn diese Reise inspirierte, rühmt er die Reize des blauäugigen Beutemädchens „Bissula“, das ihm beim Feldzug gegen die Alemannen als Sklavin zugeteilt worden war. Auf den Spuren dieser für Ausonius vergnüglichen Reise verläuft die „Ausoniusstraße“ als „römische Wanderstraße“ von Bingen nach Trier über Rheinböllen, Simmern, Kirchberg, Sohren, Morbach, Gräfendhron und Mertesdorf. Ungeachtet der Bezeichnung „Straße“ ist die Ausoniusstraße keine Straße, sondern ein Wanderweg.

ALLGEMEINE TOURENHINWEISE

SCHWIERIGKEITSGRADE

■ LEICHT

Diese Wanderungen sind einfach. Sie verlaufen auf Forststraßen oder guten Bergwegen. Etappenweise können sie in einfachem Gelände auch weglos verlaufen. Sie können zwar steil sein, sind aber nicht ausgesetzt und höchstens auf kurzen Stellen felsig. Eine Absturzgefahr besteht normalerweise nicht.

■ MITTEL

Bergtouren dieser Art sind von gut trainierten Bergwanderern ohne besondere Vorbereitung zu schaffen. Sie erfordern allerdings bisweilen etwas Trittsicherheit und Schwindelfreiheit. Mitunter verlaufen die Routen auf unmarkierten Etappen, die Orientierungsgabe erfordern.

■ SCHWER

Touren dieser Kategorie sind anspruchsvoll. Sie eignen sich nur für Bergsteiger mit hervorragender körperlicher Verfassung, absoluter Trittsicherheit, Schwindelfreiheit und alpiner Erfahrung. Sichere Wetterlage ist zwingende Voraussetzung. Auf Klettersteigen werden Klettersteigsicherung und Steinschlaghelm empfohlen. Die Routen verlaufen zum Teil über längere Strecken in abgeschiedenem, unerschlossenem, weglosem und unmarkiertem Berggelände. Sie reichen bis in den Schwierigkeitsgrad II der UIAA-Skala hinein.

AUSRÜSTUNG

Im Gebirge muss man für jedes Wetter gerüstet sein. Leichte Sommerkleidung für strapaziöse Anstiege auf steilen Sonnenhängen, also kurze Hosen und ein luftiges T-Shirt (noch eins zum Wechseln) und ein Sonnenschutz für den Kopf, gehören ebenso dazu wie warme Kleidung bestehend aus langer Überhose, Fleece-Jacke oder Pullover, Handschuhe, warmer Mütze und funktioneller Regenbekleidung. Besonders wichtig ist natürlich festes Schuhwerk mit griffiger Profilsohle. Empfehlenswert sind auch Wanderstöcke. Proviant (vor allem ausreichend Getränke) braucht man freilich auch, selbst wenn auf der Route Jausenstationen, Berggasthäuser und Hütten stehen. Für die Sicherheit sollten im Gepäck eine Rucksackapotheke mit Rettungsdecke und ein Handy sein. Für die verwegeneren Routen durch wegloses Gelände helfen Kompass

Bergbahnen

Die Cochemer-Sesselbahn führt von der Altstadt zum Panorama-Restaurant am Pinnerkreuz, einem der besten Aussichtspunkte über dem Moseltal.

Die Seilbahn Koblenz verbindet den Bahnhof und die Festung Ehrenbreitstein mit Panoramablick auf die Mündung der Mosel in den Rhein.

Die Saarburger Sesselbahn schwebt mit exzellenter Aussicht 700 m weit durch Weinberge auf den Warsberg mit Blick auf das größte Moselseitental. An der Bergstation lädt ein Restaurant mit Sonnenterrasse zur Einkehr ein.

und Höhenmesser oder – noch besser – ein GPS-Gerät bei der Standortbestimmung. Für die besonders langen Touren braucht man – besonders im Herbst, wenn die Tage kurz sind – auch eine Stirnlampe und zur Vorsicht einen Biwaksack.

ANGEGEBENE GEHZEITEN

Die in den Höhenprofilen und Beschreibungen angegebenen Gehzeiten gelten für Bergwanderer mit guter Kondition (Bezugspunkt sind 400 m/Std. im Steilgelände).

MEINE LIEBLINGSTOUR

Der Bremmer Calmont thront als eine der steilste Weinlagen Europas sonnendurchflutet über der Bremmer Moselschleife, eine Top-Tour auf dem Moselsteig: Tour 60.

Echternach, Luxemburger Schweiz.

MEINE HIGHLIGHTS

1: Prinzenkopfturm und Marienburg thronen aussichtsreich über dem Zeller Hamm, der berühmtesten Moselschleife.
→ Tour 58, Seite 234

2: Der Perler Panoramaweg verbindet Moselaussichtsstellen, alte Buchenwälder, Orchideenrückzugsgebiete und Streuobstwiesen.
→ Tour 03, Seite 31

3: Die hellen Kalkwände zwischen grünen Weinbergen am Nitteler Felsenweg vermitteln ein mediterranes Landschaftsbild und bieten weite Ausblicke auf das Moseltal.
→ Tour 13, Seite 72

4: Der Römersteig zwischen den Winzerorten Piesport und Neumagen führt zu herausragenden Panoramapunkten.
→ Tour 24, Seite 116

5: Die gotische Kirche auf dem Bleidenberg nahe der Burgruine Thurant ist der berühmteste Wallfahrtsort an der Mosel, Kobern-Gondorf zählt mit seinen Fachwerkhäusern und vier Burgen zu den malerischsten Weinorten.
→ Tour 66, Seite 264

4

5

Konz, Saarmündung.

SAARMÜNDUNG

1

PERL – SCHENGEN – SIERCK

Über den Stromberg im Dreiländereck

10 km | 2:30 h | ↗ 200 hm | ↘ 200 hm

START | Bahnhof Perl (152 m), Bahnhofstraße 113; Obermoselstrecke Thionville – Konz – Trier. [GPS: UTM Zone 32 x: 309.403 m y: 5.483.443 m]
CHARAKTER | Aussichtsreiche Weinberge-, Wald- und Moseluferwanderung auf überwiegend bequemen Wegen.

Der Stromberg mit Streuobstwiesen und Rebhängen ist der aussichtsreiche Bergrücken im Inneren der Kontzer Moselschleife im luxemburgisch-französisch-deutschen Dreiländereck. An seinen Nordausläufern liegt das luxemburgische Wein- und Schlossdorf Schengen, im Südwesthang der lothringische Weinort Niederkontz. Der sonnenexponierte Gipfelrücken steht weitflächig unter Naturschutz und bietet herrliche Ausblicke auf das Moseltal und das lothringische Stufenland, besonders markant treten der Hammelsberg bei Perl und die Seenplatte bei Remerschen hervor, während jenseits der Mosel die Festung von Sierck herübergrüßt.

▶ Der **Bahnhof Perl** 01 liegt an der Mosel beim Gasthaus „Zur Maimühle“ zwischen der Straßenbrücke nach Schengen und der Autobahnbrücke. Über die Straßenbrücke geht es hinüber in das luxemburgische Weindorf **Schengen** 02, wobei neben der Muschel-Markierung des Jakobswegs die x-Markierung des Europäischen Fernwanderwegs 3 die Route weist. In der Rue de la Moselle in Schengen markieren eine Weinpresse und ein Sonnenuhrkreuz von 1612 die Stelle,

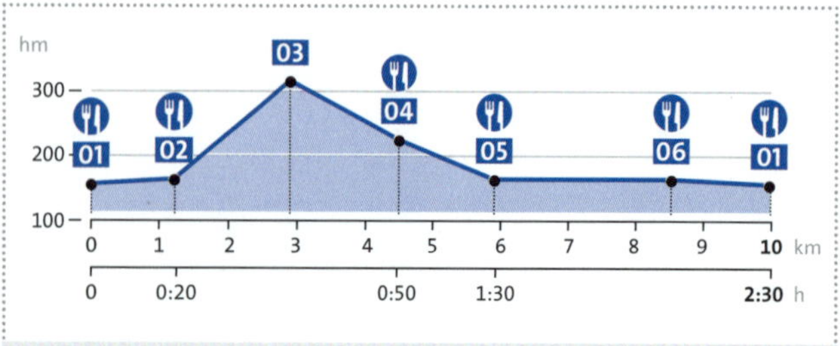

01 Perl Bhf., 152 m; 02 Schengen, 154 m; 03 Stromberg, 314 m; 04 Contz-les-Bains, 212 m; 05 Sierck-les-Bains, 157 m; 06 Apach, 155 m

wo sich bis zur Errichtung der Moselbrücke der Zugang zur Moselfähre befand. Am Europaplatz erinnert ein Denkmal an die Unterzeichnung des Schengener Abkommens, am spätbarocken Koch-Haus (1779) vorbei führt der Wanderweg am **Schengener Schlass** (Schloss) vorbei mit Blick auf das Moseltal und die Apacher Schleuse hinauf in die Weinberge. Oben im Wald geht es weiter auf einem Pfad, der recht steil und in Serpentinen den **Stromberg** 03 hinaufführt. Wo der Pfad oben das Wiesengelände erreicht, bietet sich ein herrlicher Ausblick auf das Moseltal und das lothringische Stufenland. Nach Überqueren der „grünen" Grenze zwischen Luxemburg und Frankreich führt der Weg weiter über den aussichtsreichen Bergrücken, ins Blickfeld rücken auch die Kühltürme des französischen Kernkraftwerks Cattenom.

Vom Stromberg führt der Jakobsweg im Wald hinab zur aussichtsreich vor einer Wiese stehenden **Chapelle du Bœsch** und in das Kirch- und Weindorf **Contz-les-Bains** 04, das wie Perl und Sierck zur Erinnerung an seine alte Lage am Jakobsweg drei Jakobsmuscheln im Ortswappen führt. Der Straßenname „Venelle des hospitaliers" erinnert an die (nicht mehr vorhandene) gotische Sozialstation „Maison des Hospitaliers", in der die Jakobspilger übernachteten.

Nch Überqueren der Mosel auf der Straßenbrücke führen mehrere Rundwanderwege-Mar-

Der Alte Burgturm ist ein Wahrzeichen von Schengen.

kierungen Richtung Sierck, und zunächst oberhalb der Bahnlinie, dann auf der Uferpromenade geht es in das Mittelalter-Städtchen **Sierck-les-Bains** 05.

Von Sierck führt der Moseluferweg in das Grenzdorf **Apach** 05 sowie an der **Staustufe Apach** vorbei und zurück zum **Bahnhof Perl** 01.

Burgstadt Sierck am Moseldurchbruch

Sierck mit der romanischen Bergfestung der Herzöge von Lothringen liegt im obersten Durchbruchstalabschnitt der Mosel, der Kontzer Schleife. Die strategische Bedeutung dieser Enge nutzten schon die Römer und legten auf dem Felsen beim heutigen Sierck die Festung „Circum Castellum“ an, deren Namen in „Sierck“ fortlebt. Die Herzöge von Lothringen ließen ab dem 11. Jh. im Hang des Altenbergs ihre Grenzfestung errichten. Das Ensemble von Umfassungsmauern, Torturm und runden Geschütztürmen ist nachts illuminiert, die kopfsteingepflasterten Gassen von Sierck strahlen den Flair vergangener Jahrhunderte aus. Die Burg bietet einen herrlichen Ausblick auf das Moseltal, das Tal des Montenachbachs mit der Kapelle Marienfloss und auf den Stromberg. Der Überlieferung zufolge brachen die Römer am Stromberg die Steine zum Bau der Porta Nigra in Trier.

PERL – WELLENSTEIN – REMICH

Über die Luxemburger Moselhöhen

20,2 km | 5:35 h | 490 hm | 480 hm

START | Bahnhof Perl (152 m), Bahnhofstraße 113; Obermoselstrecke Thionville – Konz – Trier.
[GPS: UTM Zone 32 x: 309.403 m y: 5.483.443 m]
CHARAKTER | Aussichtsreiche Weinberge- und Waldwanderung auf überwiegend bequemen Wegen.

Oberhalb des **Bahnhofs Perl** 01 führt die Moselbrücke wie bei Tour 1 in den luxemburgischen Weinort **Schengen** 02. Hier unterzeichneten am 14. Juni 1985 die fünf EU-Staaten Belgien, Frankreich, Niederlande, Luxemburg und die Bundesrepublik Deutschland auf dem Fahrgastschiff „Princesse Marie-Astrid" das erste Abkommen über die schrittweise Abschaffung der Grenzkontrollen. An der Place de l'Accord de Schengen, wo das Schiff während der Unterzeichnung ankerte, erinnern drei hohe Stahlstelen an den gelungenen Versuch, den Weg für ein Europa ohne Schlagbäume frei zu machen. Der Moselpfad (E3) führt von Schengen flussaufwärts und folgt der Uferpromenade an der Staustufe Apach vorbei. Kurz vor der französischen Grenze schwingt er sich auf den aussichtsreichen **Stroumberg** 03 hinauf und führt zum Schengener **Markusberg** 04, dessen Riesling- und Burgunderreben zum „Château de Schengen" reifen. Bald nach Überqueren der Autobahn erreicht der Moselpfad das am Fuß des Kapbergs gelegene Weindorf **Remerschen** 05, vereinigt sich mit dem Europäischen Fernwanderweg 2 und führt hoch

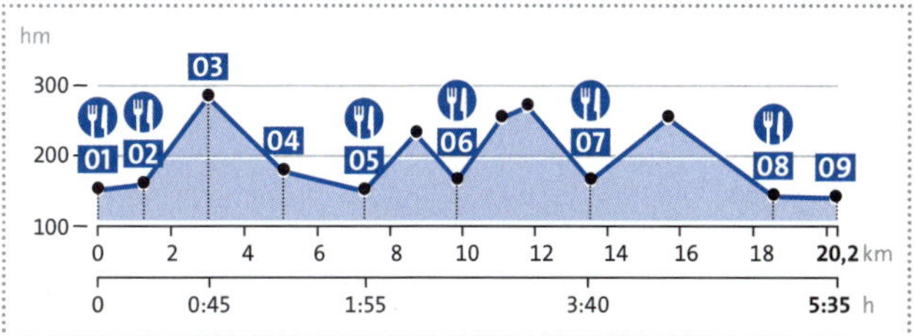

01 Perl, 152 m; 02 Schengen, 154 m; 03 Stroumberg, 290 m; 04 Markusberg, 195 m; 05 Remerschen, 150 m; 06 Wintrange, 160 m; 07 Wellenstein, 170 m; 08 Remich, 142 m; 09 Nennig-Bhf., 146 m

über der weitflächig als Naturschutzgebiet ausgewiesenen Baggerweiherlandschaft Haff Réimech in das Winzerdorf **Wintrange** 06. Hier beginnt der Aufstieg auf den rebenbestockten **Felsberg** (268 m), der an der Donatus-Statue eine einmalige Aussicht auf das Moseltal und den Mosel-Saargau gewährt. Von hier führt der Moselpfad durch ein geradezu unendlich wogendes Rebenrevier in das Winzerdorf **Wellenstein** 07 in der weiten Mulde des Aalerbachs. Wellenstein zählt zu den Musterdörfern der Luxemburger Denkmalpflege. Der vorbildlich restaurierte historische Ortskern umfasst Häuser und Gassen aus dem 16. und 17. Jh.

Hier nimmt der Weg erneut einen Aufschwung, auf dem **Scheierbierg** wartet ein aussichtsreicher Rastplatz, dann ist die Winzerstadt **Remich** 08, die „Perle“ der Luxemburger Mosel, erreicht. Hier befindet sich die erste Moselbrücke ab Schengen; auf deutscher Seite befindet sich der **Bahnhof Nennig** 09, von dem die Bahn zurück nach Perl fährt.

An der Seenlandschaft Hafff Reimech.

Haff Réimech: Naturschutz- und Badeseen

Haff Réimech, die Baggerweiher von Remerschen, bilden ein weiträumiges Naturschutz- und Erholungsgebiet. Das Sport- und Erholungsgelände zählt zu den meistbesuchten Freizeitarealen in Luxemburg, ein Naturlehrpfad erschließt das angrenzende Naturschutzgebiet, in dem Aussichtstürme die Beobachtung des reichen Vogellebens ermöglichen. Das „Centre d´Accueil“ (Visiting Center) informiert über die Geschichte der Seen und die Vogel- und Pflanzenvielfalt. An den seit dem Ende der Ausbaggerung naturbelassenen drei dutzend Teichen hat sich ein außergewöhnliches Pflanzen- und Tierleben im und am Wasser sowie in den Verlandungszonen entwickelt, vor allem für Wasser- und Zugvögel ist Haff Réimech ein wichtiges Brut- und Rastgebiet.

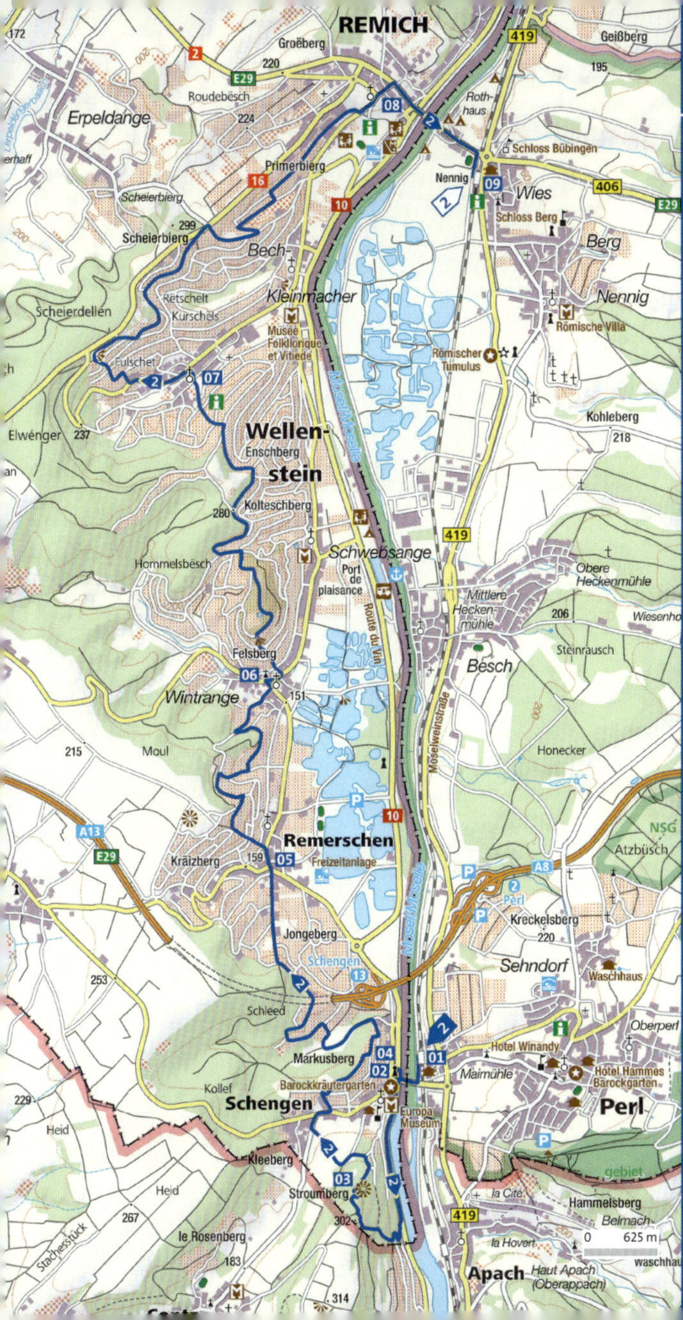
REMICH
Groëberg
Geißberg
Roudebësch
Erpeldange
Rothhaus
Schloss Bübingen
Primerbierg
Nennig
Wies
Scheierbierg
Schloss Berg
Berg
Bech-
Kleinmacher
Nennig
Retschelt
Kurschels
Scheierdellen
Musée Folklorique et Viticole
Römische Villa
Fulschet
Römischer Tumulus
Wellen-
stein
Enschberg
Elwénger
Kohleberg
Kolteschberg
Schwebsange
Hommelsbësch
Port de plaisance
Route du Vin
Obere Heckenmühle
Mittlere Hecken-mühle
Felsberg
Besch
Steinrausch
Wintrange
Wiesenhof
Moul
Honecker
Moselweinstraße
Mosel/Moselle
Kräizberg
Remerschen
Freizeitanlage
NSG
Atzbüsch
Perl
Kreckelsberg
Jongeberg
Schengen
Sehndorf
Waschhaus
Schleed
Oberperl
Hotel Winandy
Markusberg
Maimühle
Hotel Hammes Barockgarten
Kollef
Barockkräutergarten
Schengen
Europa Museum
Perl
Heid
Kleeberg
gebiet
Heid
Stroumberg
la Cité
Hammelsberg
Belmach
le Rosenberg
la Hovert
Stachesstück
Apach
Haut Apach (Oberappach)
0 625 m
waschhau
E29
A13
A8
419
406
2
16
10
13
01
02
03
04
05
06
07
08
09
172
220
224
195
299
237
280
206
218
151
215
159
220
253
229
267
302
183
314

Blick vom Scheuerberg auf Remich im Moseltal.

Porte Saint-Nicolas in der Altstadt von Remich.

RABÜSCHECK – OBERPERL – HAMMELSBERG

Perler Panoramaweg

9 km | 2:15 h | 200 hm | 200 hm

START | Rabüscheck (300 m), Wanderparkplatz an der Bundesstraße B 407 von Perl Richtung Merzig, ca. 1 km oberhalb von Perl auf der rechten Seite der Bundesstraße im Wald. Alternativ (südlicher Ausgangspunkt): Waldparkplatz am Aussichtspunkt Dreiländereck am Ortsrand von Perl. [GPS: UTM Zone 32 x: 312.035 m y: 5.484.565 m]
CHARAKTER | Leichte Waldwanderung auf Pfaden, die gutes Schuhwerk verlangen, und bequemen Forstwegen.

Der Panoramaweg Perl zählt zu den attraktivsten Wanderwegen an der Obermosel. Im deutsch-französischen Grenzgebiet verbindet er wunderbare Aussichtsstellen, das Hammelsberg-Naturschutzgebiet mit Orchideen, alte Streuobstwiesen und urige Pfade. Markiert ist er mit dem roten Buchstaben P vor einem Weintrauben-Dreieck, auch der Moselsteig folgt ihm über eine weite Strecke.

Vom Wanderparkplatz **Rabüscheck** 01 führt der Perler Panoramaweg an ehemaligen Zollhäusern vorbei aufwärts in den **Oberstwald**, am Waldrand mit herrlichem Moseltal-Blick. Nach einer Waldpassage geht es auf

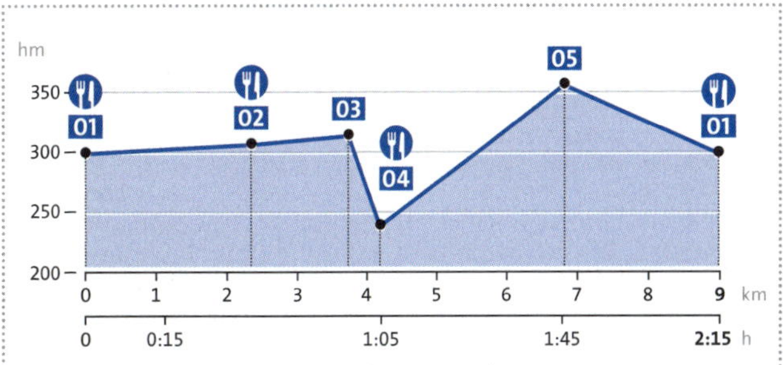

01 Rabüscheck, 300 m; 02 Oberperl, 305 m; 03 Hammelsberg, 310 m; 04 Dreiländereck, 245 m; 05 Sendemast, 354 m

Barockgarten in Perl.

dem Asphaltweg „Zur Kopp“ hinab nach **Oberperl** 02 und dort gegenüber der Hausnummer 35 links auf einen Pfad, der anfangs zwischen Häusern, dann durch Wiesen zwischen Bäumen und Sträuchern zu einer Aussichtssitzbank führt. Der Pfad endet an einem Asphaltweg, an dem die 2 Gehminuten entfernt gelegene Kneipp-Stelle **Naubour** ausgeschildert ist. Nach dem erfrischenden Kneipp-Treten, bei dem kein Handtuch benötigt wird – laut Pfarrer Kneipp sollen die Füße an der Luft trocknen – führen Waldpfade zum Teil steil hinauf zur Schutzhütte auf dem **Hammelsberg** 03 mit herrlichem Blick ins lothringische, luxemburgische und saarländische Moseltal.

An der Schutzhütte zweigt ein Pfad ab, der über den Kamm des Hammelsbergs mit zahlreichen Aussichtsstellen zu den Informationstafeln beim Panoramapunkt **Dreiländereck** 04 folgt. Hier wechselt der Panoramaweg auf die französische Seite des Hammelsberg-Naturschutzgebiets: Im Frühjahr blühen in den Trockenrasen Tausende von Orchideen. Nach diesem grenzüberschreitenden Abstecher führt der Panoramaweg auf einer alten Stufenanlage zurück nach Deutschland, wo eine Sitzbank mit weitem Blick auf das lothringische Moseltal zum Verschnaufen einlädt. Nun enfernt sich der weiter an Höhe gewinnende Panoramaweg von der Grenze, wechselt an der Verzweigung (354 m) beim **Sendemast** 05 halbrechts auf einen Weg und führt nun in mehrmaligen Abzweigungen und auf unterschiedlichen Wegen, Pfaden und Asphaltwegen sowie über eine Treppe zurück zum Ausgangspunkt **Rabüscheck** 01.

Orchideenparadies Hammelsberg

Der für seinen Orchideenschmuck berühmte Hammelsberg (354 m) ist eine von Streuobstwiesen und Buchenwäldern bedeckter Höhenzug beidseits der deutsch-französischen Grenze über dem Moseltal mit hervorragenden Ausblicken flussaufwärts auf das lothringische Stufenland. 1992 wurde der markante Berg, dessen Hänge von Kalkfelsen durchsetzt sind, unter Naturschutz gestellt, um den seltenen Farnen, Insekten, Reptilien und Vögeln einen dauerhaften Rückzugsraum zu gewähren. Zu Beginn des 21. Jhs. wurde das Naturschutzgebiet um die Waldmeister-Buchenwälder und Labkraut-Eichen-Hainbuchenwälder am Atzbüsch erweitert.

NENNIG – BERG – LATESWALD

Nenniger Dolinenweg

8 km 2:15 h 150 hm 150 hm

START | Marktplatz bei der Kirche in Nennig (170 m). Der Bahnhof Nennig an der Obermoselstrecke Thionville – Konz – Trier liegt unterhalb des Winzerdorfs an der Mosel; neben dem Bahnhof befindet sich die Tourist-Information Nennig.
[GPS: UTM Zone 32 x: 310.837 m y: 5.489.671 m]
CHARAKTER | Streuobstwiesen- und Waldwanderung, die bei feuchter Witterung festes Schuhwerk erfordert.

Der Nenniger Dolinenweg erschließt Karsterscheinungen an der saarländischen Obermosel, zugleich liegen zwei kulturelle Highlights am Rundweg: der Renaissancegarten von Schloss Berg und die Römische Villa in Nennig. Geologische Informationstafel begleiten den Dolinenweg, der am besten nach Regenfällen zu durchwandern ist, da bei regnerischer Witterung die Karstformen besonders anschaulich erlebt werden können. Eine Doline (slawisch „Tal") ist eine schüssel- oder trichterförmige Hohlform in Karstgebieten; Dolinen entstehen durch Auslaugung des Gesteins an der Erdoberfläche infolge versickernden Wassers sowie als „Einsturz-Dolinen" über zusammengebrochenen unterirdischen Hohlräumen.

Ausgangspunkt im Winzerdorf **Nennig** 01 ist der Marktplatzbrunnen bei der im Kern romanischen Martinskirche. Vom Marktplatz führt der mit dem Zeichen „Schwarzpunkt" markierte

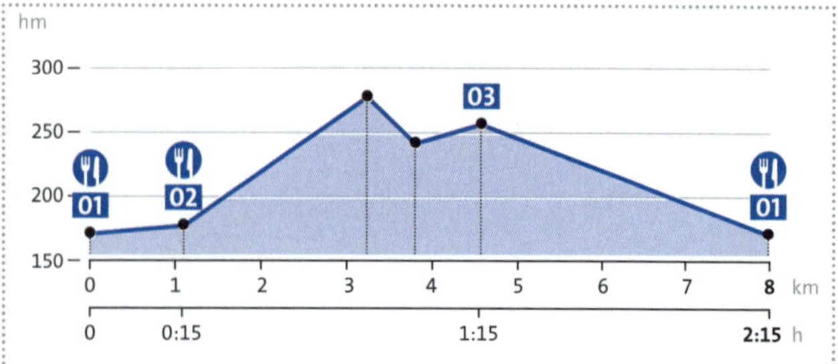

01 Nennig, 170 m; 02 02 Berg, 180 m; 03 Hügelgräber, 260 m

Dolinenweg nordwärts durch die Weinbergstraße in Richtung des weithin sichtbaren Renaissanceschlosses Berg auf einer Anhöhe inmitten der Weinberge. **Schloss Berg** 02 beherbergt die Spielbank Casino Schloss Berg, ein Fünf-Sterne-Hotel und ein Gourmet-Restaurant. Der geometrische Renaissancegarten am Schloss Berg ist Teil des Projekts „Gärten ohne Grenzen" und ganzjährig kostenlos zu besichtigen.

Am Parkplatz beim Schloss taucht der Dolinenweg in die aussichtsreiche Feldflur ein. Durch Streuobstwiesen führt er dem Wald zu. Eine Lehrtafel macht auf ein „Schluckloch" in einer Doline aufmerksam. Hier versickert Wasser im klüftigen Kalkgestein und fließt unterirdisch weiter, ehe es an der Felsstraße in Nennig wieder zu Tage tritt. Im Wald schwenkt der Dolinenweg südwärts und führt in den **Lateswald**, in dem vorgeschichtliche **Hügelgräber** 03 erhalten sind. Hier wendet sich der Dolinenweg westwärts Richtung Nennig, passiert weitere geologisch interessante Stellen, tritt aus dem Wald wieder in Streuobstwiesen und führt zurück ins Kirchdorf **Nennig** 01.

Der Mahlknopf bei Nennig ist ein römischer Grabhügel.

Römische Villa in Nennig

Die Römische Villa in Nennig wartet mit dem größten erhaltenen römischen Mosaik nördlich der Alpen auf. Der 160 m^2 große Mosaikboden aus dem 2./3. Jh. n. Chr. ist eines der wenigen antiken Kunstwerke dieser Art, die am originalen Fundort zu besichtigen sind. Ursprünglich schmückte das Mosaik die zentrale Empfangshalle einer prächtigen Villenanlage, deren Besitzer sich an grausamen Darstellungen erfreute. In sieben Bildfeldern werden neben Musikanten Gladiatorenkämpfe und Tierhatzen gezeigt – diese Bluttaten waren bei den Römern beliebte Freizeitbeschäftigungen. Brandschatzende Wikinger zerstörten und plünderten die Römervilla nach der Normannenschlacht bei Remich (882), 1852 entdeckte ein friedlicher Bauer beim Ausheben einer Rübengrube Mosaiksteinchen: Es war die Wiederentdeckung der Villa an der Römerstraße von Trier nach Metz. Eine Multimediapräsentation im Museumsgebäude informiert über die Geschichte der Villa von Nennig und bietet eine dreidimensionale Rekonstruktion der Gesamtanlage.

MERZKIRCHEN – BORG – PERL

Jakobsweg hoch über Mosel und Leuk

20 km | 4:45 h | 250 hm | 230 hm

START | Martinskirche im Ortszentrum von Merzkirchen (390 m). [GPS: UTM Zone 32 x: 317.689 m y: 5.494.707 m]
CHARAKTER | Leichte Wald- und Wiesenwege.

Aussichtsreich folgt der Jakobsweg der alten Römerstraße inmitten Tausender Obstbäume von Merzkirchen durch den Mosel-Saargau nach Perl im Dreiländereck; in Erinnerung an die Lage am Jakobsweg zeigt das Perler Wappen drei Jakobsmuscheln.

▶ **Merzkirchen** 01 an der Viezstraße (Route du Cidre) ist das landwirtschaftliche Zentrum des Mosel-Saargaus. Von der Martinskirche führt der Jakobsweg ortsauswärts Richtung „Kelsen“ und zweigt nach etwa 500 m rechts auf einen Feldweg ab, den Informationstafeln eines landwirtschaftlichen Lehrpfads begleiten. Der Weg folgt der alten Römerstraße am Gehölz **Michelbüsch** vorbei und bietet herrliche Aussichten über Leuk- und Saartal hinweg auf den Hunsrück, über das Moseltal hinweg nach Luxemburg und zur Eifel sowie nach Oberlothringen. Im Wechsel aus aussichtsreichenn Wiesen- und stimmungsvollen Waldpassagen führt der Pilgerweg zur Grill-

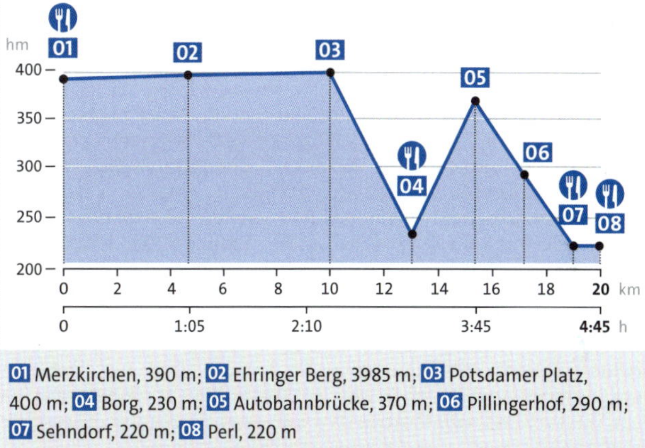

01 Merzkirchen, 390 m; 02 Ehringer Berg, 3985 m; 03 Potsdamer Platz, 400 m; 04 Borg, 230 m; 05 Autobahnbrücke, 370 m; 06 Pillingerhof, 290 m; 07 Sehndorf, 220 m; 08 Perl, 220 m

Kirchdorf Borg.

und Schutzhütte am aussichtsreichen **Ehringer Berg** 02. Wenig später quert er die unsichtbare Grenze zum Saarland, passiert den Windkraftindustriepark am **Renglischberg** und erreicht das deutsch-amerikanische Friedensdenkmal am **Potsdamer Platz** 03 an der Bundesstraße; eine Inschrift mahnt: „Kein Heil liegt im Krieg, um Frieden bitten wir dich alle." Nach Durchqueren des Waldstücks **Kampholz** senkt sich der Jakobsweg in Streuobstwiesen in das Kirchdorf **Borg** 04. Die Pfarrkirche Johannes der Täufer, die Jesuskapelle, das Pestkreuz und eine Marien-Kapelle am Ortsausgang belegen die Frömmigkeit der Bewohner am Jakobsweg. Im Rahmen eines 30-Minuten-Abstechers ist der ausgeschilderte **Archäologiepark Römische Villa Borg** erreichbar, wo sich außer dem Museum und dem römischen Kräutergarten auch eine Taverne befindet, in der man römisch speisen kann.

Der Jakobsweg verlässt den Ort auf dem Merschweiler Weg, der sich nach der Kreuzung mit der Landstraße als Feldweg fortsetzt und über die **Autobahn** 05 hinweg zum **Pillinger Hof** 06 und zum Wanderparkplatz **Rabüscheck** führt. Am Parkplatz zweigt er rechts Richtung Sehndorf ab. Schon bald lohnt rechts der Abstecher zur aussichtsreich gelegenen **Fatima-Kapelle** am Waldrand des Naturschutzgebiets **Atzbüsch**, ehe der Jakobsweg mit weitem Dreiländer-Ausblick nach **Sehndorf** 07, wo wie vor Jahrhunderten der Waschbrunnen den Dorfmittelpunkt bildet, führt. Wenig später ist **Perl** 08 erreicht, das drei Jakobsmuscheln im Wappen führt; hier endet der Jakobsweg an der Pfarrkirche, die von einer modernen Jakobsfigur geschmückt wird.

Kirche in Kirf.

Schloss Thorn
Kreuzweiler
Wald
Walsberg
Breinsdorf
419
Geißberg
Halsgrath
287
195
Meeswald
Eiblingroute
Adenholz
Bann-
holz
Schloss Bübingen
406
Wies
E29
Lonnenbach
Eichenlaubstraße
314
Schloss Berg
Berg
Wald-
hof
Sinz
Weilerhof
Nennig
Birkenhof
Römische Villa
Rettelberg
Kohleberg
218
Wingertshof
269
408
Renglis
03
Amerik.
Ehrenmal
Butzdorf
Tettingen
Schildwacht
Kampholz
Obere
Heckenmühle
Eichenlaubstraße
206
Wiesenhof
Peterhof
Steinrausch
Heidlich
Heiselhof
Wochern
Viezstraße
Honecker
Borg
04
Röm.
Hunnenschanze
380
NSG
Atzbüsch
407
A8
Perl-Borg
Pillingerhof
06
Struppshof
Perl
Kreckelsberg
220
07
05
Rabüscheck
-Helle
Sehndorf
Waschhaus
Tiroler
Hof
Natur-
Leukquelle
Eft-
Oberperl
08
Billig
430
Schneeberg
8
Hotel Winandy
Hotel Hammes
Barockgarten
E29
Alte Römerstraße
schutz-
Perl
394
Hirschenberg
427

Kahlenberg
364
Kirf
Kollesleuken
Ehringer-Berg
398
02
Viezstraße
Herrenmühle
304
Breitenacker
Freudenburg
Spirkelsbach
Brüch
Münzingen
Merzkirchen
393
Rommelfangen
Auf dem Kopf
01
397
302
Portz
Viezstraße
5
Dittlingen
Lohheide
Sprenkelbach
Pellenberg
398
345
Wiesenberg
Kelsen
Hirschholzkopf
331
Rosenberg
390
Viezstraße
407
Viezstraße
Michel-
büsch
Meurich
Jungenwald
Römerstraße
Waldhof
Kampholzer Hof
Weyerhäuschen
Kreuzberg
363
Kahlenberg
364
Kirf
Kollesleuken
Ehringer-Berg
forst
Schwarzbruch
Viezstraße
Mettlach
382
NSG
Neumühle
Steinchen
351
Dickenhau
Mittel-
tünsdorf
Ölmühle
Untertünsdorf
NSG
Historische
Schmiede
Obertünsdorf
Büschdorf
0
550 m
Kewelsberg

Perl: Barockgarten und Quirinusritt

Der Barockgarten im Zentrum des Moselorts Perl an der Biringer Straße bildet zusammen mit dem Palais Nell (1733), der Quirinuskapelle und der Pfarrkirche ein malerisches Ensemble mit herrlichen Ausblicken auf das Moseltal. Die Schmuckbeete sind spiegelbildlich um den zentralen Springbrunnen gruppiert und werden jahreszeitlich bepflanzt. Im Park wachsen auch stattliche Eiben und alte Laubbäume aus der Zeit, als der Park dem Trierer Domkapitel gehörte. Während der napoleonischen Kriege wurde das Erzstift Trier aufgehoben, der Park verfiel, das Hofhaus erhielt weltliche Besitzer, darunter die Familie von Nell, nach der Park und Hofhaus noch heute benannt sind. Im Rahmen des Projektes „Gärten ohne Grenzen“ wurde der alte Domkapitel-Park wieder hergestellt.
Die Quirinuskapelle beim Quirinusbrunnen in Perl war vom Mittelalter bis zu den napoleonischen Kriegen der berühmteste Wallfahrtsort an der Obermosel. Der alljährlich am 1. Mai zeitgleich mit der Perler Kirmes veranstaltete Quirinusritt mit anschließender Pferdesegnung erinnert farbenprächtig an diese alte Tradition, mehr als 100 Reiter nehmen an diesem festlichen Umritt teil.

Weite Landschaft beim Kirchdorf Borg.

PERL – LEUKQUELLE – ORSCHOLZ

Von der Obermosel zur Cloef

22 km | 5:30 h | 350 hm | 110 hm

START | Dreiländereck (220 m), Parkplatz am südlichen Ortsrand von Perl. [GPS: UTM Zone 32 x: 310.549 m y: 5.483.218 m]
CHARAKTER | Leichte Wald- und Wiesenwanderung.

Vom Winzerort Perl an der Mosel führt der Europäische Fernwanderweg 3 über die aussichtsreiche Muschelkalkplatte des Mosel-Saargaus zur Leukquelle und zur Felsklippe Cloef, die ein atemberaubendes Panorama der Mettlacher Saarschleife bietet. Vom Luftkurort Orscholz über der Saarschleife fährt der Bus zurück nach Perl.

▶ Vom Waldparkplatz Dreiländereck in **Perl** 01 führt der Panoramaweg wie Tour 3 über den aussichtsreichen **Hammelsberg** 02 und durch Streuobstwiesen und Wald zum Parkplatz **Rabüscheck** 03 an der B 407. Hier geht es kurz rechts längs der Bundesstraße, die an der Straßenmeisterei kurz vor der Autobahnausfahrt „Perl" auf der ersten Brücke überquert wird. Dahinter führt ein Asphaltweg parallel zur Autobahn zum **Schneeberg** an der deutsch-französischen Grenze, überquert hier die **Autobahn** 04 und führt aussichtsreich durch Wiesen in das Kirchdorf **Eft** 05 an der Quelle der Leuk und der Alten Römerstraße; die gefasste Leukquelle befindet sich am Dorfplatz. Auf der Kirchenstraße führt der E3 weiter in das Kirchdorf **Hellendorf** 06, an der Durchgangsstraße

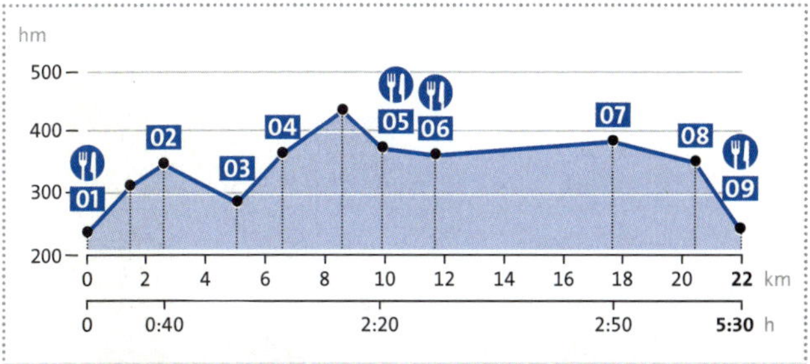

01 Perl, 220 m; 02 Hammelsberg, 354 m; 03 Rabüscheck, 290 m; 04 Autobahnbrücke, 370 m; 05 Eft, 379 m; 06 Hellendorf, 370 m; 07 bei Wiesenhof, 392 m; 08 Cloef, 360 m; 09 Orscholz, 402 m

Kirche in Eft.

kurz rechts und die erste links hinauf zum Wald. Nach schnurgeradem Waldweg tritt der E3 mit herrlicher Hunsrückaussicht aus dem Wald und führt dann südlich von Orscholz zur **Cloef** 08, über der Saarschleife. Von der Cloef zeigen Schilder in den heilklimatischen Kurort **Orscholz** 09, von wo der Bus nach Perl zurückfährt.

Viezstraße: Ferienstraße im Mosel-Saargau

Die Viezstraße von Konz durch den Mosel-Saargau und den Saar-Niedgau nach Wallerfangen im Saartal ist benannt nach dem Apfelwein (Viez), der in Restaurants und Gasthäusern sowie bei bäuerlichen Selbstvermarktern, in Brennereien, Probierstuben und Bauernläden längs dieser touristischen Erlebnisroute angeboten wird. Auf 150 km führt die Viezstraße durch die von aussichtsreichen Streuobstwiesen geprägte Landschaft auf wenig befahrenen Nebenstraßen, sodass sie auch als Fahrradroute genutzt werden kann. Neben den Gastbetrieben und Anbietern von Viez, Apfelsaft, Edelobstbränden, Honig, Milch, Käse, Wurst, Fisch usw. finden sich längs der Route zahlreiche Wanderparkpläte, an denen Rundwanderwege zu landschaftlichen und kulturellen Höhepunkten beginnen. Zu den bekanntesten zählen die Tempelanlage auf dem Metzenberg, der Kasteler Felsenpfad, die Kollesleuker Schweiz, die Römische Villa bei Borg und die Aussichtsklippe Coef bei Orscholz mit dem berühmten Saarschleifen-Blick.

Mettlach

Mettlach an der Saarschleife im Naturpark Saar-Hunsrück hat mit der barocken ehemaligen Benediktinerabtei, in der die Konzernzentrale der Villeroy & Boch AG sowie ein Keramikmuseum untergebracht sind, dem romanischen Alten Turm und dem englischen Landschaftspark ein bedeutendes Klosterensemble in veränderter Form bewahrt. Den gusseisernen Brunnen für den Park entwarf Friedrich Schinkel (1838) anlässlich eines Besuchs des nachmaligen preußischen Königs Friedrich Wilhelm IV. bei Boch. Auch heute bildet das Gebäudeensemble mit seinen Gärten dem gepflegten Rahmen für politische Zusammenkünfte.

Die Mettlacher Benediktiner flohen 1794 vor den französischen Revolutionstruppen, die in der Abtei Kunstschätze von unermesslichem Wert zerstörten. 1806 richtete der französische Staat in den Gebäuden der Abtei eine Papierfabrik ein. Jean-François Boch, Sohn des Steingutunternehmers Pierre-Joseph Boch, kaufte 1809 die Gebäude der säkularisierten Benediktinerabtei und richtete hier eine Geschirrfabrik ein. Durch z. T. selbst konstruierte Maschinen mechanisierte er die Arbeitsprozesse und ebnete den Weg zur industriellen Produktion bei höchstem Qualitätsanspruch. Die benötigten Rohstoffe wurden per Schiff auf der Saar angeliefert. Das 1829 entwickelte weiße, extrem feste Steingut war dem Porzellan so ähnlich, dass es Porzellansteingut genannt wurde; kein anderes Unternehmen konnte etwas Vergleichbares herstellen. Der Zusammenschluss mit dem größten Konkurrenten, Nicolas Villeroy, legte 1836 die Basis für die europäische Marktführerschaft.

Mit den Gewinnen aus dem florierenden Unternehmen gründete Boch Kranken-, Witwen-, Waisen-, Darlehens- u. a. Fonds sowie Bildungseinrichungen für seine Arbeiter. Zugleich legte er mit seinen privaten Kunstsammlungen den Grundstein für das heutige Keramikmuseum.

METTLACH – CLOEF – MONTCLAIR

An der Saarschleife

17 km | 4:35 h | 400 hm | 400 hm

START | Bahnhof Mettlach (180 m) an der Saarstrecke Saarbrücken – Merzig – Trier.
[GPS: UTM Zone 32 x: 326.051 m y: 5.485.323 m]
CHARAKTER | Die zum Teil schmalen, steilen Pfade erfordern festes Schuhwerk.

Spektakuläre Pfade und Täler, atemberaubende Felsbalkone und urwüchsige Natur. Die Saarschleifen-Runde mit Burg Montclair, Fährenüberfahrt und Aussichtspunkt Cloef zählt zu den schönsten Wanderungen im Drei-Ländereck.

▶ Vom **Bahnhof Mettlach** 01 führt die Bahnhofstraße hinab Richtung Saar, bis der Saar-Hunsrück-Steig (SH) kreuzt und der Saaruferstraße flussaufwärts zum Marktplatz folgt. Links liegen die ehemalige Benediktinerabtei mit dem Stammsitz des Keramikproduzenten Villeroy & Boch sowie die umgebenden Parkanlagen, unten am Fluss befindet sich der Anleger der Ausflugsschiffe.
Nach Überqueren der Hängebrücke, die Mettlach und Keuchingen verbindet, wechselt der Saar-Hunsrück-Steig in die zweite, für den öffentlichen Verkehr gesperrte Straße (Am Bohnenberg) links in den Hang. Nach wenigen Minuten endet die Straße, der Wanderweg schwingt sich passagenweise als schmaler Pfad auf die Abbruchkante über dem Tal hinauf, tangiert später die letzten Häuser von Keuchingen und führt dann zu den Aussichtsfelsen der Keuchinger Schweiz. Unter alten Buchen und

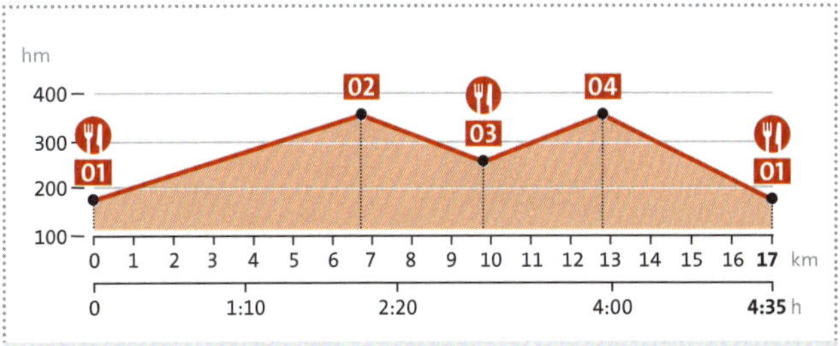

01 Mettlach, 180 m; 02 Cloef, 360 m; 03 Rabüscheck, 290 m;
04 Montclair, 330 m

Orscholz
Dinscheid
Krautfelsen
Großwald
Kurklinik Saarschleife
Saarschleife
401
Cloef-Atrium
Bistro Mirabell
Baumwipfel-pfad
Orkels-Felsen
Aussichtspunkt Cloef
Saar-schleife
Saar
02
03
04
7
Steinbach
Burg Montclair
Weiße Mark
Lutwinuswald
Leukerkopf
Zweibach
Wiesenhof
400
Schleif
Haus Saarstein
Kanuheim
352
NSG
Steinmühle
Nohn
Dreisbach
351
Viezstraße
Salzmühle
Untertünsdorf
Bonnerbach
Tünsdorferbach
Blechmühle
200

Eichen senkt sich der Weg in das unter Naturschutz stehende **Wellesbachtal**. Nach Überqueren des Bachs auf einer Stegbrücke führt er zum Teil steil aufwärts an den Rand des Luftkurorts **Orscholz** und erreicht nach Überqueren des Weselbachs den Aussichtspunkt **Cloef** 02 über der Saarschleife.

Von der Cloef führt der Saarland-Rundwanderweg zur **Teufelssteinhütte**, wo sich erneut ein weiter Ausblick öffnet. Nun verengt sich der Weg und führt teils als Pfad, teils auf Stufenanlagen und Holzstegen, die bei Nässe rutschig sein können, durch das unter Naturschutz stehende Steinbachtal hinab zur Saar, wo das **Haus Becker** 03 mit Restaurant und Sommerterrasse an der Saarschleife zur Einkehr einlädt. Hier, auf Uferhöhe, bietet sich ebenfalls ein eindrucksvolles Bild der Saarschleife.

Nach Überqueren der Saar mit der Fähre Welles geht es auf dem Treidelpfad kurz flussabwärts, bis sich der Wanderweg im Wald zur Burgruine **Montclair** 04 hinaufschwingt. In den Wäldern auf dem Bergrücken in der Saarschleife führt der Wanderweg zurück nach **Mettlach** 01.

Links: Blick von der Cloef auf die Saarschleife bei Mettlach.

Cloef – Aussichtsklippe über der Saarschleife

Die Felsklippe Cloef bietet einen einmaligen Blick auf die Saarschleife, eine der eindrucksvollsten Flusslandschaften Deutschlands. Auf 10 km Länge sucht sich der Fluss mit einer 180-Grad-Wende seinen schluchtartigen Weg zwischen bewaldeten Steilhängen aus hartem Hunsrückgestein, die Luftlinienentfernung zwischen Besseringen am oberen und Mettlach am unteren Ende der Schleife beträgt nur 2 km. Ein einzigartiger Blick auf dieses Naturwunder im Naturpark Saar-Hunsrück öffnet sich am Aussichtspunkt Cloef bei Orscholz. In der Saarschleife pendelt die einzige Saarfähre über den Fluss. Sie bringt von April bis Oktober Wanderer und Radler von Steinbach auf die rechte Seite der Saar; dort steht auf dem bewaldeten Bergrücken, den der Fluss umfließt, die Burgruine Montclair.

Kleines Immergrün am Wegrand.

KASTEL – NEUFELS – KLAUSE

Felsenweg im Klausenberg

6 km | 1:45 h | 100 hm | 100 hm

START | Parkplatz Klause (348 m) an der König-Johann-Straße zwischen Kastel und Klause in der Gemeinde Kastel-Staadt im unteren Saartal. [GPS: UTM Zone 32 x: 324.323 m y: 5.493.379 m]
CHARAKTER | Der Felsenpfad erfordert festes Schuhwerk und Trittsicherheit.

Der Felsenpfad von Kastel-Staadt zählt zu den urtümlichsten Wanderwegen über dem Mosel-Zufluss Saar. Neben den Felsformationen längs des Pfades begeistern die fantastischen Tiefblicke ins Saartal, über dem die Klause nahezu senkrecht schwebt.

Schon der **Parkplatz Klause** 01 am Ausgangspunkt besticht durch seine landschaftlich hervorragende Lage. Südwärts fällt der Blick zum Naturdenkmal Altfels, einem mauerartig freistehenden Buntsandsteinriff. Die ehemalige Pfarrkirche St. Johann Baptist neben dem Parkplatz fungiert als Gedenkstätte für die Gefallenen des Zweiten Weltkriegs; der Westturm stammt aus romanischer Zeit, in der Chorostwand ist ein frühgotisches Doppelfenster erhalten.
Vom Parkplatz geht es auf der Zufahrt kurz zurück Richtung Kastel; an der ersten Kreuzung fällt je nach Lichtverhältnissen die Entscheidung, den mit dem Buchstaben „F“ markierten Felsenweg links- oder rechtsherum zu durchwandern. Wer ihn im Uhrzeigersinn durchwandert, folgt der Kirchstraße durch **Kastel** 02 und zweigt rechts auf die Stich-

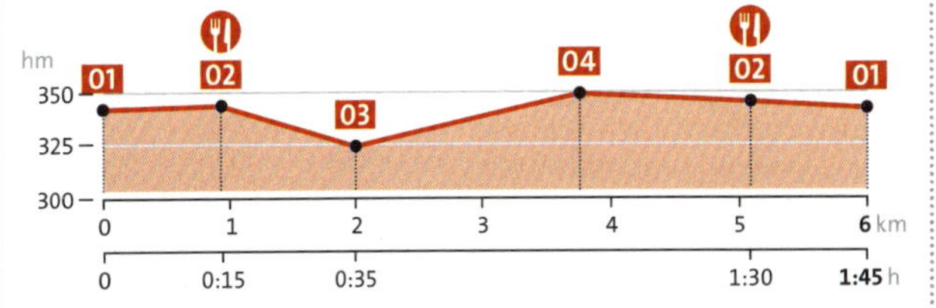

01 Parkplatz Klause, 348 m; 02 Kastel, 349 m; 03 Neufels, 320 m; 04 Elisensitz, 350 m

Alte Kirche in Kastel.

straße **Neufels** 03 zu den Häusern der gleichnamigen Siedlung ab. In der zweiten Serpentine beginnt der rechts abzweigende Felsenweg. Er umrundet, meist als schmaler Pfad, teilweise auf Stufen, das gesamte Felsplateau, zahlreiche Felsgestalten tragen fantasievolle Namen wie Ferlfels, Igelfels, Großmutterfels usw., zwischen dem **Ferlfelsen** und dem **Felsentor** lädt eine Schutzhütte zur Rast ein, am **Römertor** vorbei führt der Pfad in den Steilhang unterhalb der **Klause**, die auf einem ausgeschilderten Zugangspfad erreichbar ist, während der Felsenweg im Steilhang zum Aussichtspunkt **Elisensitz** 04 weiterführt. Der Elisenplatz war der Überlieferung zufolge der Lieblingsplatz der Kronprinzessin Elisabeth von Bayern, der Frau des Kronprinzen Friedrich Wilhelm von Preußen. Dieser ließ den Architekten Friedrich Schinkel um 1833 diesen Aussichtspunkt errichten. Vom Elisensitz führt der Felsenweg weiter durch den Steilhang, und bald nach Passieren des pilzförmigen **Pilsfelsens** erreicht er wieder **Kastel** 02, rechts woes zum **Ausgangspunkt** 01 zurückgeht.

Klause – Felsenkapelle über dem Saartal

Der preußische Kronprinz Friedrich Wilhelm (IV.) ließ 1835 Friedrich Schinkel eine um 1600 an dieser Stelle errichtete Kapelle mit Klausnerwohnung zur Grabkapelle für den Luxemburger Johann den Blinden, den 1346 während des Hundertjährigen Kriegs in der Schlacht bei Crécy gefallenen König von Böhmen, umbauen. Schinkel gestaltete für die Kapelle auch den Sarkophag aus schwarzem Marmor, in den 1838 die Gebeine König Johanns gebettet wurden; nach dem Zweiten Weltkrieg ließ das Großherzogtum Luxemburg die Gebeine des blinden Königs in einer Nacht- und Nebelaktion aus dem Sarkophag nehmen und in die Krypta unter der Kathedrale von Luxemburg überführen; 1985 endete die Odyssee der Gebeine mit der Überführung nach Prag.
In den Felsen westlich der Kapelle befinden sich zwei mittelalterliche Felskammern, die ursprünglich als Kreuzauffindungskapelle und Kreuzkapelle aus dem Buntsandstein herausgeschlägelt worden waren und später zur Klausnerwohnung umgebaut wurden. Die rundbogige Wandnische an der Südostwand des Felsens ist eine Nachbildung des Heiligen Grabes.

TAWERN – METZENBERG – HOSTEBERG

Merkurtempel, Römerstraße, Aussichtsturm

25 km | 7:00 h | 400 hm | 400 hm

START | Ortsmitte Tawern (210) oder Parkplatz am Aufgang zum Metzenberg. [GPS: UTM Zone 32 x: 320.958 m y: 5.505.378 m]
CHARAKTER | Hügelige Aussichtsrunde auf großenteils fahrradfähigen Wegen, passagenweise auf Pfaden.

Vom Kirchdorf Tawern, der römerzeitlichen „Taverne" am Fuß des von einem Merkurtempel überhöhten Metzenbergs, führt der Jakobsweg über den Mosel-Saargau zur Rehlinger Jakobskirche und am aussichtsreichen Hosteberg vorbei.

Das Kirchdorf **Tawern** 01 liegt im Mosel-Saargau an der Historischen Römerstraße Trier – Metz. Von der Ortsmitte folgt der mit dem Muschelzeichen markierte Jakobsweg der Historischen Römerstraße zum rekonstruierten Merkurtempel auf dem **Metzenberg** 02. Vom Tempel folgt der Jakobsweg der Römerstraße, einem sandigen Forstweg, in den aussichtsreichen Mannebacher Weiler **Kümmern** 03, dann im Wald über den Kippberg in den kleinen Ort **Fisch** 04, der neben einem Fisch die Jakobsmuschel im Gemeindewappen trägt. Kurz hinter dem Dorf verlässt der Jakobsweg die Römerstraße und führt ins liebliche Mannebachtal hinab. Die einsam auf einem Friedhof gelegene Pfarrkirche Sankt Jakobus, die **Rehlinger Kirche** 05 mit

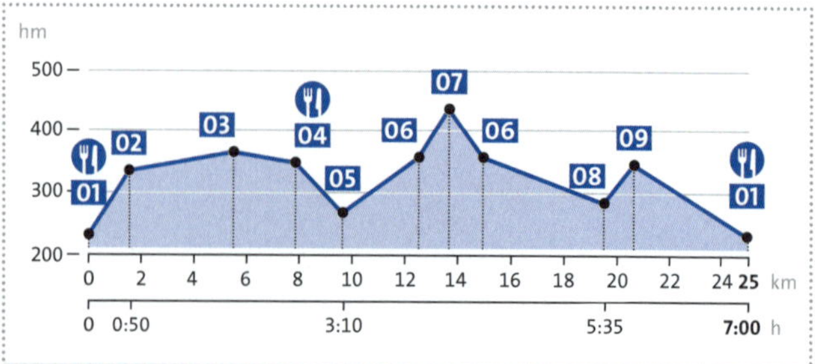

01 Tawern, 210 m; 02 Metzenberg, 327 m; 03 Kümmern, 388 m; 04 Fisch, 347 m; 05 Rehlinger Kirche, 260 m; 06 Am Hosteberg, 363 m; 07 Hosteberg, 435 m; 08 Saarburger Straße, 290 m

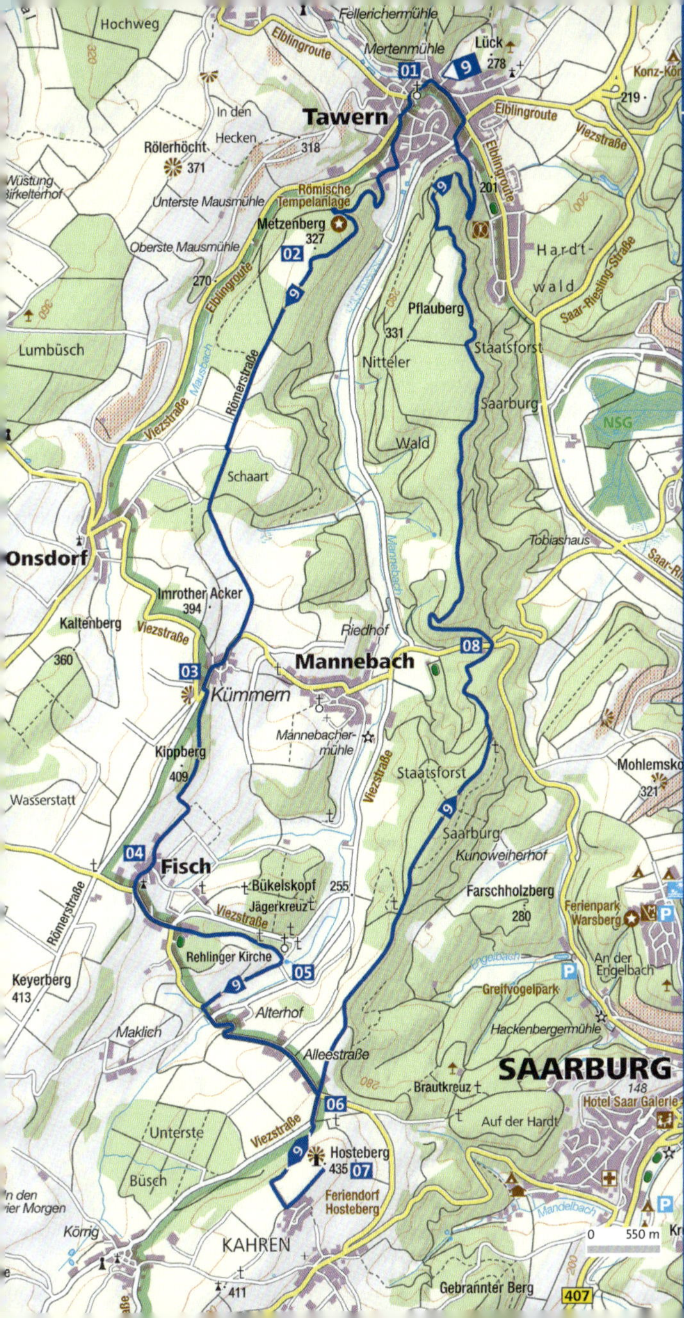
Fellerichermühle
Hochweg
Mertenmühle
Lück
278
Elblingroute
01
Tawern
In den
Hecken
318
219
Rölerhöcht
371
Wüstung
Birkelterhof
Römische
Tempelanlage
Unterste Mausmühle
Metzenberg
327
02
Oberste Mausmühle
270
201
Hardt-
wald
Viezstraße
Saar-Riesling-Straße
Pflauberg
331
Nitteler
Staatsforst
Saarburg
Wald
Lumbüsch
Mausbach
Römerstraße
Schaart
NSG
Tobiashaus
Onsdorf
Imrother Acker
394
Kaltenberg
360
Riedhof
Mannebach
08
03
Kümmern
Mannebacher-
mühle
Kippberg
409
Staatsforst
Saarburg
Wasserstatt
Mohlemskopf
321
04
Fisch
Bükelskopf
255
Jägerkreuz
Kunoweiherhof
Farschholzberg
280
Ferienpark
Warsberg
Rehlinger Kirche
05
An der
Engelbach
Keyerberg
413
Greifvogelpark
Alterhof
Hackenbergermühle
Maklich
Alleestraße
SAARBURG
148
Brautkreuz
Hotel Saar Galerie
06
Auf der Hardt
Unterste
Hosteberg
435
07
Büsch
Feriendorf
Hosteberg
In den
Vier Morgen
Mandelbach
Körrig
KAHREN
0
550 m
411
Gebrannter Berg
407

romanischem Westturm und spätbarockem Langhaus, ist der letzte Zeuge eines untergegangenen Dorfs.
An der nächsten Verzweigung verlassen wir den Jakobsweg, die Wanderwegmarkierung „G10" führt links hinauf, wo **Am Hosteberg** 06 bei klarer Sicht der Abstecher zum Aussichtsturm auf dem **Hosteberg** 07 lohnt. Der Hosteberg (435 m) ist die höchste Erhebung zwischen Mosel und Leuk, die der römischen Wachturmarchitektur nachempfundene Aussichtsplattform auf dem 1912 in historisierenden Formen errichteten Hochwasserbehälter für die Versorgung der umliegenden Gemeinden bietet einen prachtvollen Ausblick auf Saargau, Hunsrück und Eifel.
Vom Hosteberg zurück zur letzten **Verzweigung** 06; Die Saarrundweg-Markierung SR leitet im Wechsel aus Wald und aussichtsreichenn Streuobstwiesen Richtung Tawern, bald begleitet von der zusätzlichen Markierung „G2", die nach Queren der **Saarburger Straße** 08 zurück nach **Tawern** 01 führt.

Merkurtempel auf dem Metzenberg

Die gallorömische Tempelanlage an der Historischen Römerstraße auf dem Metzenberg bei Tawern wurde unter Leitung des Rheinischen Landesmuseums Trier ausgegraben und teilweise rekonstruiert. An der Nordwestecke eines Tempels wurde ein ursprünglich mehr als 15 m tiefer Brunnen freigelegt, in dem Inschriftfragmente, figürliche Reliefs und der überlebensgroße Kopf einer Merkur-Statue aus Kalkstein gefunden wurden. Ein Weihealtar ist Merkur und dem Licht- und Heilgott Apollo geweiht. Zwei Reliefs zeigen die gallische Pferdegöttin Epona und das ägyptische Götterpaar Isis und Serapis. Bei klarem Wetter bietet sich durch eine freigehauene Schneise ein weiter Blick ins Moseltal bis zur Kaiserstadt Trier.

Die Rehlinger Kirche mit romanischem Westturm und spätbarockem Langhaus.

PALZEM – WINCHERINGEN – THORN

Via Caliga: Römischer Sandalenweg

33 km | 8:45 h | 420 hm | 420 hm

START | Bahnhof Palzem (165 m) an der Obermoselstrecke Trier – Perl – Thionville.
[GPS: UTM Zone 32 x: 309.964 m y: 5.493.535 m]
CHARAKTER | Leichte Wiesen- und Waldwege, passagenweise asphaltiert, in überwiegend aussichtsreichem Gelände.

Die Via Caliga folgt zwischen den Winzerorten Palzem und Wincheringen den Spuren der alten Römerstraße im Mosel-Saargau, Informationstafeln erläutern Wissenswertes zu Kultur und Geschichte. Namensgeberin und Markierungszeichen des Rundwanderwegs ist die „caliga", der mit Lederriemen gebundene römische Soldatenstiefel. Dank der guten Bahn- und Busverbindungen lässt sich die Via Caliga beliebig abkürzen bzw. in mehreren Etappen durchwandern.

▶ Von **Palzem** 01 führt die Via Caliga nordwärts über die Moselschleife und hinauf zum **Palzemer Plateau**, auf dem Reste der alten Römerstraße erhalten sind, dreht zurück Richtung Mosel, passiert im Mündungsbereich des Helfanterbachs eine vorgeschichtliche Wallanlage und erreicht den Ort **Wehr** 02 mit der Skulptur „Zwei Wellen" des rheinland-pfälzischen Skulpturenwegs am Bahnhof. Von Wehr geht es durch den **Brästwald** und aussichtsreich über dem Hochufer

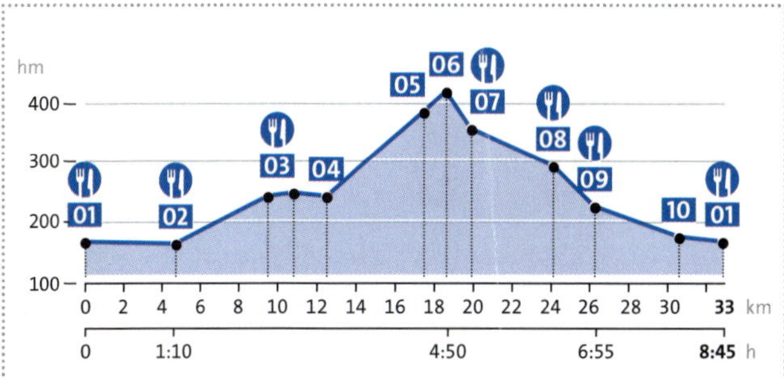

01 Palzem, 165 m; 02 Wehr, 151 m; 03 Wincheringen, 254 m; 04 Gemünd, 249 m; 05 Römerstraße, 390 m; 06 Helenenkreuz, 413 m; 07 Bilzingen, 350 m; 08 Esingen, 292 m; 09 Dilmar, 211 m, 350 m; 10 bei Schloss Thorn, 170 m

Den Uferweg an der Mosel bei Palzem teilen sich Wanderer und Radler.

der Mosel nach **Wincheringen** 03 mit dem weißen Warsbergturm, dem zum Glockenturm umfunktionierten Rundturm einer mittelalterlichen Wasserburg. Nach einem Schlenker zum aussichtsreichen **Gemünd** 04 über der Mosel und dem Zwischenabstieg Richtung Rehlingen erreicht die Via Caliga den aussichtsreichen Saargau-Rücken und folgt der **Römerstraße** 05 zum **Helenenkreuz** 06, wo sich in Top-Panoramalage die alte Römerstraße gabelte. Aussichtsreich führt der Weg weiter zur Lucia-Kapelle in **Bilzingen** 07 und in das Kirchdorf **Esingen** 08, hinter dem sich erneut eine fabelhafte Aussicht bietet. Am Ortsrand von **Dilmar** 09 thront auf einem Felsvorsprung über dem Tal des Dilmarbachs die kleine Kirche Sankt Wendelin und Gangolf, das Tal gibt nun die Route Richtung Mosel vor, doch vor Erreichen des Stroms wendet sich die Via Caliga zu **Schloss Thorn** 10, dem ältesten Schlossweingut an der Mosel. Es thront auf einem Felsen über dem Fluss als oberste rheinland-pfälzische Ansiedlung im Moseltal. Der Name geht auf den römischen Turm (lateinisch: *turris*) zurück, den die Römer auf diesem strategisch günstigen Platz errichteten. Die mittelalterliche Burganlage, von der noch der Torturm steht, sah verschiedene Lehnsmannen, heutige Inhaber der um 1800 zum Schloss umgebauten Anlage ist die Familie von Hobe-Gelting. Zuletzt führt der Uferweg längs der Mosel zurück nach **Palzem** 01.

Der doppeltürmige Helfanter Dom.

Gostingen
Gouschténgerbësch
Dreiborn
295
10
Tomm
Wormeldange
Bierschelt
229
Wincheringen
Brill
Ehnen
Triesch
419
Bidelt
Weinmuseum
enningen
224
200
10
289
Rütsch
Breisgrund
Bräst-
wald
Helfant
dange
Wehr
02
Hëttermillen
Route du Vin
216
Hof Heidfeld
Helfantermühle
Spirzingerb.
Hamm
Unnerwald
Moselweinstraße
Mosel / Moselle
Sabel
Wittholz
Buschbach
10
Spuren der alten Römerstraße
Buschbach
Rohlingen
Staustufe Palzem
Palzem
10
01
216
Galgenberg
Kalkstein
Dilmar
Dilmarbach
09
Schmerzenberg
214
10
Cité Buschland
Schloss Thorn
Kreuzweiler
10
REMICH
419
Geißberg

Rehlingen
Niedersöst
330
Auf den Stauden
347
Rehlinger
Graben
249
Gemünd
304
Hüwelsberg
Warsberghaus
Römerstraße
Siwerich
Keyerberg
413
Auf dem Märchen
369
Wincheringen
03
05
10
Schultersgrund
400
Helenenkreuz
06
Redler-
feld
In den
vier Morgen
Körrig
07
Bilzingen
Schanze
407
Birkenknöpfchen
Eulenberg
303
Römerstraße
Viezstraße
Im Gründchen
393
Rommelfangen
Merzkirchen
Auf dem Kopf
397
Schloß-
wald
Dittlingen
Südlingen
345
Wiesenberg
Pellenberg
398
Südlingerbach
259
Viezstraße
Michel-
büsch
Goldberg
Herigen
329
360
277
Waldhof
Kampholzer Hof
Römerstraße
Beuren
(Saargau)
Breinsdorf
Kahlenberg
364
Walsberg
287
Halsgrath
0 500 m
Kirf

Palzem – südlichste Moselgemeinde in Rheinland-Pfalz

Das Kirchdorf Palzem mit stattlichen bäuerlichen Anwesen des 19. Jhs. ist eine der größten Elbling-Anbaugemeinden der Obermosel. Bekannt sind die Lagen Schloss Thorner Kupp, Lay, Carlsfelsen, Rosenberg und Kapellenberg. Die Siedlungsgeschichte reicht zurück bis in die Römerzeit: Zwischen Palzem und Stadtbredimus überquerte die Römerstraße von Metz nach Trier auf einer Brücke die Mosel. Auf dem Palzemer Plateau oberhalb der Moselschleife wurde eine palastartige römische Villa ergraben, von der sich möglicherweise der Ortsname ableitet, lateinisch *palatiolum* = kleiner Palast.

Der Warsbergturm ist das Wahrzeichen von Wincheringen.

REMICH – STADTBREDIMUS – WINCHERINGEN

Heidbachschlucht und aussichtsreiche Weinberge

17 km | 4:30 h | 400 hm | 390 hm

START | Moselbrücke in der Winzerstadt Remich (142 m), dem Fremdenverkehrszentrum an der Luxemburger Mosel. Der nächste Bahnhof befindet sich in Nennig auf der deutschen Seite der Brücke. [GPS: UTM Zone 32 x: 309.707 m y: 5.491.421 m]
CHARAKTER | Wechsel aus Wirtschaftswegen und schmalen Pfaden, die vor allem bei feuchter Witterung festes Schuhwerk erfordern.

Die Heidbachschlucht bei der Winzerstadt Remich ist der Naturhöhepunkt dieser Moselpfad-Etappe, der auch die Europäischen Fernwanderwege 2 und 3 folgen, danach schließen sich aussichtsreiche Pfade und Wege in den Weinbergen über dem Moseltal an. Die Rückkehr erfolgt mit der Bahn.

▶ Die am Fuß der Weinberge gelegene Winzerstadt **Remich** 01 ist das meistbesuchte Ausflugsziel an der Luxemburger Mosel und die Weinhauptstadt des Großherzogtums. Der Moselpfad folgt der Uferpromenade flussabwärts mit Blick auf Schloss Thorn und zweigt dann links in das **Heidbaachtal** ab, begleitet von den Tafeln eines Na-

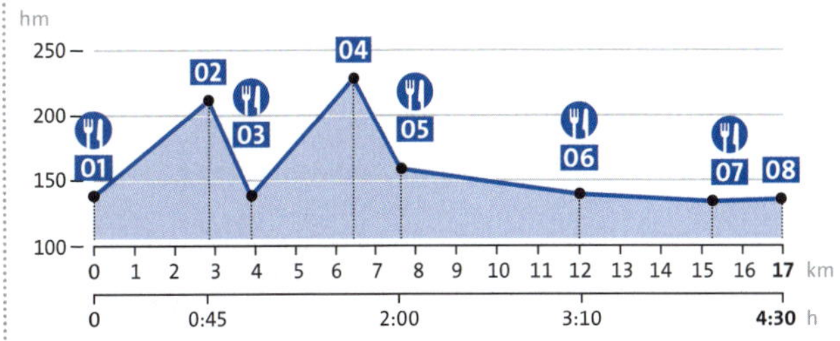

01 Remich, 142 m; 02 Remicherboesch, 211 m; 03 Stadtbredimus, 142 m; 04 Primerberg, 231 m; 05 Greiveldange, 165 m; 06 Ehnen, 145 m; 07 Wormeldange Tal, 139 m; 08 Bahnhof Wincheringen, 140 m

Bacchus-Brunnen an der Esplanade in Remich.

turlehrpfads. Der Weg verschmälert sich zum Pfad neben dem Bach in diesem schönen Laubwaldtal, in dem viele Bäume efeuumrankt sind. Schließlich geht es auf einem Weg steil rechts hinauf im Waldgebiet **Remicherboesch** 02 und dann hinab in den Winzerort **Stadtbredimus** 03 an der Moselstaustufe Palzem. Das Schloss (15. Jh.) von Stadtbredimus ist Sitz der Genossenschaftsgesellschaft Domaines de Vinsmoselle und der Cunibert-Weinbruderschaft.
Von der Kirche in Stadtbredimus führt die Gelbstrich-Markierung des Moselpfads kurz aufwärts auf der Straße, dann rechts (Knupp Weber) hinauf auf die aussichtsreichen Weinberge, der bekannteste ist der auch als Weinlage hoch geschätzte **Primerberg** 04. Nach einem Zwischenabstieg in das Weindorf **Greiveldange** 05 folgt der Moselpfad der Abbruchkante der Bergstufe hoch über dem Moseltal und senkt sich schließlich hinab in das pittoreske Kirchdorf **Ehnen** 06. Ehnen mit seinen engen Gassen und zahlreichen alten Wohnhäusern ist ein kunsthistorisches Kleinod unter den Moseldörfern. Hier bauten trierische Vögte neben französischen Adeligen und luxemburgischen Patriziern. Im prächtigen ehemaligen Anwesen der Familie Wellenstein am Moselufer ist das Weinmuseum untergebracht; der Musterweinberg gibt Aufschluss über die verschiedenen Rebsorten an der Mosel. Die gotische Kirche wurde 1826 in einen Kuppelbau umgewandelt.
Von Ehnen folgt der Moselpfad der aussichtsreichen Abbruchkante des Schichtstufenplateaus nach **Wormeldange** 07 , wo die erste Brücke ab Remich den Fluss überspannt. Am deutschen Ufer befindet sich der **Bahnhof Wincheringen** 08.

Remich: Zentrum des Luxemburger Weinanbaus

Remich ist die Weinhauptstadt des Großherzogtums und das meistbesuchte Ausflugsziel an der Luxemburger Mosel. Jeden Sonntag genießen Tausende von Ausflüglern den Spaziergang auf der Uferpromenade »Esplanade« und durch die verwinkelten Gassen des Orts oder unternehmen eine Ausflugsfahrt auf der MS Marie-Astrid (die auch Fahrräder transportiert). Die Esplanade führt unter Linden zur Porte Saint-Nicolas (Nikolauspforte), dem nach dem Patron der Fischer und Seefahrer benannten Tor, das als einer der wenigen Reste der mittelalterlichen Stadtbefestigung die Zeiten überdauert hat. Die »Rudererstadt« Remich (lateinisch remigere: rudern) hieß in der römischen Antike Remacum, 882 wurde sie von Wikingern zerstört. Eine der ältesten Gassen ist die Bäichergaas, die hinter der Nikolauspforte bergwärts führt. Über der Altstadt thront die in rotem Buntsandstein errichtete Dekanatskirche (1817). Remich ist Sitz des staatlichen Weinbauinstituts Institut Viti-Vinicole und des Amts Marque Nationale für die nationalen Weinmarke.
Die MS Marie-Astrid ist das Ausflugsschiff der Luxemburger Mosel und bei Streckenwanderungen auf dem Moselpfad hervorragend geeignet, um zum Ausgangspunkt zurückzugelangen. Anleger befinden sich in Schengen, Remich, Wormeldange, Grevenmacher und Wasserbillig, darüber hinaus legt die Marie-Astrid im lothringischen Königsmacker an sowie in Trier. Das schnittige Fahrgastschiff, benannt nach Prinzessin Marie-Astrid, Erzherzogin von Habsburg-Lothringen, bietet Platz für 500 Personen, Fahrräder werden kostenlos transportiert, sofern genügend freie Stellplätze vorhanden sind.

Am Hafen von Remich.

ënnescht Millen
278
Bierschelt
Canach
Lenningerbaach
Brill
Haard
Lenningen
Bidelt
224
Néisbësch
Greiveldange
Bicherhaff
238
05
Hëttermillen
Route du Vin
Hamm
Primerberg
04
Mosel / Moselle
Sabel
224
Buschbach
Buusserbësch
Staustufe Palzem
Stadtbredimus
240
03
Wangerisbierg
Bous
Assel
Aalbaach
02
Cité Buschland
Herdermillen
REMICH
172
Groëberg
2
220
E29
Roudebësch
01
Rothaus
Erpeldange
224
11

Tomm
10
249
Gemünd
304
Hüwelsberg
Graben
07
eldange
08
11
Mettfels
Warsberg-
haus
Auf dem
229
Wincheringen
Wincheringen
Ehnen
Triesch
419
06
inmuseum
Redler-
feld
Haardtwald
289
Rütsch
Bräst-
wald
Helfersbach
Eulenberg
303
Helfant
Esingerberg
216
Hof Heidfeld
281
Hof Penser
Helfantermühle
Spirzingerb.
Unnerwald
Esingen
Schloß-
wald
Wittholz
Spuren der alten Römerstraße
Südling
Buschbach
Rohlingen
Elblingroute
Loschenkopf
Südlingerbach
em
216
259
Kalkstein
Dilmar
Goldberg
Herige
329
Dilmarbach
Schmerzenberg
214
277
Breinsdorfer
Be
Breinsdorf
Schloss Thorn
Kreuzweiler
Wald
Walsberg
Geißberg
287
Halsgrath
195
Meeswald
0
500 m
Adenholz
Bann-
übingen

WINCHERINGEN – WORMELDANGE – WELLEN

Koeppchenkapelle, Palmberg, Machtumer Moselschleife

18 km | 4:30 h | 400 hm | 390 hm

START | Bahnhof Wincheringen (140 m) an der Obermoselstrecke Thionville – Konz – Trier.
[GPS: UTM Zone 32 x: 312.762 m y: 5.498.448 m]
CHARAKTER | Überwiegend bequeme, aussichtsreiche Weinberge-Wege.

Vom Rieslingdorf Wormeldange führt der Moselpfad über Koeppchen und Palmberg, zwei der besten Aussichtshöhen der Luxemburger Mosel, zur Machtumer Moselschleife und nach Grevenmacher, dem Hauptort der Luxemburger Mosel. Der aussichtsreichen Route folgen im Gleichlauf die Europäischen Fernwanderwege 2 und 3. Die Rückkehr zum Ausgangspunkt erfolgt mit der Bahn.

▶ Vom Bahnhof **Wincheringen** 01 geht es auf der Brücke über die Mosel zur Kirche in der Mitte von **Wormeldange** 02, der flächengrößten Weinbaugemeinde der Luxemburger Mosel, führt die Bereggaass aufwärts, bis oben auf der Hangschulter der Moselpfad kreuzt und aussichtsreich zur Kapelle auf dem **Koeppchen** führt, wo sich in den Weinbergen ein fantastischer Blick über die Mosel hinweg bietet. Das Koeppchen mit der **Donatus-Kapelle** ist eine der schönsten Aussichtshöhen an der Mosel und zugleich der Name eine der berühmtesten Luxem-

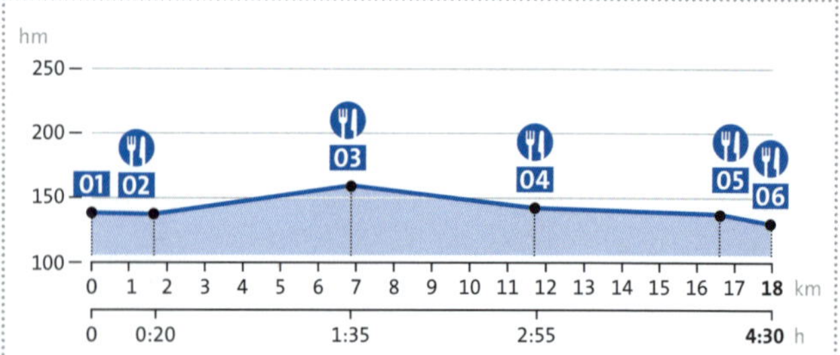

01 Bahnhof Wincheringen, 140 m; 02 Wormeldange Tal, 139 m; 03 Ahn, 160 m; 04 Machtum, 140 m; 05 Grevenmacher, 139 m; 06 Wellen, 132 m

Altstadt von Wormeldange.

burger Weinlagen. Donatus ist der Wetterheilige der Winzer; jedes Jahr im Juli pilgern die Bewohner von Wormeldange und Umgebung zur Koeppchenkapelle, um Sankt Donatus zu bitten, die Reben vor Hagelschlag und Gewitter zu schützen.

Von der Koeppchenkapelle folgt der Moselpfad aussichtsreich der Abbruchkante in den Weinlagen des **Elterbergs** und senkt sich dann in das Winzerdorf **Ahn** 03, in dem der Überlieferung zufolge der erste Luxemburger „Schampes“ (Sekt) erzeugt wurde. Vom kleinen Kirchdorf mit seiner gepflegten Bausubstanz aus der Zeit um 1900 führt der Moselpfad hinauf auf den **Pellembierg** (Palmberg), der neben dem Koeppchen zu den besten Aussichtsbergen der Luxemburger Mosel zählt. Den Namen „Palmberg“ trägt er nach den hier wachsenden Buchsbäumchen, die am Palmsonntag anstelle von Palmen verwendet werden.

Aussichtsreich folgt der Moselpfad weiter der Abbruchkante inmitten von Weinbergen und senkt sich dann vom **Hierscht** hinab nach **Machtum** 04 an der landschaftlich schönsten Schleife der Obermosel mit Blick über den seenartig aufgestauten Fluss hinweg zum Nitteler Felsen. Von Machtum führt der Moselpfad wieder hinauf auf die Abbruchkante und folgt ihr aussichtsreich zum Kreuzerberg mit der **Kreuzkapelle**, dem Wahrzeichen von **Grevenmacher** 05, wo der Abstieg zur Moselbrücke beginnt; auf der deutschen Flussseite liegt der Bahnhof **Wellen** 06.

Grevenmacher – Zentrum der Luxemburger Mosel

Grevenmacher ist die Metropole der Luxemburger Mosel und das Einkaufszentrum der umliegenden Gemeinden. Längs des Flusses liegt die Altstadt mit engen Gassen und den Überresten mittelalterlicher Befestigungen, darunter einem der ursprünglich 27 Festungstürme. Der alte Wachturm (13. Jh.) in der Mitte der Stadt dient als Turm der klassizistischen Kirche am Markt. Eine Gedenktafel in der Fußgängerzone weist darauf hin, dass Goethe auf seiner Campagne in Frankreich im Jahr 1792 in Grevenmacher Halt machte. Der Kulturhuef (Kulturhof) in der Rue de Trèves vereint Museen, Kunst und Kino: Das Druckmuseum zeigt die Entwicklung des Druckereiwesens in Luxemburg; das Spielkartenmuseum Jean Dieudonné veranschaulicht Techniken der Spielkartenherstellung und präsentiert eine Auswahl aus der reichen Spielkartensammlung, die während des Wirkens der Familie Dieudonné in Grevenmacher 1754 bis 1880 entstand; die Galerie stellt in Wechselausstellungen zeitgenössische Künstler vor.

Die Europäischen Fernwanderwege auf der luxemburgischen Seite der Mosel sind perfekt ausgeschildert.

Weckerberg
Grevenmacher
Schmetterlingspark
Spielkartenmuseum
Maacher Kulturhuef
Potaschbierg
Solarpark
Kiischteberg
Potaschbierg
Monument Romain
Houwald
Deisermillen
Wellen
Machtum
Oberdonven
Déckebësch
Nitteler Hof
op Tueschaker
Route du Vin
Mosel / Moselle
Moselweinstraße
Nidderdonwener Bësch
Niederdonven
Felz
Köllig
Ahn
Laanguet
Rehlingen
Auf den Stauden
Dreiborn
Gemünd
Hüwelsberg
Tomm
Wormeldange
Warsberg-haus
Mettfels
Wincheringen
Auf dem Mär
Ehnen
Triesch
Redler-
550 m

NITTEL – KÖLLIG – REHLINGEN

Nitteler Felsenweg

19 km | 5:05 h | 250 hm | 250 hm

START | Bahnhof Nittel (139 m), Uferstraße 5 (Bundesstraße 419), Obermoselstrecke Thionville – Konz – Trier.
[GPS: UTM Zone 32 x: 315.348 m y: 5.503.297 m]
CHARAKTER | Bequeme Panoramawanderung überwiegend auf Wirtschaftswegen; in den Nitteler Felsen ist bei feuchter Witterung festes Schuhwerk erforderlich.

Der Nitteler Felsen ist Namensgeber und Zentrum des Nitteler Felsenwegs. Die hellen Kalkwände zwischen grünen Weinbergen vermitteln ein mediterranes Landschaftsbild und bieten weite Ausblicke auf das Moseltal. Im Frühjahr erfreut neben der Aussicht der Anblick von Orchideen, die entlang des Wegs in den beiden Naturschutzgebieten „Nitteler Fels" und „Langheck" ihre Blüten entfalten.

▶ Vom **Bahnhof Nittel** 01 folgt der Felsenweg nach Unterqueren der Uferstraße (B 419) der Weinstraße im Tal des Nitteler Bachs aufwärts durch den von der Rochuskapelle und den Wänden des Nitteler Felsens überragten Winzerort **Nittel** 02, größter Weinbauort der Obermosel. In der Kurve oben geht es links weiter (Im Blümchen) auf dem Moselsteig und hinaus in die Rebflur am Fuß des **Nitteler Felsens**. In aussichts-

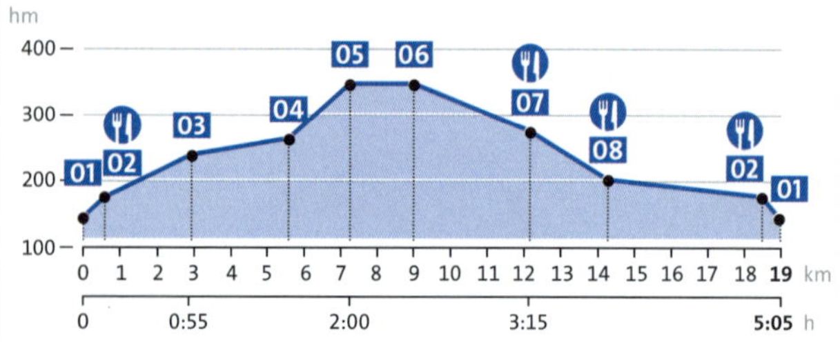

01 Nittel-Bhf., 139 m; 02 Nittel, 180 m; 03 Lehrpfadtafel 6, 230 m; 04 Windhof, 263 m; 05 Lumbüsch, 345 m; 06 Langheck, 340 m; 07 Köllig, 284 m; 08 Rehlingen, 200 m

Blick auf Nittel, Rehlingen und Köllig.

reicher Lage stehen hier am Felsenweg die Großskulpturen „Knie mit Gelenk“ und „Großer Zeiger“ des rheinland-pfälzischen Skulpturenwegs „Steine am Fluss“. Vom Fuß der Felswände schwingt sich der Weg auf die obere Abbruchkante mit fantastischer Aussicht über das Moseltal hinweg nach Luxemburg. Steinmauern erinnern daran, dass in diesem unwegsamen Felsgelände früher Weinberge angepflanzt wurden; wegen der unwirtschaftlichen Lage wurden sie wieder aufgegeben. An einer Aussichtsbank bei **Lehrpfadtafel 6** 03 bietet sich der vorerst letzte Blick auf den Fluss, der Felsenweg wechselt in die Wälder auf der Nordseite des Felsriffs und führt am Funkmasten und weiteren Lehrtafeln vorbei zu den Naturdenkmals-Eichen am **Windhof** 04. Vom Windhof folgt die Markierung „G11“ dem Wirtschaftsweg „Windhof“ durch die Feldflur und leitet dann ansteigend zur Schutzhütte am **Lumbüsch** 05, wo der Mosel-Höhenweg kreuzt und die Routenführung Richtung Rehlingen übernimmt. Bald nach Queren der Landstraße führt der Mosel-Höhenweg am Naturschutzgebiet **Langheck** 06 vorbei, in dessen Trockenrasen zahlreiche Orchideenarten ein Rückzugsgebiet gefunden haben (Informationstafel), und weiter in das Platzdorf **Köllig** 07 mit seinen eindrucksvollen Gehöften aus dem 19. Jh.; der Friedhof befindet sich an der ehemals auf Nitteler Gemarkung liegenden Kapelle.

Aussichtsreich folgt der Mosel-Höhenweg dem Rücken über dem Tal des Rehlinger Bachs zur Martinskapelle von **Rehlingen** 08. Von hier weisen die Schilder der Mosel-Erlebnis-Route den aussichtsreichen Weg durch die Weinberge über dem Fluss zur aussichtsreich gelegenen **Rochuskapelle** und zurück in das Winzerdorf **Nittel** 01.

Nitteler Rochuskapelle

Die Rochuskapelle steht einsam auf einem Friedhof in den Elblingweinbergen hoch über der Moselschleife von Nittel. Die auch Berg- bzw. Marienkapelle genannte ehemalige Wallfahrtskapelle bietet einen hervorragenden Tiefblick ins Tal sowie auf den luxemburgischen Ort Machtum. Ältester Bauteil ist der gotische Chor, das Kirchenschiff wurde 1701 bis 12 erbaut. Nach einem Dachbrand erhielt die Kapelle 1865 ihr neugotisches Außengewand.

Frühling bei Nittel.

Grevenmacher
Spielkartenmuseum
Maacher Kulturhuef
Nassental
274
140
Gedeis
301
Solarpark
Kolbersgrund
Quergrund
271
Wellen
Deisermillen
Kalkstein
Reinbüsch
Wüstung
Birkelterhof
326
03
04
05
13
Machtum
Elblingroute
01
02
Windhof
307
Nitteler Hof
Nittel
419
Déckebësch
10
NSG
06
Lang-
St. Rochus-Kapelle
Höcht
390
Onsd
Route du Vin
Mosel / Moselle
Moselweinstraße
selt
busch
Felz
Köllig
07
Ahn
Obersöst
08
Rehlingen
Niedersöst
330
Auf den Stauden
347
Gemünd
249
304
Hüwelsberg
Warsberg-
haus
Mettfels
Wincheringen
Auf dem Märchen
369
Siwerich
Keyerbe
413
0 500 m

IRRELER WASSERFÄLLE – TEUFELSSCHLUCHT – ERNZEN

Felsenweg am Ferschweiler Plateau

14 km 3:35 h 250 hm 250 hm

START | Irreler Wasserfälle (175 m), Wanderparkplatz an der Landstraße von Irrel Richtung Prümzurlay-Holsthum im Naturpark Südeifel. Irrel liegt an der Bundesstraße B 257. [GPS: UTM Zone 32 x: 316.354 m y: 5.525.775 m]
CHARAKTER | Die passagenweise steilen Felsenpfade können feucht und rutschig sein und erfordern festes Schuhwerk und Trittsicherheit.

Der Felsenweg am Ferschweiler Plateau erschließt spektakulären Naturschutzgebiete und Naturdenkmäler über dem Tal des Mosel-Nebenflusses Prüm: Von den Irreler Wasserfällen führt er durch die Teufelsschlucht zu den Trockenrasen des Naturschutzgebiets Kelterdell und zum Felsenweiher im Gutenbachtal.

▶ Die **Irreler Wasserfälle** 01 beim Wanderparkplatz sind eine 140 m lange Stromschnellen-Strecke in der Prüm oberhalb von Irrel am Ostrand des Ferschweiler Plateaus. Das über Felsblöcke gischtende Wildwasser ist gut von der überdachten Holzbrücke aus zu beobachten, auf der der Wanderweg den Fluss überquert. Entstanden sind die Irreler Wasserfälle, als am Ende der letzten Eiszeit vor etwa 12.000 Jahren Felsmassen aus dem Steilhang des Ferschweiler Plateaus ausbrachen und im

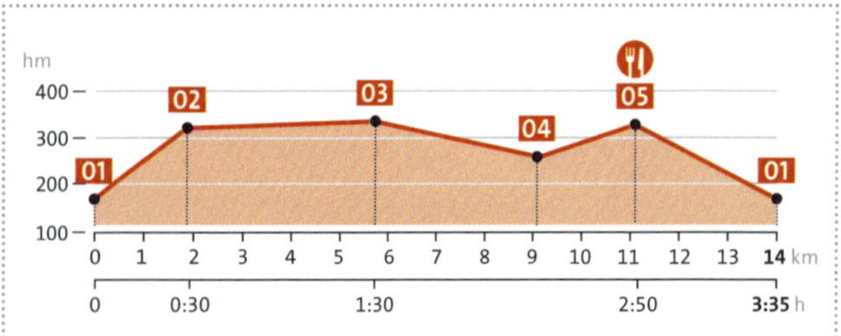

01 Irreler Wasserfälle, 175 m; 02 Teufelsschlucht, 309 m; 03 Liboriuskapelle, 320 m; 04 Gutenbachtal, 260 m; 05 Ernzen, 310 m

Die Irreler Wasserfälle gischten durch eine Waldstrecke.

Flussbett liegen blieben. Die ansonsten eher gemächlich dahinfließende Prüm verwandelt sich auf dieser Felsstrecke in ein Wildwasser, das auch von Kanuten geschätzt wird. Am Wasser und in der umgebenden Laubwald- und Felsenwildnis haben Wasseramsel, Eisvogel u. a. Vögel ein Rückzugsgebiet gefunden.

Von den Wasserfällen führt der mit dem Zeichen „Stechpalmenblatt" markierte Felsenweg steil hinauf in die **Teufelsschlucht** 02 mit ihren Felswänden, Überhängen und bizarren Verwitterungsformen. Der hohe Gehalt des im Vergleich zum Sandstein weicheren, wasserlöslicheren Kalkgesteins im Sandstein ist verantwortlich für die oftmals wabenförmigen Verwitterungen. Versturzmaterial hat den Boden aufgehöht, sodass die Schlucht nur bis zu 20 m tief ist, an der engsten Stelle ist sie nur einen Meter breit. Die Tiefe von 20 m ist ausreichend für ein feucht-kühles „Kellerklima". In heißen Sommern kann die Temperatur in der Teufelsschlucht bis zu 20 °C unter der der Umgebung liegen.

Von der Teufelsschlucht führt der Felsenweg mit zahlreichen Ausblicken zum Naturschutzgebiet **Kelterdell und Kuckuckslay**. Auf über 60 ha finden sich hier orchideenreiche Halbtrockenrasen, Streuobstwiesen und wärmeliebende Gebüschsäume sowie artenreiche Laubwälder und Fels-Ökosysteme. Zahlreiche Pflanzen-, Vogel- und Insektenarten haben hier ein Rückzugsgebiet gefunden. In hervorragender Aussichtslage steht hier seit der Frühzeit der Christianisierung die **Liboriuskapelle** 03. Der heutige Bau wurde nach Kriegszerstörung 1951 errichtet. Der älteste Bau entstand vermutlich im Jahr 836, als die Gebeine des 397 gestorbenen Bischofs von Le Mans nach Paderborn übergeführt wurden. Die Einsiedlerklause bei der Kapelle und die zu ihr führenden Stufen wurden im 18. Jh. aus dem Fels herausgehauen. Hier wohnten Generationen von Eremiten, die die Kapelle hüteten.

Die Prüm an den Irreler Wasserfällen.

Vom aussichtsreichen Kuckuckslay folgt der Felsenweg weiter der Abbruchkante des Plateaus mit hervorragender Ausblicken auf die Luxemburger Schweiz und senkt sich schließlich ins **Gutenbachtal** 04, in dem er sacht aufwärts Richtung Ernzen führt. Der **Felsenweiher** im oberen Gutenbachtal ist der schönste Teich auf dem Ferschweiler Plateau. Mit dem Ziel, eine Karpfenzucht zu beginnen, fasste der Ernzener Pastor Philipp Meyer Mitte des 19. Jhs. eine Quelle, verlegte ca. 300 m Wasserleitung und baute, größtenteils eigenhändig und mit eigenen Mitteln, Treppen und Umgänge. Die Karpfenzucht kam nicht in Gang, der Weiher hingegen zählt zu den meistbesuchten Ausflugszielen auf dem Ferschweiler Plateau.

Nach Passieren des Kirchdorfs **Ernzen** 05 erreicht der Felsenweg die **Naturerkundungsstation Teufelsschlucht** und senkt sich wieder hinab zur gleichnamigen Schlucht. Auf demselben steilen Steig wie anfangs geht es von dort hinab zu den **Irreler Wasserfällen** 01 am Ausgangspunkt.

Ferschweiler Plateau

Das Ferschweiler Plateau vereinigt Naturschönheiten und Relikte alter Kulturen. Die teilweise wild zerschluchteten Kanten der von der Jungsteinzeit bis in keltische Zeit als Bergheiligtum genutzten Hochfläche stürzen in 60 bis 80 m hohen Sandsteinwänden zu den Flüssen Sauer und Prüm ab. Bronzezeitliche Grabhügel, in den Fels gehauene „Kiesgräber" mit Schalensteinen, der Druidenaltar, gallorömische Felszeichnungen, der von Sant Willibrord zerstörte Dianastein und die Wikingerburg, Naturdenkmäler wie die Teufelsschlucht, die Mutterbuche oder die über das Blockwerk eines Bergsturzes brausenden Irreler Wasserfälle zählen zu den natürlichen Glanzpunkten dieses Plateaus. Das dreieinhalb Meter hohe steinerne „Gipfelkreuz" auf der höchsten Erhebung des Ferschweiler Plateaus wurde vor rund 4000 Jahren aufgestellt: Das „Fraubillenkreuz" ist ein jungsteinzeitlicher Menhir, der seine Kreuzform erhielt, als Willibrord 698 Kloster Echternach gründete.

ECHTERNACH – GIRSTERKLAUS – WASSERBILLIG

Untersauer-Pfad zur Mosel

23 km | 6:00 h | 510 hm | 490 hm

START | Busbahnhof und Großparkplatz an der Rue de la Gare am Nordrand der Altstadt von Echternach (160 m).
[GPS: UTM Zone 32 x: 314.242 m y: 5.521.298 m]
CHARAKTER | Kondition erfordernde Aussichts- und Waldwanderung mit zahlreichen Zwischenauf- und -abstiegen teils auf Wegen, teils auf naturbelassenen Pfaden.

Von der Abteistadt Echternach führt der Untersauer-Pfad über die aussichtsreichen Hügel des Sauertals zur Girsterklaus, dem ältesten Wallfahrtsort Luxemburgs, und in den Grenzort Wasserbillig an der Mosel.

▶ Vom Busbahnhof am ehemaligen **Bahnhof Echternach** 01 führt die als Fußgängerzone ausgewiesene Rue du Chemin de Fer in sachtem Anstieg altstadteinwärts zum Marktplatz bei der viertürmigen romanischen **Willibrord-Basilika**. Durch die Rue du Pont geht es am **Museumskomplex** vorbei altstadtauswärts, bis zur Sauer-Brücke begleitet von den Muschel-Markierungen des Jakobswegs. Während der Jakobsweg über die Brücke nach Deutschland wechselt, folgt der Fernwanderweg der Promenade neben dem Fluss abwärts, verlässt ihn in der zweiten Schleife und schwingt sich hinauf auf die bewaldeten Höhen über dem Sauertal, bis der

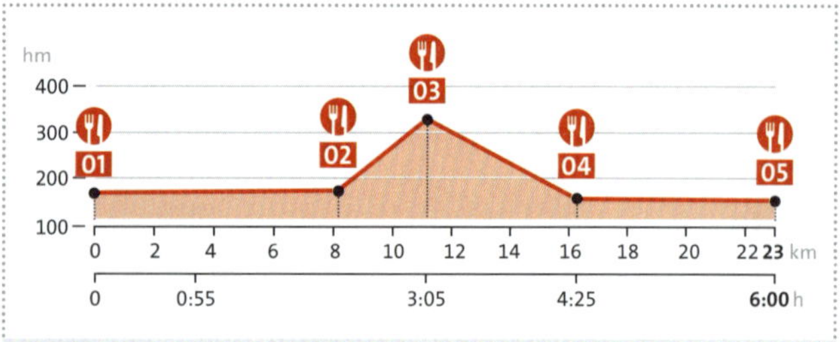

01 Echternach, 160 m; 02 Rosport, 170 m; 03 Girsterklaus, 320 m; 04 Moersdorf, 150 m; 05 Wasserbillig, 130 m

Brücke über die Sauer in Metzdorf.

Zwischenabstieg in das Mineralwasserdorf **Rosport** 02 beginnt. Zurück auf den Sauertalhöhen, erwartet als nächstes Ziel die **Girsterklaus** 03.
Von der Girsterklaus folgt der Weg aussichtsreich dem Waldrand, bis Wasserbillig führt der Untersauer-Pfad durch keinen Ort mehr, unterhalb des Wegs liegen Born und später **Moersdorf** 04, dann entfernt sich der Weg ein Stück weit vom Tal, unterquert schließlich die Autobahnbrücke und erreicht den Ortsrand von Wasserbillig. Wegen des Steil-

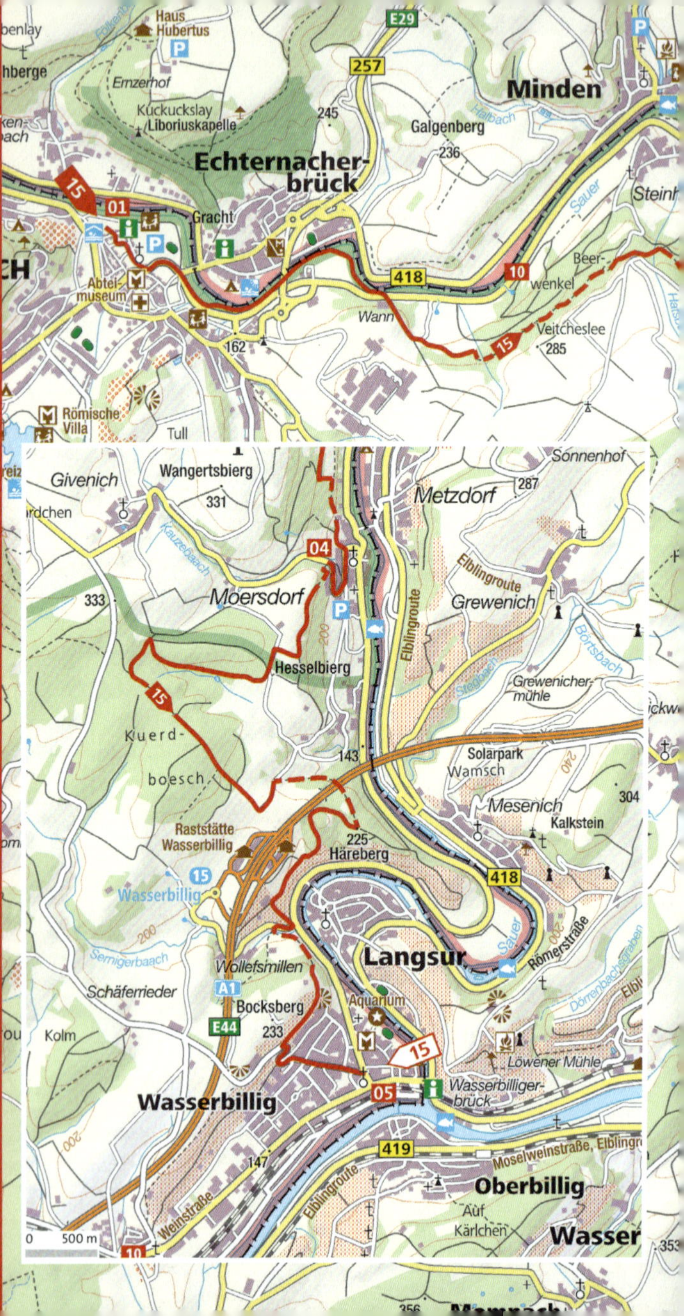
Haus Hubertus
E29
257
Ernzerhof
Kuckuckslay
Liboriuskapelle
245
Minden
Halbach
Galgenberg
236
Echternacherbrück
15
01
Gracht
Sauer
Steinh
Beer-
wenkel
10
418
Abtei-
museum
Wann
Veitcheslee
285
162
Römische
Villa
Tull
Sonnenhof
Givenich
Wangertsbierg
331
287
Metzdorf
04
Kauzebaach
Elblingroute
Grewenich
333
Moersdorf
Börtsbach
Hesselbierg
Stegbach
Grewenicher-
mühle
Kuerd-
boesch
143
Solarpark
Wamsch
Mesenich
304
Kalkstein
Raststätte
Wasserbillig
225
Häreberg
Wasserbillig
Semigerbaach
Wollefsmillen
Langsur
Römerstraße
Dörrenbachsgraben
Schäferrieder
A1
Bocksberg
Aquarium
E44
233
Kolm
Löwener Mühle
Wasserbilliger-
brück
05
Wasserbillig
419
147
Moselweinstraße, Elblingr
Weinstraße
Elblingroute
Oberbillig
Auf
Kärlchen
Wasser
0 500 m
353
356

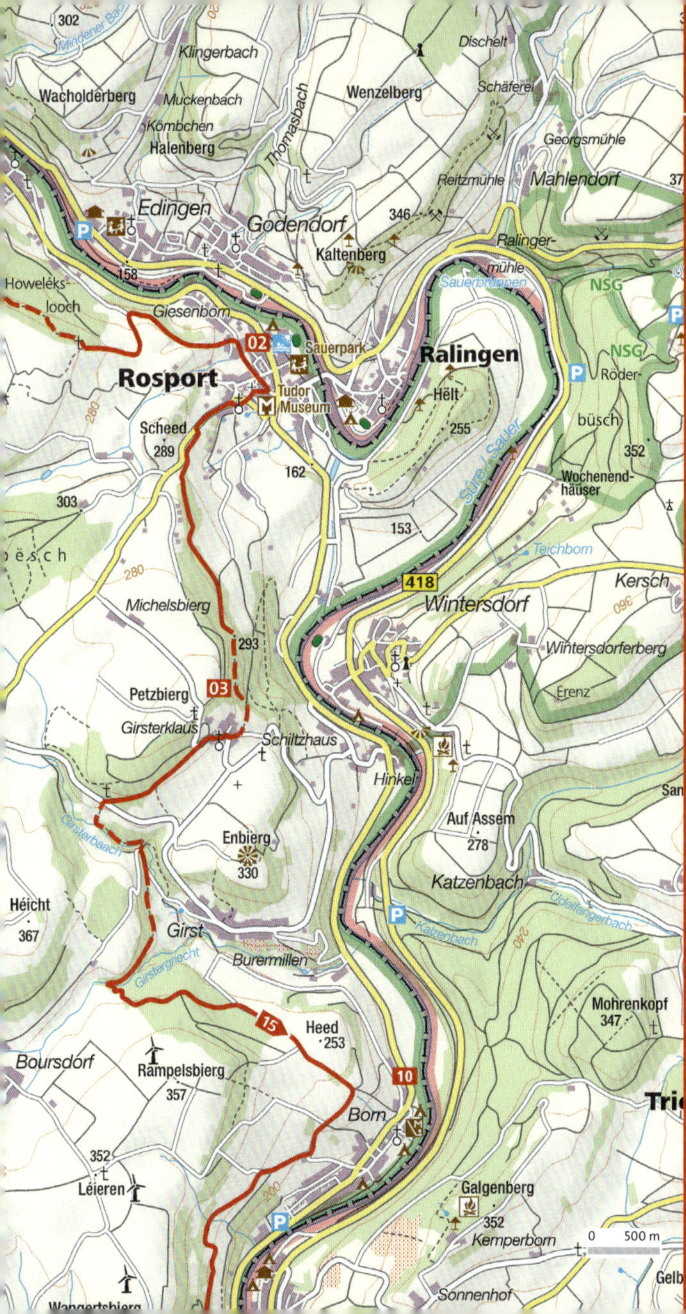

Wacholderberg
Klingerbach
Muckenbach
Kömbchen
Halenberg
Thomasbach
Wenzelberg
Dischelt
Schäferei
Georgsmühle
Reitzmühle
Mahlendorf
Edingen
Godendorf
Kaltenberg
Ralinger-mühle
Sauerbrunnen
Howeleks-looch
Giesenborn
Sauerpark
Ralingen
Rosport
Tudor Museum
Hëlt
Röder-büsch
NSG
Scheed
Sûre / Sauer
Wochenend-häuser
Teichborn
Kersch
Wintersdorf
Michelsbierg
Wintersdorferberg
Erenz
Petzbierg
Girsterklaus
Schiltzhaus
Hinkel
Auf Assem
Enbierg
Girsterbaach
Katzenbach
Udelfangerbach
Héicht
Girst
Girstergriecht
Burermillen
Heed
Mohrenkopf
Boursdorf
Rampelsbierg
Born
Léieren
Galgenberg
Kemperborn
Sonnenhof
0 500 m

hangs gibt es keine andere Möglichkeit, als der Nebenstraße Rue du Bocksberg ins Dorf **Wasserbillig** 05 hinabzufolgen. Wasserbillig an der Mündung der Sauer in die Mosel ist der tiefstgelegene Ort des Großherzogtums Luxemburg. Während er mit dem deutschen Weindorf Oberbillig am rechten Moselufer durch eine Autofähre verbunden ist, führt über die Sauer eine Straßenbrücke ins deutsche Wasserbilligerbrück. Wasserbillig auf der luxemburgischen Seite ist der bekannteste Tankstellenort an der Mosel: Mehr als ein Dutzend Tankstellen aller Konzerne locken deutsche Autofahrer wegen der im Vergleich zu Deutschland niedrigen Spritpreise hinter die Grenze. Im ehemaligen Zollhaus direkt an der Mündung der Sauer in die Mosel befindet sich die Deutsch-Luxemburgische Touristinformation. Hier kann man Trekkingräder leihen und durch das Sauertal nach Echternach zurückbiken.

Girsterklaus bei Rosport.

IGEL – LIERSBERG – LÖWENER MÜHLE

Igeler Sprung: Aussichts- und Kletterfelsen über der Mosel

12 km | 3:15 h | 250 hm | 250 hm

START | Bahnhof Igel (146 m) an der Bahnhofstraße; Bahnlinie Trier – Wasserbillig – Luxembourg. Wer mit dem Auto anreist, kann am Parkplatz Klettergarten parken; Parkplätze befinden sich auch an der Liersberger Grillhütte und an der Löwener Mühle.
[GPS: UTM Zone 32 x: 323.475 m y: 5.508.977 m]
CHARAKTER | Teils bequeme Wirtschaftswege, teils Pfade, die festes Schuhwerk erfordern.

Der Igeler Sprung ist eine geologische Verwerfungszone an der Mosel, die hellen Muschelkalk- und roten Buntsandsteinfelsen bieten tolle Ausblicke auf das Moseltal und die Trierer Bucht, die Igeler Dolomitfelsen sind ein bekanntes Kletterrevier im Moseltal mit dem „Klettergarten Igel“.

▶ Vom **Bahnhof Igel** 01 führt die Bahnhofstraße hinauf in den nahen Ortskern an der Trierer Straße. Hier steht die zum UNESCO-Weltkulturerbe gehörende **Igeler Säule**, das besterhaltene römische Pfeilergrabmal nördlich der Alpen. Die den Ort auf einem Felssporn überragende **Alte Kirche** mit dem romanischen Westturm gilt als südlichster Punkt der Eifel. Längs der Trierer Straße geht es Richtung Luxemburg, vorbei am Gasthof „Zum Löwen“ mit seinen

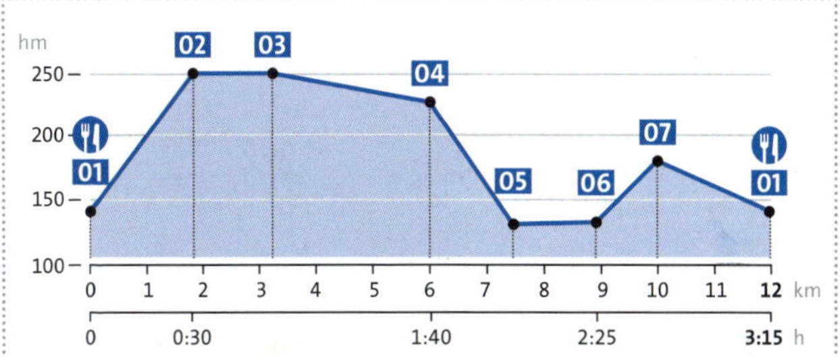

01 Igel, 146 m; 02 Richardshöhe, 250 m; 03 Liersberg, 250 m; 04 Schutzhütte, 230 m; 05 Moselufer, 135 m; 06 Löwener Mühle, 140 m; 07 Grutenhäuschen, 180 m

Blick vom Liescher Berg auf Igel.

haubengekrönten Türmen aus dem 18. Jh. Wenn bergwärts die Waldstraße Richtung Trierweiler abzweigt, geht es auf dieser aufwärts, bis in der zweiten Serpentine der Wanderweg auf einen für den öffentlichen Verkehr gesperrten Weinbergweg wechselt und zu den aussichtsreichen Felsen der **Richardshöhe** 02 am Klettergarten hinaufführt. Hier lagern in der Verwerfungszone Igeler Sprung helle Muschelkalk-Gesteine auf gleicher Höhe mit roten Buntsandsteinfelsen; der Buntsandstein wurde vor rund 2,5 Mio. Jahren angehoben und bildet den aussichtsreichen Bergsporn „Schauinsland" mit eindrucksvollem Blick auf das Obermoseltal und die Trierer Bucht.

Vom Schauinsland führt der Weg aussichtsreich westwärts und schwingt zuletzt rechts in das Kirchdorf **Liersberg** 03. Dort geht es längs der Durchgangsstraße ortsauswärts (westwärts), bis hinter der zweiten Serpentine die Historische Römerstraße links in den Wald abzweigt und zu einer aussichtsreich im Grünen über dem Sauertal gelegenen **Schutzhütte** 04 führt. Von der Schutzhütte senkt sich der Weg ins **Moseltal** 05, wo der Uferweg die Route flussabwärts vorgibt zum Winzerhof **Löwener Mühle** 06, einer ehemaligen Gipsmühle; hier beginnt wieder der Aufstieg zu den Weinbergen, wobei nun aus der Unterperspektive die Schichtstufen gut sichtbar sind. Der untere Teil des Moselhangs ist aus relativ rasch verwitternden Gipsmergel-Schichten der Muschelkalk-Zeit aufgebaut und wird als Weinanbaugebiet genutzt, weiter oben zeigen sich als helle Felsbänder im Wald die steilen, harten Trochiten-Dolomitstufen. Am **Grutenhäuschen** 07, einem rekonstruierten römischen Grabtempel des 3./4. Jh. lässt sich der Dolomit gut beobachten. Die unteren Treppenstufen bestehen aus Trochiten-Dolomit, in ihm sind Muschelschalen und kleine, rundliche „Trochiten" eingeschlossen, kristalline Teile zerfallener Seelilien-Stiele. Seelilien, blumenartige Meerestiere, lebten im warmen Urmeer der Muschelkalk-Zeit und siebten mit den feinen Fangarmen ihrer Krone Plankton aus dem Wasser, um sich zu nähren. Bald darauf erreicht der Wanderweg wieder den bekannten Zugangsweg von Igel: Auf ihm geht es zurück zum Ausgangspunkt in **Igel 01**.

Igeler Säule – UNESCO-Welterbe

Die Igeler Säule in der Ortsmitte des Weindorfs Igel wurde 1986 von der UNESCO als besterhaltenes Pfeilergrabmal nördlich der Alpen zum Weltkulturerbe erklärt. Die Brüder Secundinius Aventinus und Secundinius Securus, wohlhabende Tuchmacher aus Augusta Treverorum, ließen das 23 m hohe Grabmal im 3. Jh. aus rotem Buntsandstein anfertigen. An der alten Römerstraße von Metz nach Trier war dieser auffällige Obelisk auch eine Art Werbung für das Tuchhandelsgeschäft der Brüder, neben Szenen aus der griechisch-römischen Mythologie zeigt es Situationen aus dem Geschäftsleben der Tuchmacher. Goethe sah es 1792 von der Mosel aus: „Doch ein herrlicher Sonnenblick belebte soeben die Gegend, als mir das Monument von Igel wie der Leuchtturm einem nächtlichen Schiffenden entgegenglänzte. Vielleicht war die Macht des Altertums nie so gefühlt als an diesem Kontrast: Einem Monument, zwar aus kriegerischen Zeiten, aber glücklicher siegreicher Tage und eines dauernden Wohlbefindens rühriger Menschen in dieser Gegend ..“ Eine farbige Nachbildung der Igeler Säule befindet sich im Rheinischen Landesmuseum in Trier.

WASSERLIESCH – LIESCHER BERG – GRANA-DENKMAL

Wasserliescher Kulturweg und Orchideenpfad

9,5 km | 2:45 h | 250 hm | 250 hm

START | Bahnhof Wasserliesch (123 m), Marktplatz 9; Obermoselstrecke Thionville – Konz – Trier.
[GPS: UTM Zone 32 x: 322.482 m y: 5.509.111 m]
CHARAKTER | Aussichtsreiche Streuobstwiesen- und Waldwanderung, zum Teil auf steilen Wegen und Pfaden, die festes Schuhwerk erfordern.

Der Liescher Berg mit der Löschemer Kapelle und dem Grana-Denkmal ist ein Panoramaberg mit Dreitälerblick auf Mosel, Saar und Sauer. Als nördlichster Ausläufer des Saargaus an der Igeler Verwerfung ist er auch geologisch interessant, auf seiner plateauartigen Höhe erfreuen zudem Heideflächen und Orchideen: Im April/Mai entfalten verschiedene Orchideenarten ihre Blüten, und im August blüht die Heide. Nordwärts fällt der Steilhang zum Winzerdorf Wasserliesch und zur Mosel ab, den Ostfuß umspült die Saar, und im Westen sucht sich der Albach seinen Weg an ehemaligen Mühlen vorbei durch die Weinberge.

▶ Vom **Bahnhof Wasserliesch** 01 am Marktplatz des Weindorfs geht es wenige Meter in Fahrtrichtung Trier, bis im spitzen Winkel rechts die Straße „Heidengarten“ abzweigt und an der nächsten Verzweigung auf den Stationenweg

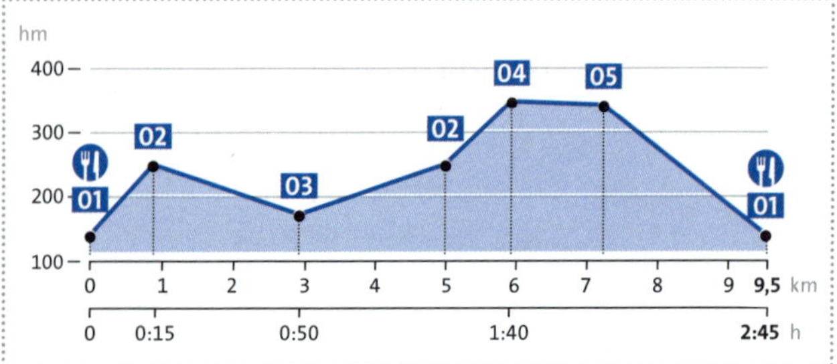

01 Wasserliesch, 123 m; 02 Moselsteig, 250 m; 03 Grana-Denkmal, 170 m; 04 Löschemer Kapelle, 340 m; 05 Perfeist, 334 m

(Kreuzweg) trifft, der durch die Kapellenstraße bergwärts führt und auf der Römerstraße die Streuobstwiesen des Liescher Bergs erreicht. Die Kreuzwegstationen wurden um 1810 bis 22 in Buntsandstein errichtet. Der Kreuzweg überwindet auf nur 1,5 km Länge 200 Höhenmeter bis zur Löschemer Kapelle, die 14 Kreuzwegstationen dienen dem Innehalten und Gedenken.

Am Waldrand hinter dem ersten Waldstreifen trifft der Stationenweg auf den **Moselsteig** 02. Während der steile Kreuzweg (und der Moselsteig) direkt zur Löschemer Kapelle weiterführt, lohnt sich bei klarer Sicht der Abstecher links zum Grana-Denkmal. Das 1892 errichtete **Grana-Denkmal** 03 auf einem Ausläufer des Liescher Bergs erinnert an die Schlacht an der Konzer Brücke während des Holländischen Kriegs. Der kaiserliche General Otto de Grana besiegte hier am 11. August 1675 die Invasionstruppen des bourbonischen „Sonnenkönigs" Ludwig XIV.; nach der Niederlage verließ die französische Besatzungsmacht das Trierer Land, der Trierer Erzbischof und Kurfürst Carl Caspar von der Leyen zog wieder in seine Residenzstadt ein.

Vom Denkmal zurück zum **Moselsteig** 02, der dem Kreuzweg zur **Löschemer Kapelle** 04 nahe einer Grillhütte folgt. An der Marienwallfahrtskapelle bietet sich ein traumhafter Blick ins Mosel- und ins Saartal, auf Igel, über die Saarmündung und Konz hinweg auf die Römerstadt Trier, während im Westen die Ardennen ansteigen, sich im Norden die Höhen der Eifel runden und im Osten der Schwarzwälder Hochwald im Hunsrück steht. Während die Granahöhe dem verkarsteten Kalkgestein zugehört, besteht die Abbruchkante über dem Saartal aus Buntsandstein. Neben Kalk und Buntsandstein finden sich am Liescher Berg auch andere Gesteine, darunter der für den Weinbau an Mosel, Saar und Ruwer bedeutsame Schiefer.

Von der Löschemer Kapelle führt der Moselsteig kurz zurück, dann

Blick auf Igel an der Mosel.

rechts im Wald, und wenn er die Höhe erreicht hat, verlassen wir den Moselsteig und wandern rechts durch Streuobstwiesen zum Parkplatz am Orchideen- und Heide-Naturschutzgebiet **Perfeist** 05. Der „Orchideenpfad" führt durch die Kalkmagerrasen des Schutzgebiets mit seiner überreichen Flora: Purpurknabenkraut, Küchenschelle, Echte Schlüsselblume, Ohnsporn, Bienenragwurz, Türkenbund, Bocksriemenzunge, Gelber Enzian und viele andere Kostbarkeiten haben hier ein Rückzugsgebiet gefunden.

Nach dem Rundgang durch das Schutzgebiet führt der Kulturweg teils im Wald, teils mit herrlicher Aussicht in Wiesen zurück nach **Wasserliesch** 01, wo zum Abschluss der Wanderung rund um den Marktplatz zahlreiche Gasthöfe zur Einkehr einladen.

Wasserliesch – Tor zur Obermosel

Das Weindorf Wasserliesch, Erholungsort am Fuß des aussichtsreichen Liescher Bergs, liegt am Übergang von der Obermosel zur Trierer Talweitung und bezeichnet sich als „Tor zur Obermosel". Während auf den Kalkkeuperböden der Elbling wächst, liegt der Osten der Gemeinde bereits im Buntsandsteingebiet. Die barockisierende Pfarrkirche Sankt Aper errichtete 1910/11 Peter Marx, zur sehenswerten Innenausstattung zählen der Rokoko-Hochaltar und eine spätgotische Madonna auf der Mondsichel. Am Marktplatz, wo der Kultur- und Orchideenwanderweg auf den Liescher Berg beginnt, wird in einem Schauraum ein Diorama der Schlacht an der Konzer Brücke (1675) gezeigt. Gasthöfe und Weingüter laden zur Einkehr ein.

PORTA NIGRA – LIEBFRAUENDOM – KAISERTHERMEN

Trierer UNESCO-Welterbe-Weg

5 km · 1:30 h · 50 hm (Aufstieg) · 50 hm (Abstieg)

START | Porta Nigra in Trier (141 m), Porta-Nigra-Platz. [GPS: UTM Zone 32 x: 330.375 m y: 5.514.562 m]
CHARAKTER | Stadt- und Parkwanderung in feiner Weltkulturerbe-Umgebung.

Der Trierer UNESCO-Welterbe-Weg verbindet die bedeutendsten Sehenswürdigkeiten der Kaiserstadt an der Mosel.

▶ Die **Porta Nigra** 01 ist das besterhaltene römische Stadttor nördlich der Alpen und mit 36 m Länge, 23 m Breite und 30 m Höhe die größte aller erhaltenen römischen Torburgen überhaupt. Den Namen „Schwarzes Tor" erhielt sie nach der verschmutzungsbedingten Verfärbung der roten Buntsandsteinquader auf der Außenseite. Der palastartige Monumentalbau bildete die nördliche Torburg der 6,5 km langen Stadtmauer, die mit einer Höhe von 7,5 m zwischen 160 und 180 n. Chr. um ein 285 ha großes Gebiet errichtet wurde. Die Stadtmauer besaß ursprünglich vier Torburgen und fast 50 Türme. Nach dem Tod von Sankt Simeon (1035), der sich als Einsiedler im Ostturm hatte einschließen lassen, ließ Erzbischof Poppo das Stadttor ohne wesentliche architektonische Eingriffe in eine Stiftskirche umwandeln.
Im romanischen Simeonstift am Brunnenhof neben der Porta Nigra befindet sich das **Stadtmuseum Simeonstift Trier**. Die Trierer Stadtgeschichte bildet den Schwerpunkt der Dauerausstel-

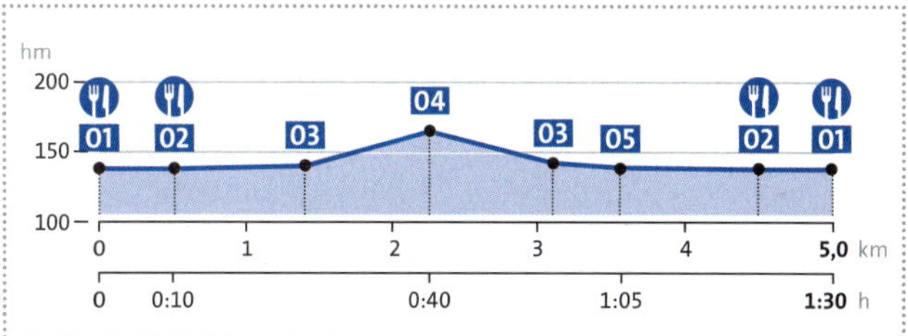

01 Porta Nigra, 141 m; 02 Hauptmarkt, 141 m; 03 Kaiserthermen, 145 m; 04 Amphitheater, 167 m; 05 Neustraße, 141 m

Trierer Dom.

lung, hinzu kommen Kunst- und Kulturschätze von der frühen Neuzeit bis ins 20. Jh.: Gemälde, Skulpturen, Kunsthandwerk, koptische Textilien, Möbel und ostasiatische Kleinplastik. Benannt ist das Stift nach dem Mönch Simeon von Trier, der sich am Andreasfest des Jahres 1030 in den östlichen Turm der Porta Nigra einmauern ließ, um sein Leben als Einsiedler zu beenden. In der Bevölkerung stand er im Ruf, wundertätig zu sein. Nach seinem Tod 1035 wurde er heilig gesprochen.

Von der Porta Nigra führt die Welterbe-Route durch die als Fußgängerzone ausgewiesene **Simeonstraße** Richtung Hauptmarkt. Ein Blickfang in der Simeonstraße ist das **Dreikönigenhaus** (um 1230), ein frühgotisches Wohnhaus, das aus einem romanischen Wohnturm entstand (Café). Die Simeonstraße mündet wie zahlreiche weitere Straßen in den Hauptmarkt.

Der **Hauptmarkt** 02 mit seinen Straßencafés, der Nachbildung des Marktkreuzes und dem Marktbrunnen ist seit dem Mittelalter das Zentrum der Trierer Altstadt. Nach der Zerstörung Triers durch die Normannen 882 erwarb Erzbischof Radbod 902 die bis dahin von den Königen ausgeübten Herrschaftsrechte über die Stadt und legte damit den Grundstein für die Entstehung des Kurstaats. Zu den wichtigsten Hoheitsrechten zählte das Marktrecht, das Erzbischof Heinrich I. erwarb: 958 verlegte er den Markt von der Moselbrücke (Römerbrücke) an die Stelle des heutigen Hauptmarkts vor dem damaligen Westtor des Dombezirks. Als erzbischöfliches Hoheitszeichen sowie als Friedens- und Rechtsmal ließ er das Marktkreuz aufstellen, von dem eine Kopie auf dem Hauptmarkt steht; das Original dieses ältesten erhaltenen mittelalterlichen Marktkreuzes befindet sich im Stadtmuseum Simeonstift. Auf dem von Erzbischof Johann von Schönenburg gestifteten Marktbrunnen (1595) thront eine Statue des Apostelfürsten Petrus, des Patrons von Dom und Stadt, umgeben von allegorischen Figuren der vier Kardinaltugenden sowie von Ungeheuern und Affen. Die gotische Steipe am Hauptmarkt wurde 1483 als Fest- und Empfangshaus der Trierer Bürgerschaft eingeweiht und nach der Zerstörung im Zweiten Weltkrieg zusammen mit dem benachbarten Roten Haus und zwei gotischen Bürgerhäusern wieder aufgebaut. In der Südwestecke des Hauptmarkts steht der Pranger.

Vom Hauptmarkt leitet die Sternstraße ostwärts über zum Domfreihof mit dem Trierer Dom und der Liebfrauenkirche.

Der zum UNESCO-Weltkulturerbe gehörende Trierer Dom ist die älteste Kirche Deutschlands und das älteste Bauwerk, das noch dem ursprünglichen Zweck dient. Seit 1700 Jahren ist das dem Apostelfürsten geweihte Gebäude Ort des Gebets und des Gottesdienstes sowie Kathedralkirche des Bischofs von Trier. Seit der Ausstellung des Heiligen Rocks, der als Tunika Christi verehrt wird, zählt er zudem zu den bedeutenden Wallfahrtszielen nördlich der Alpen. Trier wurde um 250 Bischofssitz. Flavia Iulia Helena († 329), die Mutter des christlichen Kaisers Konstantin d. Gr., überließ dem Bischof von Trier einen Teil ihres kaiserlichen Palasts als Kirche. Als Konstantin d. Gr. seine Residenz nach Konstantinopel verlegen ließ (die neue Residenzstadt wurde 330 eingeweiht, 1930 wurde sie in Istanbul umbenannt), wurde der Trierer Kaiserpalast 328/29 abgebrochen und durch die größte Kirche der Antike ersetzt. Dieser römerzeitliche Ur-Dom mit seinen vier Basiliken, dem Baptiste-

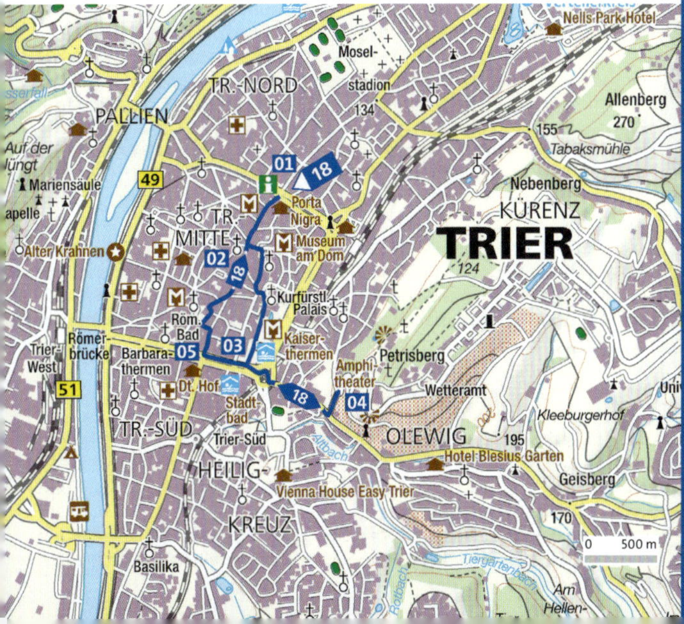

Trierer Kaiserthermen.

rium und zahlreichen Nebengebäuden war etwa viermal so groß wie der heutige Dom, er bedeckte das Areal des heutigen Doms, der Liebfrauenkirche, des Domfreihofs und der angrenzenden Häuser einschließlich der Gärten. Der heutige Dom enthält noch einen römischen Kern mit Originalmauern bis zu einer Höhe von 25,88 m. Nach den Zerstörungen durch Franken (5. Jh.) und wikingische Normannen (882) wurde der römerzeitliche Kernbau durch romanische Anbauten erweitert: Unter Erzbischof Poppo von Babenberg († 1047) und seinen Nachfolgern entstanden die drei Krypten und die Westfassade als Meisterwerk salischer Baukunst, der spätromanische Chor wurde 1196 geweiht. Die folgenden Jahrhunderte brachten weitere Anbauten und Umgestaltungen sowie die Barockisierung der Ausstattung nach dem Dombrand von 1717.

Die kreuzförmige Liebfrauenkirche neben dem Trierer Dom ist die älteste gotische Kirche in Deutschland, wie der Dom steht sie als Weltkulturerbe unter dem Schutz der UNESCO. Errichtet wurde sie auf dem Gelände der konstantinischen Kirche, die nach der Zerstörung durch die Normannen 882 einschiffig wieder hergestellt worden war. Innerhalb von nur 30 Jahren entstand 1235–65 einer der ersten und bedeutendsten gotischen Bauten in Deutschland; auch der gemeinsame Kreuzgang zwischen Dom und Liebfrauenkirche wurde in dieser Zeit errichtet. Eine Besonderheit der lichtdurchfluteten Räume ist der kreuzförmige Grundriss mit den Kapellen in den Kreuzarmen. Der Zugang erfolgt durch das Nordportal mit dem „Paradies". Kunstwerke, die vor der französischen Revolutionsarmee in Sicherheit gebracht werden konnten, sind im Bischöflichen Dom- und Diözesanmuseum ausgestellt. Auch die Figuren am Westportal sind Kopien, die Originale befinden sich im Bischöflichen Museum.

Von der Liebfrauenkiche führt die Liebfrauenstraße südwärts, erste links (An der Meerkatz) zum Konstantinplatz mit der Konstantinbasilika und dem Kurfürstlichen Palais. Die Konstantinbasilika ist einer der größten Einzelräume der Antike. Kaiser Konstantin d. Gr. ließ den 30 m hohen, 67 m langen und 28 m breiten Rechteckbau als Palastaula errichten und aufs Erlesenste mit Mosaiken, Marmor und Fußbodenheizung ausstatten. Der „romantische" König Friedrich Wilhelm IV. von Preußen ließ diesen säulenlosen Monumentalbau 1844–56 rekonstruieren bzw. wieder aufbauen und als evangelische Kirche einrichten; als solche wird der Bau bis heute genutzt. Das wieder aufgebaute Kurfürstliche Palais neben der Basilika ist einer der schönsten Rokokopaläste in Deutschland. Kurfürst Lothar von Metternich ließ ab 1615 den Nord- und den Ostflügel errichten, Philip von Soetern ließ den West- und den Südflügel sowie das „Niederschloss" um den nördlichen Vorhof mit dem Roten Turm (1674) erbauen. Erzbischof Johann Philipp von Walderdorff (1756-68) ließ den Südflügel durch einen Rokokobau von Johannes Seiz ersetzen und mit Skulpturen von Ferdinand Tietz schmücken; die beiden Künstler schufen auch das prachtvolle Rokoko-Treppenhaus im Südflügel. Während der Französischen Revolution wurde der Prachtbau von von der Revolutionsarmee vandalisiert, die Innenausstattung geplündert und verschachert. 1954 begann der Wiederaufbau des Palais als Sitz der Bezirksregierung. In den Raumfluchten des Palasts residiert heute die steuerfinanzierte Aufsichts- und Dienstleistungsdirektion (ADD) von Rheinland-Pfalz. Der Große Saal des Palais bzw. im Sommer der Innen-

Porta Nigra in Trier.

hof dient als Rahmen für klassische Konzerte.
Vom Kurfürstlichen Palais führt der Weg durch die Palastgärten Richtung Kaiserthermen. Der Palastgarten besteht aus einem Barockgarten mit Abgüssen steinerner antiker Götterfiguren des Rokokobildhauers Ferdinand Tietz und einem Landschaftspark des 19. Jhs. Hainbuchenwände mit Bogenöffnungen begrenzen den geometrischen Barockgarten, in dem Quellfontänen in ein Wasserbecken plätschern. Der Landschaftspark mit seiner großen Liegewiese und der fünfstrahligen Fontäne ist ein Ruhepol. Am bergseitigen Rand befindet sich das Rheinische Landesmuseum; es präsentiert auf über 3000 m² Archäologie und Kunst der Stadt Trier und ihrer Umgebung von der Urgeschichte bis zur Mitte des 19. Jhs. Schwerpunkte bilden die römischen Funde sowie die christliche Kunst des Mittelalters und Kunstwerke aus Renaissance und Barock. Mosaiken, Statuen und Grabbeigaben zählen ebenso zu den Exponaten wie eine bemalte Kopie der Igeler Säule, ein Trier-Modell aus der römischen Glanzzeit der Stadt, der Trierer Goldschatz, die Grabdenkmäler der Neumagener Gräberstraße und das Neumagener Weinschiff.
Den südlichen Abschluss des Palastgartens bilden die **Kaiserthermen** 03: Kaltbad, unterirdische Gänge, Heißwasseranlagen und das Warmbad, das heute die Kulisse für Theateraufführungen vor bis zu 650 Zuschauern bildet.
Von den Kaiserthermen folgt der Weg Kaiser- und Olewiger Straße zum **Amphitheater** 04, dem um 100 n. Chr. errichteten ältesten erhaltenen Römerbau in Trier. Bei diesem Erdbau wurde die natürliche Hangschräge des Petersbergs genutzt, um Sitzplätze für 20.000 Zuschauer zu schaffen.
Vom Amphitheater geht es längs Kaiser- und Olewiger Straße zurück zu den **Kaiserthermen** 03 und am Stadtbad vorbei bis zur Kreuzung mit der Saar-/Neustraße: hier rechts durch die **Neustraße** 05 und die erste links (Fußgängerzone Viehmarktstraße) zum Viehmarktplatz mit der Antoniuskirche und den Viehmarktthermen. Die Fußgängerzone Fahrstraße leitet über zur ebenfalls als Fußgängerzone ausgewiesenen Brotstraße, die links zurück zum **Hauptmarkt** 02 führt. Von dort führt die bekannte Simeonstraße zurück zum Ausgangspunkt an der **Porta Nigra** 01.

Marktbrunnen in Trier.

KORDEL – RAMSTEIN – BUTZWEILER

Naturerlebnis Butzerbachtal

12 km | 3:15 h | 350 hm | 350 hm

START | Parkplatz Ramstein/Butzerbachtal (154 m) südlich von Kordel; der Bahnhof Kordel (157 m) an der Eifelbahn Trier – Gerolstein – Köln liegt 45 Gehminuten entfernt.
[GPS: UTM Zone 32 x: 330.657 m y: 5.521.822 m]
CHARAKTER | Überwiegend naturnahe, wurzelig-felsige Waldpfade, die festes Schuhwerk erfordern.

DerNaturerlebnispfadButzerbachtal rund um Burg Ramstein wartet mit Wasserfällen, Badegumpen, Höhlen, Hängebrücken und Stegen sowie eindrucksvollen Ausblicken von den Felsen über dem Kylltal auf.

▶ Am Wanderparkplatz **Butzerbachtal** 01 beginnt der Serpentinenaufstieg zu den Ruinen der spätmittelalterlichen kurtrierischen Lehensburg **Ramstein** 02 auf einem Buntsandsteinfelsen über dem Tal.

Von der Burg führt der „römische Legionär" zum Aussichtspunkt **Geyersley** 03, einem der für das untere Kylltal charakteristischen Buntsandsteinmassive, die von der erodierenden Kraft des Flusses wand- bzw. rippenartig herausmodelliert wurden, wobei hart verkieselte Felsen wie der Geyersley der Kraft der Erosion widerstanden.
Auch die benachbarte **Klausenhöhle**, zu der der „römische Legionär" auf einem naturbelassenen Pfad weiterführt, ist

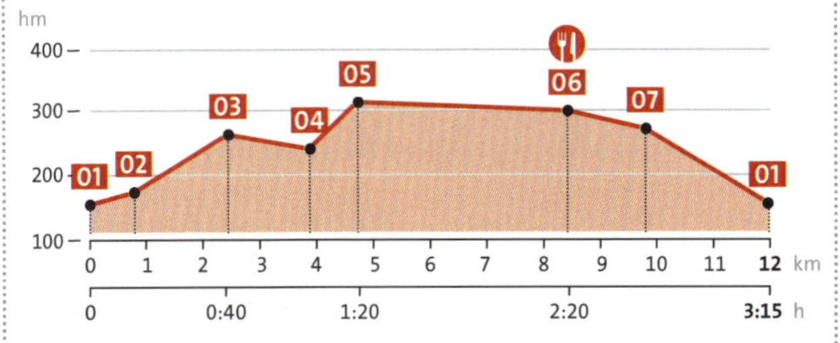

01 Butzerbachtal, 154 m; 02 Ramstein, 179 m; 03 Geyersley, 262 m; 04 Genovevahöhle, 220 m; 05 Hochburg, 306 m; 06 Butzweiler, 300 m; 07 Pützlöcher, 280 m

durch die Kraft des Wassers aus dem Gestein ausgewaschen worden. In der Klausenhöhle lebten noch vor rund 200 Jahren Einsiedler; die Fratzen an den Wänden sollen das Böse fern gehalten haben. Nach Passieren der sagenumwobenen **Genovevahöhle** 04, die sich in den Wäldern versteckt, führt der „römische Legionär" auf das aussichtsreiche Felsplateau **Hochburg** 05 mit den Resten einer keltischen Bergbefestigung. Vorbei an einem rekonstruierten Teilstück der **Römischen Langmauer** und nach einem Schlenker an den Ortsrand von **Butzweiler** 06 geht es zu den **Pützlöchern** 07, wo Spuren der Erz- und Steingewinnung bis in die römische Antike zurückreichen. Den Abschluss der abwechslungsreichen Runde bildet das Wasserfalltal des Butzerbachs: In sieben kleinen Wasserfällen und zahllosen kleinen Kaskaden gießt der Bach über Felsstufen und eilt der Kyll zu, wo der **Ausgangspunkt** 01 wieder erreicht ist.

Aussichtsfelsen Geyersley.

Genovevahöhle

Die 15 x 10 m große Genovevahöhle im Buntsandstein über dem Kylltal ist die bekannteste Höhle der Südeifel. Feuersteinsplitter, Schaber, Steinbeile, Speerspitzen u. a. Funde belegen, dass sie schon in der Steinzeit von Sammlern und Jägern genutzt wurde. Der Sage zufolge lebte in ihr sechs Jahre und drei Monate lang die vom verschmähten Liebhaber Golo fälschlicherweise der Buhlschaft mit dem Koch bezichtigte Pfalzgräfin Genoveva mit ihrem neugeborenen Sohn; das Knäblein wurde von einer Hirschkuh gesäugt, während sich die Gräfin von Wurzeln und Kräutern nährte. Als ihr Mann, Pfalzgraf Siegfried, die Verstoßene und tot Geglaubte während einer Jagd entdeckte, vergossen alle Freudentränen. Die Gräfin lebte jedoch nur noch wenige Tage „und wanderte selig zum Herrn“. Pfalzgraf Siegfried ließ für sie eine Kirche erbauen und sie darin bestatten. Es ist die Fraukirch in der Nähe des Laacher Sees.

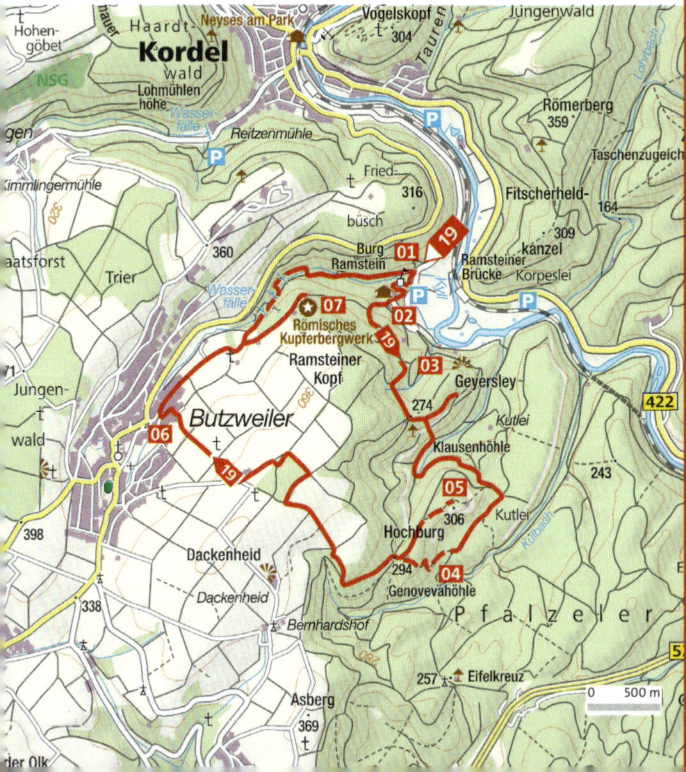

SCHWEICH – LANDWEHRKREUZ – KLÜSSERATH

Eifel-Moselhöhenweg über der Römischen Weinstraße

19 km | 4:30 h | 450 hm | 450 hm

START | Schweich (130 m), Zentrum an der Martinskirche an der Kirchstraße, Buslinie Trier – Schweich – Wittlich und Moselbahn-Buslinie Trier – Schweich – Neumagen. Der Bahnhof Schweich an der Moselstrecke Trier – Cochem – Koblenz liegt außerhalb. [GPS: UTM Zone 32 x: 338.382 m y: 5.5212.63 m]
CHARAKTER | Überwiegend bequeme Wirtschaftswege, zum Teil steil.

Dieser Abschnitt des Eifel-Moselhöhenwegs führt über aussichtsreiche Kuppen über dem Mittelmosel-Tal der Römischen Weinstraße.

▶ Von der Martinskirche im Zentrum von **Schweich** 01 führt die Kirchstraße bergwärts, an der Kreuzung mit der Hofgartenstraße befindet sich das **Kulturzentrum Niederprümer Hof**, das u. a. eine Dauerausstellung über Leben und Werk des Mosel-Schriftstellers Stefan Andres beherbergt. Im Gleichlauf führen Moselhöhenweg und Stefan-Andres-Weg durch die Kirchstraße, vor der Autobahn links (Bergstraße) und durch die erste Unterführung und hinauf in die Weinberge. Während der Stefan-Andres-Weg im Hang bleibt, schwingt sich der Moselhöhen-

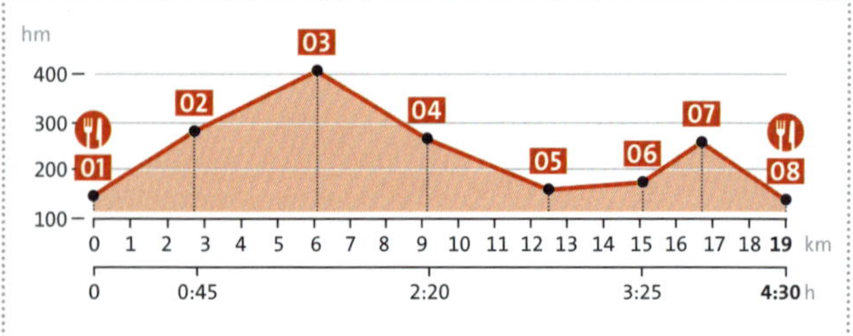

01 Schweich, 130 m; 02 Rupperoth, 280 m; 03 Landwehrkreuz, 410 m; 04 Zitronenkreuz, 285 m; 05 Kautenbachtal, 150 m; 06 Kahlbachtal, 180 m; 07 Thörnicher, Ritsch 272 m; 08 Klüsserath, 121 m

Kirche in Klüsserath.

weg an der **Grillhütte Rupperoth** 02 vorbei aufwärts über den aussichtsreichen **Mehringer Berg**, auf dem Schafe weiden, zum Rastplatz am **Landwehrkreuz** 03. Nach dem steilen Aufstieg führt der Weg abwärts im Mehringer Wald, passiert die Zuweg-Abzweigung nach Mehring und erreicht am Rand einer Wiese das **Zitronenkreuz** 04, errichtet zum Angedenken an einen Zitronenhändler, der hier im Jahre 1687 von seinem Diener ermordet wurde. Nach Abstieg in schattigem Wald erreicht der Weg die Weinberge über dem Kautenbachtal bei **Ensch** 05, führt hinüber ins **Kahlbachtal** 06 und erreicht den Aussichtspunkt **Thörnicher Ritsch** 07 gegenüber dem gleichnamigen Weindorf. Die südexponierte Thörnicher Ritsch ist eine der steilsten Weinlagen an der Mosel und seit Jahrhunderten ein Inbegriff für Qualitätswein. Der Grauschiefer lässt die mineralischen, von Zitrusfrüchten geprägten Aromen voll zur Entfaltung kommen. Im Geschmack zeigt der Wein eine perfekte Süße-Säure-Balance, Finesse und Komplexität – ein Wein für die Meditation und für Verhandlungen: Als Konrad Adenauer 1955 als erster Bundeskanzler nach Moskau fuhr, hatte er als Gastgeschenk 20 Flaschen Thörnicher Ritsch für die Kremlhäuptlinge im Gepäck und erreichte alle Verhandlungsziele – die Rückführung der Kriegsgefangenen und die Aufnahme diplomatischer Beziehungen.

Nach Passieren einer Kapelle senkt sich der Weg, begleitet von Kreuzwegstationen, zur Brücke im Salmtal hinab und erreicht wenig später das Winzerdorf **Klüsserath** 08.

Issel – Wasserskizentrum und Denkmalsort an der Mosel

Issel ist der an der Mosel gelegene Ortsteil von Schweich, die Häuserzeilen nahe der Mosel-Promenade stehen unter Denkmalschutz: Trauf- und giebelständige Anwesen wechseln mit spätbarocken Giebel- und Krüppelwalmdachbauten, stichbogige Sandsteinfenster sind ebenso zu sehen wie reliefierte Portale, direkt am Fluss liegt die Kapelle Sankt Georg (1757). Issel ist ein Wasserskizentrum. Die Steganlage des Wasserskivereins liegt an der Rad- und Rollerbladestrecke an der Mosel. Von den Restaurants aus lässt sich das Treiben beobachten, wenn das 290 PS starke Zugboot mit Wasserskifahrern und Wakeboardern im Schlepptau über die Slalom-Bojenstrecke jagt. Im nahe gelegenen Schweich werden Heißluftballonfahrten angeboten. Zusätzlich wird der Himmel von Drachenfliegern bevölkert.

Heideber
Salm
124
208
197
128
Föhren
266
Linnenkopf
200
Kahlbach
Bekond
Klüsserath
08
20
Mos
159
Rudemberg
272
07
Kahlbachmühle
06
Thörnicher Ritsch
232
En-
20
Kelter
140
314
Thörnich
05
124
Aulwald
212
Mehringerscher Wald
Sauerbrunnen
Kauterbach
Ensch
kreuz
Hink
Detzem
244
Wald
Haus Arenz
53
04
117
Als
20
er Berg
Zitronenkreuz
270
Schleich
Lof
Zur Staustufe
Staustufe Detzem
Moselweinstraße
320
138
ongen
279
Lörsch
220
Mehring
151
128
Pölich
Rioler Fährhs.
Riol
Mosel
Röm. Wasserleitung
Scha-
Triologo
wel
124
0
500 m
Kammerwald
Fünfseenblick

21

RIOL – KUMER KNÜPPCHEN – RIOL

Rioler Klettersteig und Erlebnispfad „Rosen und Wein“

10 km | 2:30 h | 250 hm | 250 hm

START | Rioler Fährhaus (135 m), Parkplatz und Bushaltestelle Riol, Bahnhofstraße am Ortseingang von Riol; Moselbahn-Buslinie Trier – Mehring – Neumagen.
[GPS: UTM Zone 32 x: 341.217 m y: 5.518.532 m]
CHARAKTER | Fahrradfähige Wege auf dem Weinerlebnispfad, Trittsicherheit und Schwindelfreiheit sind erforderlich auf dem Klettersteig.

Der Rioler Klettersteig führt mit exzellenter Aussicht durch die Steilhänge oberhalb des Winzerdorfs Riol an der Römischen Weinstraße. Die Klettersteig-Vorrichtungen beschränken sich auf einige Seilsicherungen an ausgesetzten Passagen, ein Klettersteig-Set ist nicht nötig, der „Klettersteig“ ist eher als Bergwanderweg einzustufen und für Klettersteig-Anfänger geeignet, gesunde Schwindelfreiheit vorausgesetzt. Der Aufstieg zum Klettersteig folgt dem Rioler Weinerlebnispfad „Rosen und Wein“ am Römerberg.

Vom **Rioler Fährhaus** 01 an der Mosel führt die Bahnhofstraße aufwärts in den alten Ortskern von **Riol** 02, die Martinskirche mit dem romanischen Westturm blickt friedlich zur Mosel hinab, lediglich der Weinlagennamen **Rioler Römerberg** 03 erinnert an kriegerische Zeiten – die Informationstafeln des Weinerlebnispfads

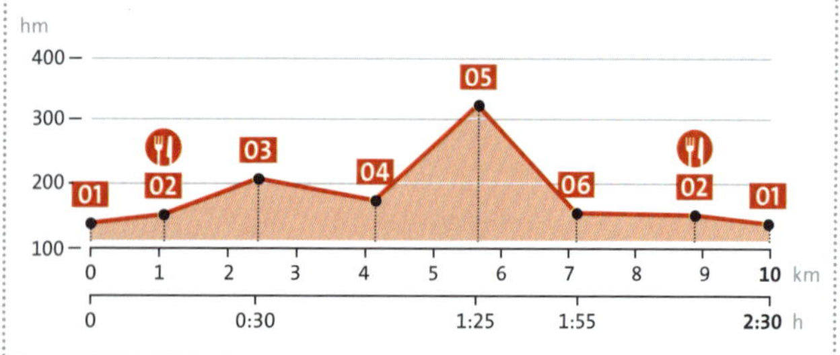

01 Riol, Bahnhofstraße, 125 m; 02 Riol, 135 m; 03 Rioler Römerberg, 205 m; 04 Schutzhütte, 180 m; 05 Kumer Knüppchen, 322 m; 06 Weinlehrpfad, 150 m

Am Rioler Weinlehrpfad.

erläutern die Hintergründe, informieren über den Weinbau von der Römerzeit bis heute und veranschaulichen den Weg von der Traube zum Wein. Der Einstieg in den Klettersteig erfolgt bei der **Schutzhütte** 04 zwischen den Weinerlebnispfad-Stationen 12 und 13. Der 1,4 km lange Bergwanderweg führt stellenweise durch steiles, felsiges

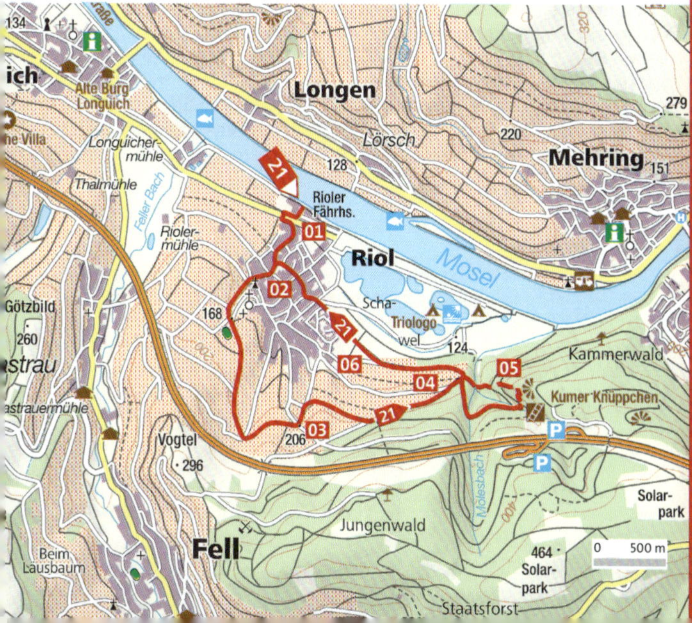

Blick von Riol auf Mehring jenseits der Mosel.

Gelände, ausgesetzte Passagen sind mit Seilsicherungen versehen. Zwischen Mehlbeeren, Gemeinen Felsenbirnen, Pechnelken und Felsen-Fetthennen geht es hinauf zum Gipfelkreuz auf dem **Kumer Knüppchen** 05 im Kammerwald in der Mehringer Schweiz. Hier bietet sich ein herrlicher Panoramablick über Mehring und die Rioler Talweitung. Vom Aussichtspunkt führt der Klettersteig steil hinab ins Molesbachtal und mündet wenig später wieder in den Weinerlebnispfad. Dieser führt bequem zurück nach **Riol** 02, dort geht es hinab zum **Ausgangspunkt** 01 an der Mosel.

Rioler Römerberg – Schlacht bei Rigodulum

Der Name der Weinlage „Rioler Römerberg" erinnert an die Zeiten vor bald 2000 Jahren, als Riol lateinisch *Rigodulum* hieß. Während des kelto-germanischen Bataver- und Trevereraufstands (69/70) besiegten die Römer in der Schlacht bei Rigodulum die Treverer (die „Trierer"). Die Treverer errichteten Schanzen und Steinbarrikaden in den Steilhängen über dem Moseltal, während die Römer von Mainz aus vorrückten. Wie der Geschichtsschreiber Publius Cornelius Tacitus schildert, ritten die Römer eine Zeit lang vor dem Schussfeld der Treverer hin und her, drängten sie dann aus ihren Stellungen „und warfen sie Hals über Kopf den Abhang hinunter – es sah aus wie ein Trümmerfeld". Am folgenden Tag eroberten die Römer das aufständische Trier.

MEHRING – FÜNFSEENBLICK – LEIWEN

Durch die Mehringer Schweiz zur Zummethöhe

20 km | 5:15 h | 300 hm | 300 hm

START | Bushaltestelle Mehring-Brücke (126 m) an der Moselbahn-Buslinie Trier – Mehring – Neumagen.
[GPS: UTM Zone 32 x: 344.126 m y: 5.518.234 m]
CHARAKTER | Zum Teil steile Pfade beim Anstieg zum Kumer Knüppchen, dann überwiegend bequeme Forstwege.

Mit dem Fünfseenblick und der Zummethöhe verbindet diese Wanderung zwei herausragende Panoramahöhen der Mittelmosel. Auf der Hunsrückseite des Flusses staffeln sich die bewaldeten Steilhänge und Bergriedel in derartiger Schroffheit, dass für diese Gegend der Name „Mehringer Schweiz“ geprägt wurde.

▶ Das Winzerdorf **Mehring** 01 liegt an der Moselweinstraße mit Gartenrestaurants an der Promenade längs des Flusses beim Fährturm am Fuß der historischen Altstadt. Das barocke Rathausgebäude beherbergt das Wein- und Heimatmuseum und die Tourist-Information. Die Zwiebelhaube der Medarduskirche überragt die Häuser und schmalen Moselgassen. Der Fährturm, den Erzbischof Klemens Wenzeslaus 1783 errichten ließ, war bis zum Bau der Brücke 1903 in Betrieb. Einen entsprechenden Turm am gegenüberliegenden Ufer der Mosel gab es nicht: Das Seil war an der Felswand verankert.
Nach Überqueren der Moselbrücke führt der Wiesenflurweg

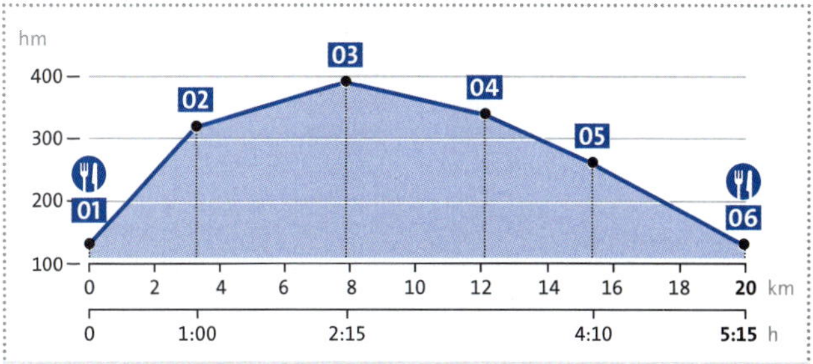

01 Mehring, 126 m; 02 Kumer Knüppchen, 322 m; 03 Fünseenblick, 395 m; 04 Sonnenberg, 340 m; 05 Zummethof, 260 m; 06 Leiwen, 124 m

Blick von der Zummethöhe auf Leiwen.

hinauf zur **Römischen Villa**. Die 34-Zimmer-Villa auf einer Grundfläche von 48 x 29 m war eines der größten römerzeitlichen Landgutshäuser (Villa rustica) im Trierer Raum. Im 2. Jh. wurde sie im damals weit verbreiteten galloromischen Bollendorf-Villentyp mit zwei Ecktürmen und dazwischen liegendem Porticus (Säulengang) errichtet. Während der Einfälle der Franken wurde sie im 3. Jh. zerstört; 1983–85 wurde sie freigelegt, konserviert und teilweise wieder aufgebaut. Gut erhalten sind ein Präfunium (Feuerungsstelle) sowie Reste von Mosaiken, Decken- und Wandgemälden und eine Badeanlage.

Von der Römischen Villa leitet die Markierung durch die Straße Im Weierfeld, am Ortsrand führen der Stefan-Andres-Weg und der Moselhöhen-Verbindungsweg zum Gipfelkreuz auf dem aussichtsreichen **Kumer Knüppchen** 02 und mündet in Autobahnnähe in den Hunsrück-Moselhöhenweg, der zum **Fünfseenblick** 03 rund 300 Höhenmeter über der Talsohle weiterführt. Der Aussichtsturm bietet einen großartigen Blick auf die sich zwischen Eifel und Hunsrück hindurchwindende Mosel und ihre fünf seenartigen Flussschleifen, die dem Aussichtspunkt den Namen geben. Besonders markant: die Insel an der Staustufe Detzem. Überwiegend im Wald leitet der Moselhöhenweg weiter Richtung Leiwen, führt im Leiwener Wald am Ferienzentrum **Sonnenberg** 04 vorbei und folgt dem Waldrücken zwischen Mosel und Kleiner Dhron zum **Zummeterhof** 05, wo sich ein großartiger Panoramablick der Moselschleife von Leiwen und Trittenheim bietet. Hier verlässt der Stefan-Andres-Weg den Moselhöhenweg und führt links durch die aussichtsreichen Weinberge in den Winzerort **Leiwen** 06.

Kaiserin Livia auf der Zummethöhe

Angebliche Namensgeberin des Winzerdorfs Leiwen am östlichen Ende der Römischen Weinstraße ist Livia, die Frau von Kaiser Augustus. Livias Villa soll an der Zummethöhe gestanden haben, dem Aussichtspunkt über der Leiwen-Trittenheimer Moselschleife; der Gruß „Salve Augusta" hat Eingang in das Ortswappen gefunden. Leiwen hat ein beheiztes Panoramafreibad sowie zahlreiche Ferien-Weingüter, Restaurants, Straußwirtschaften und Hotels, in der Umgebung befinden sich zwei Ferienparks. Weine aus den Lagen Leiwener Laurentiuslay und Leiwener Klostergarten stehen im Mittelpunkt des Leiwener Weinfests am dritten Augustwochenende, dann wird auch die Leiwener Weinkönigin gekürt.

Mehringer Blumenkranzkopf aus römischer Zeit.

Kahlbachmühle
Thörnicher Ritsch
Thörnich
Kelter
Aulwald
Mehringerscher Wald
Sauerbrunnen
Kautenbach
Ensch
Detzem
Haus An
Landwehrkreuz
Wald
Zitronenkreuz
Mehringer Berg
419
Schleich
Zur Staustufe
Staustufe Detzem
Moselweinstraße
Longen
Lörsch
Mehring
Pölich
Rioler Fährhs.
Riol
Mosel
Röm. Wasserleitung
Triologo
Kammerwald
Kumer Knüppchen
Mehringersch
Mehringer Wald
Solarpark
Mehring
Jungenwald
Mehringerberg
Staatsforst
Im Scholenskopf
Quint
Friedwald
Feller Bach
Krückenkopf
Schiefer
Ginsterheld
22
01
02
53
131
334
232
140
314
124
212
414
244
270
117
320
138
279
220
151
128
124
206
180
464
455
284
400
225
400

Köwerich
Marterkapelle
Hinkelstein
277
152
Kelter
Teiche
Erlebnisland
Eurostrand
174
Mosel
Blasberg
122
Moselweinstraße
Tritten-
heim
Leiwen
Wein-u.
Heimatmuseum
06
22
Laurentius-
kapelle
121
125
Kronenberg
376
Hof Kr
Schantelbach
144
sberg
332
Güntersberg
312
165
Zummethöhe
253
05
Im
Dhrönchen
Zummeterhof
198
Schloßberg
355
Leiwener-
mühle
Ferienzentrum
Sonnenberg
04
Auf Söll
Dicke Buche
Solarpark
Leiwener
Heidenburg
Dhrontalsperre
Wald
Kleine Dhron
411
Römerstraße
Held
403
22
Detzemer
431
Bleschbach
Hinkelstein
Wald
Büdlich
Bohnsmühle
Büdlichermühle
Breit
400
Schneide-
mühle
297
Mordbach
Büdlicher-
brück
246
Naturden
Kugelba
461
Breiter Wald
Steimesmühle
421
Krethenberg
0
500 m
Unter-

KLÜSSERATH – TRITTENHEIM – NEUMAGEN

Trittenheimer Moselschleife und Römersteig

12,5 km | 3:15 h | 300 hm | 290 hm

START | Bushaltestelle Klüsserath Ort (121 m) an der Moselbahn-Linie Trier – Leiwen – Neumagen.
[GPS: UTM Zone 32 x: 345.296 m y: 5.523.517 m]
CHARAKTER | Hügelige Aussichts- und Waldwanderung teils auf naturnahen Pfaden, die Trittsicherheit verlangen, überwiegend auf bequemen Weinberg- und Forstwegen.

Am Hinkelstein Eselstratt in den Weinbergen der Trittenheiner Moselschleife beginnt der Römersteig, der vom Riesling-Weinort Trittenheim nach Neumagen, Deutschlands ältesten Weinort, führt.

Oberhalb der Kirche und der Häuser von **Klüsserath** 01 führt die Mosel-Erlebnis-Route aussichtsreich durch die Weinberge Richtung Trittenheim und erreicht den Hinkelstein **Eselstratt** 02. Der Eselstratt ist ein jungsteinzeitlicher Hinkelstein (Kultstein) auf der Gemarkungsgrenze von Trittenheim, Köwerich und Klüsserath am alten Pilgerweg in den Marienwallfahrtsort Klausen. Die schalenförmige Vertiefung, der Eselstritt, entstand der Legende zufolge, als eine junge Frau vor einem Wüstling floh. Mit ihrem Esel sprang sie so weit, dass sich der Huf tief in den Felsen eindrückte; dieser „Eselstritt“ wurde namensgebend für den „Eselstratt“.

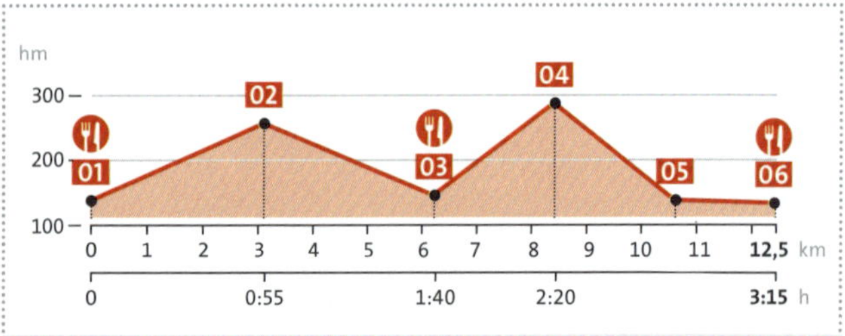

01 Klüsserath, 121 m; 02 Eselstratt, 270 m; 03 Trittenheim, 125 m; 04 Aussichtskanzel, 298 m; 05 Marterkapelle, 121 m; 06 Neumagen 123 m

Kirche in Klüsserath.

Am Eselstratt beginnt der namentlich ausgeschilderte Römersteig; er führt durch die Weinberge hinab in den Riesling-Weinort **Trittenheim** 03 auf einer nahezu gänzlich von Reben bedeckten Mosel-„Halbinsel“ mit den Weinlagen Apotheke und Altärchen. Der Ort hat eine Moselpromenade mit Schiffsanleger, ein Denkmal erinnert an den berühmtesten Sohn des Weindorfs, den Benediktiner und Frühhumanisten Johannes Trithemius (1462–1516). Neben der **Trittenheimer Moselbrücke** stehen die alten Fährtürme aus dem 18. Jh. Ursprünglich wurde das Seil der Fähre rechts des Flusses im Trittenheimer Fährfels verankert, etwa 100 m unterhalb der Fährtürme. Die Fähre verband bis zum Bau der Brücke 1909 das rechte und das linke Ufer. Von der Moselbrücke führt der Römersteig auf einem naturbelassenen Pfad aufwärts durch den Steilhang zu einer **Aussichtskanzel** 04 mit erstklassigem Blick auf die Trittenheimer Moselschleife. Nach diesem steilen Auftakt führt der Römersteig im Gleichlauf mit dem Moselsteig hinab zur **Marterkapelle** 05 zwischen Pappeln in den Weinbergen von Neumagen. Sie wurde 1506 gestiftet an der Stelle, bis zu der das Wasser der Mosel vom Blut der Christen gefärbt war, die der legendäre römische Statthalter Rictius Varus (Rictiovarus) 286 oder 291 in Trier ihres Glaubens wegen hinrichten ließ (Thebäische Legion). Von der Marterkapelle führt der Moselsteig ins nahe **Neumagen** **06**. Von Deutschlands ältesten Weinort fahren Bus und Schiff zurück nach **Klüsserath** **01**.

Blick auf Trittenheim.

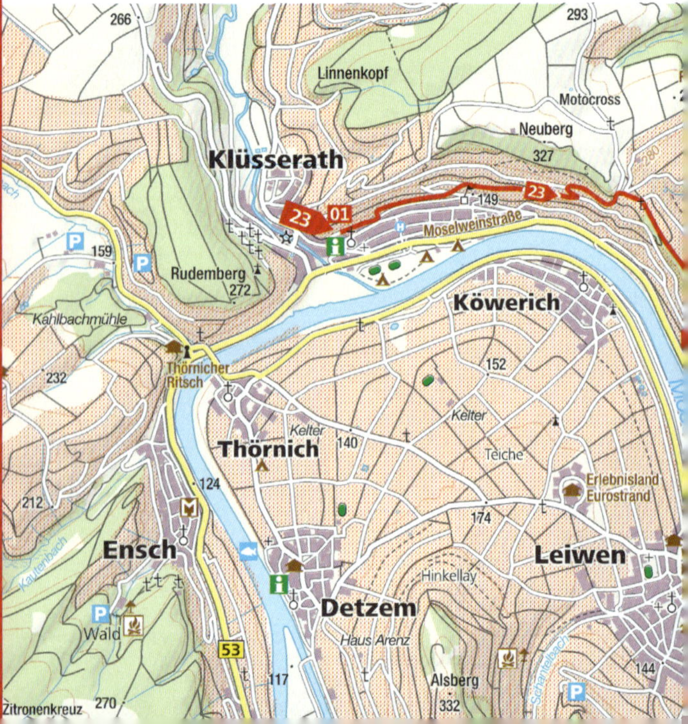

Neumagen – Deutschlands ältester Weinort

Der älteste Weinort Deutschlands gilt wegen seiner mehr als 1000 Funde aus der Antike als „Pergamon an der Mosel"(-Archäologischer Rundweg). Das berühmteste Grabdenkmal ist das „Neumagener Weinschiff", das Grabmal eines Weinhändlers in der Form eines mit Weinfässern beladenen Moselschiffs; eine Nachbildung befindet sich am parkartig gestalteten Moselufer, ein Abguss neben der alten Peterskapelle und dem Ausoniusgarten.

Weinberg an der Marterkapelle.

PIESPORT – WEISSLEY – NEUMAGEN

Römersteig durch die Verbotene Hecke

8 km | 2:20 h | 300 hm ↗ | 300 hm ↘

START | Schiffsanlegestelle Piesport (121 m) bei der Moselbrücke/St.-Michaelbrücke am linken Moselufer an der Ausoniusstraße. Die Bushaltestellte Piesport-Post an der Moselbahn-Linie Neumagen – Brauneberg – Bernkastel befindet sich an der Bahnhofstraße im Ort auf dem rechten Moselufer.
[GPS: UTM Zone 32 x: 350.369 m y: 5.528.088 m]
CHARAKTER | Überwiegend fahrradfähige Wirtschaftswege, jedoch unterbrochen durch Stufenanlagen; in der Verbotenen Hecke ist Trittsicherheit erforderlich.

Die Aussichtsstellen am Römersteig zwischen Piesport und Neumagen, Deutschlands ältestem Weinort, zählen zu den eindrucksvollsten über dem Moseltal. Da sich das Gelände des Wegabschnitts durch die Verbotene Hecke für einige Wanderer als extrem steil erwiesen hat, ist dieser Abschnitt aus gegebenem Anlass gesperrt worden: Ein Schild in vier Sprachen warnt davor, diese Passage weiterhin zu benutzen. Dementsprechend ist derzeit nur noch der überaus aussichtsreiche Abschnitt von Piesport zum Aussichtspunkt Weißley benutzbar. Die alte Route bleibt dennoch in der Karte stehen: vielleicht wird sie versichert und wieder eröffnet.

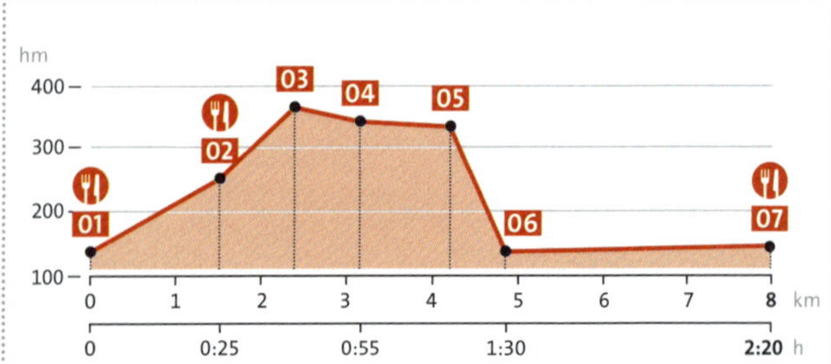

01 Piesport, 121 m; 02 Haus Moselblick, 252 m; 03 Pisporter Heiligenhaus, 374 m; 04 Weißley, 330 m; 05 Verbotene Hecke, 320 m; 06 Moselufer, 121 m; 07 Neumagen, 123 m

▶ Piesport (121 m) ist mit mehr als 410 ha Rebfläche die größte Weinbaugemeinde im Anbaugebiet Mosel-Saar-Ruwer. Unter den zehn besten deutschen Spätlesen verzeichnete der Gault Millau Wein-Guide gleich drei aus Piesporter Lagen, zur besten wurde die Goldtröpfchen-Spätlese Erste Lage vom Weingut Reinhold Haart gekürt. Genossen werden können die goldenen Riesling-Tropfen in zahlreichen Restaurants, Straußwirtschaften und Weinstuben beidseits des Flusses: Links der Mosel, erreichbar über die Michaelsbrücke, steht zwischen gut erhaltenen Häusern des 18. Jh. und den Gebäuden des ehemaligen Hofs des Trierer Domkapitels die Rokoko-Pfarrkirche Sankt Michael (1776/77). Die Schiffsanlegestelle **Piesport** 01 befindet sich in unmittelbarer Nähe der 1985 entdeckten und danach rekonstruierten Römischen Kelteranlage. Von der Kelteranlage führt der namentlich ausgeschilderte Roemersteig auf Weinbergwegen und Stufen aussichtsreich aufwärts, bis oben beim **Hotel-Restaurant Moselblick** 02 die Höhe erreicht ist. Im Hang geht es in Talaufwärtsrichtung zum **Piesporter Heiligenhaus** 03, einer Kapelle bei Wanderparkplatz und Grillhütte. Vom Heiligenhaus führt der Römersteig durch den Hang zum Aussichtspunkt **Weiß-**

Blick von der Weißley auf Neumagen-Dhron.

ley 04 300 Meter über der Talsohle. Da der Pfad durch die Verbotene Hecke ab hier gesperrt ist, machen wir kehrt und wandern auf derselben aussichtsreichen Route zurück nach **Piesport** 01.

Via Vinorum: Römische Kelteranlage in Piesport

Die bei Flurbereinigungsarbeiten in Piesport entdeckte römische Kelteranlage aus dem 4. Jh. ist die größte erhaltene nördlich der Alpen und dokumentiert die 2000-jährige Blützeit des Weinanbaus an der Mittelmosel. Zum rekonstruierten Gebäude gehörten vier Kellerräume und eine Doppelkelteranlage, die zunächst je zwei Maischebecken, viertelkreisförmige Pressbecken und Mostbecken umfasste. Über den unter einem Schutzbau konservierten Pressbecken wurde nach den bei den Grabungen gewonnenen Erkenntnissen sowie aufgrund antiker Darstellungen eine Spindelkelter mit schwebendem Gewicht rekonstruiert, die alljährlich im Rahmen des Römischen Kelterfestes in Betrieb genommen wird. Das Römische Kelterfest im Oktober lockt alljährlich Tausende Besucher an.

MONZEL – KLAUSEN – KLÜSSERATH

Jakobsweg über die Moselberge

23 km | 5:30 h | 410 hm | 390 hm

START | Bushaltestelle Monzel-Ortsmitte (187 m) der Linie Wittlich – Bernkastel-Kues.
[GPS: UTM Zone 32 x: 353.303 m y: 5.530.314 m]
CHARAKTER | Wald-, Wiesen- und Weinbergwanderung auf überwiegend bequemen Wirtschaftswegen.

Vom Winzerort Monzel führt der Jakobsweg durch die Wälder der Moselberge zur Wallfahrtskirche in Klausen, dem bedeutendsten spätgotischen Sakralbau der Moseleifel, und in den Weinort Klüsserath.

▶ Von der spätbarocken Nikolauskirche im Weinort **Monzel** 01 folgen Jakobsweg und Eifel-Moselhöhenweg kurz der Durchgangsstraße (Moselstraße) aufwärts, wechseln dann links in die Brunnenstraße und wenig später links in die Oberstraße, die durch Weinberge dem Wald zuführt. Oben am **Monzeler Hüttenkopf** 02 lädt eine aussichtsreiche Schutzhütte zum Verschnaufen ein. Durch die Wälder führen Jakobs- und Moselhöhenweg zur kapellenähnlichen **Minheimer Schutzhütte** 03 und trennen sich hier. Der Jakobsweg zweigt rechts ab und führt zur Wall-

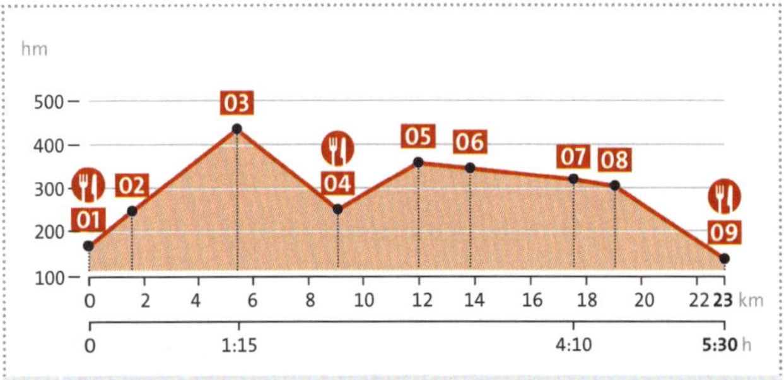

01 Monzel, 187 m; 02 Monzeler Hüttenkopf, 250 m; 03 Minheimer Schutzhütte, 433 m; 04 Klausen, 250 m; 05 Piesporter Heiligenhaus, 374 m; 06 Großer Moselblick, 350 m; 07 Waldkapelle 312 m; 08 Klüsserather Schutzhütte, 305 m; 09 Klüsserath, 121 m

fahrtskirche in **Klausen** 04. Von der Wallfahrskirche geht es längs der Durchgangsstraße (Piesporter Straße) südwärts, bis der Wanderweg zum aussichtsreichen Kausenkreuz abzweigt: Hier bietet sich ein prachtvoller Blick über die Wittlicher Senke hinweg zur Eifel. Das Kreuz trägt die Inschrift: „Anno 1699 hat der ersame Henrich Hart und seine Hausfraw Catarina v Piesport dis Creuz lassen aufrichten zu Ehren der Mutter Gottes."
Vom Klausenkreuz führt der Weg weiter zum **Piesporter Heiligenhaus** 05 an einem Straßendreieck und mündet hier wieder in den Mosel-Höhenweg. Wo dieser unvermittelt rechts abzweigt, lohnt sich der 2-Minuten-Abstecher zum **Großen Moselblick** 06. An dieser Drachenflugstartstelle bietet sich eine herrliche Aussicht auf Neumagen, Piesport und weitere Weindörfer an der Mosel.
Zurück zum Moselhöhen- und Jakobsweg. Durch Wälder und aussichtsreiche Grünfluren geht es zur **Waldkapelle** 07 am Hansenberg. Weiter geht es durch Wald zur **Klüsserather Schutzhütte** 08, dann aussichtsreich am Rand von Weinbergen hinab in den Winzerort **Klüsserath** 09 an der Mündung der Salm in die Mosel.

Chor der Wallfahrtskirche in Klausen.

Weinort Klüsserath: Von Ausonius besungen

Das Weindorf Klüsserath an der Mündung der Salm in die Mosel wird schon im Reisegedicht „Mosella“ des lateinischen Schriftstellers Ausonius erwähnt: „Dort, wo längs des Stromes grünende Matten sich dehnen, wo schäumend die Salm, ungebärdig, kein verächtlich Wässerlein, sich mit Mosella eint, ist, sonst in der Landschaft Friede, mein Heimatland, mein neues. Mit Wild und Fisch und Reben, wo wären sie reicher zu finden! Diana, Göttin der Jagd, schütze du die Heimat, die neue.“
In der Pfarrkirche befindet sich das Grab des Kreuzritters Hagen zur Motten († 1588). An der Gerichtslinde hängen noch die alten Eisenringe, in denen Übeltäter angeprangert wurden. Die ehemalige kurtrierische Wasserburg an der Hauptstraße ist privat bewohnt.

Gnadenaltar in der Wallfahrtskirche von Klausen.

Sonnenhof
146
201
Pohlbachermühle
E44
1
Sterres
342
Pohlbach
229
04
248
Neu-Minheim
Klausen
153
Sehlem
Salm
127
Salmtal
Weldenhaag
209
180
Krames
Grönbach
25
Esch
Thomasberg
378
Müll-
deponie
340
Piesport
Heilig
374
05
Krameser Berg
135
Ferres
Alte Eiche
Kobenlei
411
06
404
25
Großer
Moselblick
Ver-
-botene
Rivenich
138
Hansenberg
401
Hecke
366
Mosel
Kopp
Waldkapelle
312
07
Schneidershof
Stallsack
Kandel
271
Salm
310
Heideberg
08
124
122
293
25
Heldberg
Röm. Weinschiff
290
Linnenkopf
Motocross
Neuberg
327
Klüsserath
149
53
25
Moselweinstraße
Weierbach
09
272
Köwerich
Hinkelstein

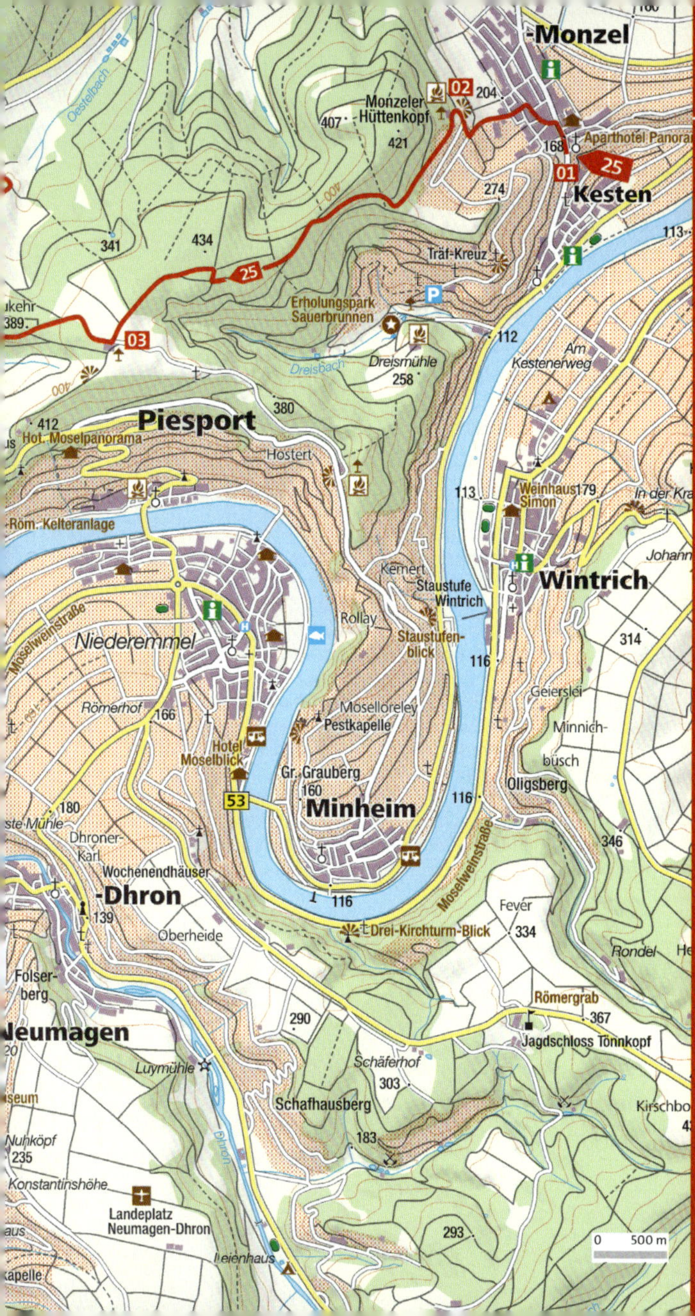
Monzel
Monzeler Hüttenkopf
407
421
204
02
168
Aparthotel Panoram
01
25
Kesten
274
113
Oestelbach
341
434
400
Träf-Kreuz
Erholungspark Sauerbrunnen
P
112
Am Kestenerweg
kehr
389
03
Dreisbach
Dreismühle
258
400
380
412
Piesport
Hot. Moselpanorama
Hostert
Röm. Kelteranlage
113
Weinhaus Simon
179
In der Kra
Kernert
Staustufe Wintrich
Wintrich
Johann
Moselweinstraße
Niederemmel
Rollay
Staustufenblick
116
314
Römerhof
166
Moselloreley
Pestkapelle
Geierslei
Minnichbüsch
Hotel Moselblick
Gr. Grauberg
160
53
Minheim
116
Oligsberg
180
ste-Mühle
Dhroner-Karl
346
Wochenendhäuser
-Dhron
139
116
Moselweinstraße
Fever
334
Drei-Kirchturm-Blick
Oberheide
Rondel
Folserberg
Römergrab
367
Jagdschloss Tönnkopf
290
Neumagen
20
Schäferhof
Luymühle
303
Schafhausberg
Kirschbo
seum
Dhron
Nuhköpf
235
183
Konstantinshöhe
Landeplatz Neumagen-Dhron
293
0
500 m
Leienhaus
kapelle

LIESER – DREIFALTIGKEIT – KUESER PLATEAU

Panoramahöhen zwischen Lieser und Mosel

14 km 3:30 h 250 hm 250 hm

START | Kirche in Lieser (113 m), Weinort an der mittleren Mosel. [GPS: UTM Zone 32 x: 358.068 m y: 5.531.445 m]
CHARAKTER | Aussichtsreiche Weinbergewanderung auf bequemen Wegen.

Paulskirche und Dreifaltigkeit sowie das Panorama vom Greinskopf-Turm sind herausragende Wanderziele am unteren Lieserpfad.

▶ Vom Markt bei der barocken Peterskirche in **Lieser** 01 führt der mit dem Keil-Zeichen markierte Lieserpfad aufwärts durch die Paulsstraße, nach Verlassen der Bebauung aussichtsreich in den Weinbergen, begleitet von den Stationen eines Kreuzwegs. Die **Paulskirche** 02 auf dem **Paulsberg** erhebt sich in aussichtsreicher Alleinlage auf der Höhe zwischen Mosel und Lieser. Die Kapelle wurde um 1718 neu errichtet als Nachfolgebau der mittelalterlichen Pfarrkirche von Lieser. Der Westvorbau ist wahrscheinlich ein Turmrest der alten Kirche, die im Mittelalter religiöser Mittelpunkt von 14 Dörfern und ein viel besuchtes Wallfahrtsziel war; sie zählte zu den ältesten Kirchen der Region. Im Obergeschoss des Turmrests wohnte der Klausner. Während der 1848er-Revolution strömten am 8. Oktober fast 20.000 Menschen mit Fah-

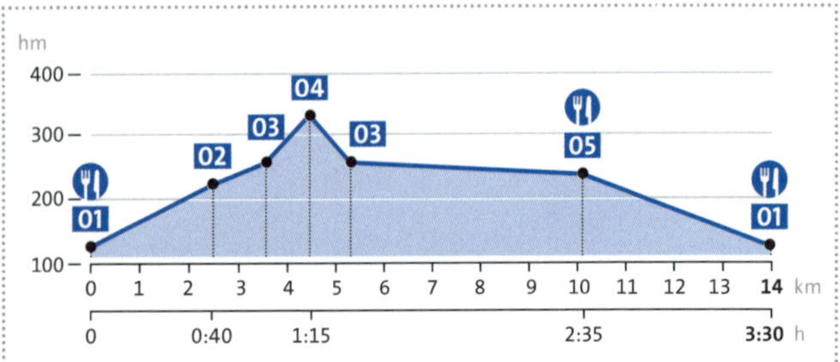

01 Lieser, 113 m; 02 Paulskirche, 220 m; 03 Dreifaltigkeit, 262 m; 04 Greinskopf, 329 m; 05 Küser Plateau, 240 m

nen und Musikkapellen auf dem Paulsberg zusammen, um ihre Hoffnung auf mehr Demokratie und ein Ende der Obrigkeits-Willkür kundzutun.

Wenig später kreuzt der Lieserpfad in der Wehlener Heide an der Schutzhütte auf **Dreifaltigkeit** 03 den Eifel-Moselhöhenweg. Das aus rotem Buntsandstein gefertigte Dreifaltigkeitskreuz mit Rokoko-Darstellungen der Trinität ist Namensgeber des Platzes Auf Dreifaltigkeit in der Wehlener Heide. Sitzbänke und eine Schutzhütte laden zur Rast ein. Bis vor 100 Jahren war Auf Dreifaltigkeit am Sonntag nach Pfingsten, dem Dreifaltigkeits-Fest, ein aus allen Himmelsrichtungen von Prozessionen angesteuertes Ziel. Nach dem Gebet am Kreuz kam die ge-

Lieserpfad

Die Lieser ist ein linker Nebenfluss der Mosel. Sie entspringt oberhalb des Mineralheilbads Daun bei Boxberg in der Vulkaneifel, durchfließt die Wittlicher Senke, durchbricht die Moselberge und folgt dann einem alten Mosel-Urstromtal, ehe sie nach 74 km langem Lauf im Weindorf Lieser in die Mosel mündet. Zwischen dem Gemündener Maar 1,5 km unterhalb von Daun und der Kreisstadt Wittlich ist das Tal fast durchgehend autofrei, hier verläuft auf 38 km Länge der Wanderweg „Lieserpfad“.

Blick von der Dreifaltigkeit auf Lieser.

sellige Seite des Fests zu Wort, ein Wirt bot Speisen und Getränke an, ehe sich vor Eintritt der Dunkelheit die Prozessionen wieder formierten und betend und singend ins Tal zogen Richtung Zeltingen, Wehlen, Graach und Lieser.

Bei klarer Sicht lohnt der Abstecher zum Aussichtsturm auf dem nahen **Greinskopf** 04. Der die Baumwipfel überragende Turm bietet ein herrliches Panorama von Eifel, Moseltal und Hunsrück. Zurück Auf **Dreifaltigkeit** 03, weist der Eifel-Moselhöhenweg die aussichtsreiche Route hinab zum aussichtsreichen **Küser Plateau** 05; hier befinden sich u. a. das Kurgastzentrum, der Kurpark und das Nordic-Walking-Zentrum von Bernkastel-Kues. Der Eifel-Moselhöhenweg leitet zwischen Wald und Weinbergen zurück in den Weinort **Lieser** 01.

Die Dreifaltigkeit.

ZELTINGEN – RACHTIG

Kulturweg im Zeltinger Himmelreich

8 km | 2:00 h | 100 hm | 100 hm

START | Bushaltestelle Zeltingen-Brücke (108 m), Parkplätze an der Uferallee von Zeltingen-Rachtig zwischen Moselbrücke und Festplatz. [GPS: UTM Zone 32 x: 357.090 m y: 5.535.609 m]
CHARAKTER | Aussichtsreiche Weinberge- und Uferwanderung auf nahezu durchgehend bequemen Wegen.

Der Zeltingen-Rachtinger Kulturweg „Von Kurköln zu den Deutschherren" dokumentiert 1000 Jahre Geschichte in den aussichtsreichen Weinbergen rund um die Doppel-gemeinde an der großen Mittelmosel-Schleife. Vom Mittelalter bis zu den Kriegen, die die französischen Revolutionstruppen ins Land trugen, waren die Weindörfer Zeltingen und Rachtig eine kurkölnische Enklave inmitten des Trierer Kurstaats: Der Erzbischof von Köln übte die weltliche, der Trierer Erzbischof die geistliche Macht aus.

Von der Moselbrücke in **Zeltingen** 01 führt die Uferpromenade flussaufwärts am Festplatz und der Tourist-Information vorbei, bis links die Amtsstraße abzweigt und zur Kurfürstenstraße überleitet. Der Barockbau des katholischen Pfarrhauses in der Amtsstraße 16 wurde als kurkölnisches Amtshaus errichtet und zeigt über dem Portal ein Wappenrelief von 1658. Die Kurfürstenstraße leitet weiter zum Marktplatz. Zeltingen ist das Operettendorf der Mittelmosel. Uraufgeführt wurde die Operette „Zeltinger Himmelreich" von Werner Stamm (1955), die gleichnamige

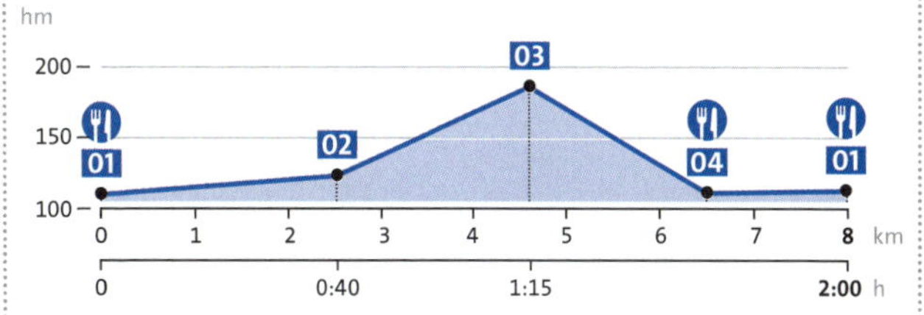

01 Zeltingen, 108 m; 02 St. Stephanus, 130 m;
03 Römisch Heiligenhäuschen, 185 m; 04 Rachtig, 107 m

Fachwerk-Weingasthaus in Zeltingen.

Zeltinger Weinlage wurde derart erfolgreich besungen, dass der Zeltinger Marktplatz alle zwei Jahre (zuletzt 2009) in ein Freilichttheater verwandelt wird: Laienschauspieler aus Zeltingen-Rachtig führen dann die Operette „Zeltinger Himmelreich" auf.

Vom Markplatz führt die Sankt-Stephanus-Straße hinauf zur Pfarrkirche **Sankt Stephanus** 02 (1700), wo der aussichtsreiche Abstecher zu den spärlichen Bruchsteinmauerresten der Rosen- oder Kunibertsburg ausgeschildert ist; diese Burg wird 1182 erstmals erwähnt; der Legende nach wurde in ihr um das Jahr 600 Sankt Kunibert geboren, der als Bischof von Köln den Grundstein für das kölnische Territorium an der Mosel gelegt haben soll.

Von der Ruine zurück zur Stephanuskirche; die Stephanusstraße führt aufwärts in den Weinbergen mit Blick auf die **Zeltinger Sonnenuhr**, dem Wahrzeichen von Zeltingen in der Weinlage Schlossberg Sonnenuhr. Sie wurde im Jahr 1620 erbaut und ist die größte Sonnenuhr in den deutschen Weinbergen.

Aussichtsreich quert der Kulturweg die Weinberge der Lagen Zeltinger Schlossberg und Zeltinger Himmelreich und erreicht den aussichtsreichen Rastplatz am **Römisch Heiligenhäuschen** 03, zu dem auch Prozessionen führen. Eine Aussichtsplattform befindet sich an der wenig später erreichten **Pastorenkehre**, dann senkt sich der Kulturpfad allmählich nach **Rachtig** 04 hinab. Sehenswert in Rachtig ist die neuromanische Kirche (1906). Der ehemalige Deutschherrenhof, eine spätgotische Vierflügelanlage, fungiert als Hotel; nach den Zerstörungen durch Soldaten des französischen

„Sonnenkönigs" Ludwig XIV. im 17. Jh. wurde die Anlage 1737/38 barockisiert. Durch Schenkung ging das Patronats- und Zehntrecht der Kapellen in Zeltingen und Rachtig Mitte des 13. Jhs. an den Deutschen Orden. Mit dem Deutschherrenhof in Rachtig hat sich ein wichtiges Zeugnis kreuzritterlichen Wirkens an der Mosel erhalten.

Von Rachtig führt der Ufer-Rad- und -Wanderweg zurück ins nahe **Zeltingen** 01.

Rebenerziehung.

TRABEN-TRARBACH – GRAACHER SCHANZEN – WOLFER KLOSTER

Im Herz der Mosel

18 km | 4:50 h | 350 hm | 350 hm

START | Bahnhof Traben-Trarbach (106 m), Endstation der Mosel-Weinbahn Bullay – Pünderich – Traben-Trarbach. [GPS: UTM Zone 32 x: 365.093 m y: 5.534.910 m]
CHARAKTER | Mitunter steile Wald- und Weinbergewanderung auf überwiegend bequemen Forstwegen.

Der Wechsel aus Aussichtsstellen und schattigen Wäldern fasziniert bei dieser Wanderung über die Hunsrück-Höhen im „Herz der Mosel". Die Moselschleife zwischen Bernkastel-Kues und Traben-Trarbach wird aufgrund ihrer Form als Herz der Mosel bezeichnet.

▶ Vom **Bahnhof Traben-Trarbach** in der Jugendstil-Weinstadt **Traben** 01 auf der Nordseite der Mosel geht es über die nahe Moselbrücke nach **Trarbach** 02 am gegenüberliegenden Ufer, dort am barocken Amtmannhaus rechts durch die Brückenstraße, in der Kurve beim **Mittelmoselmuseum** im Hause Böckin talaufwärts schwingend (Moselstraße) zum neoklassizistischen Rathaus am **Marktplatz** und zum Weihertorplatz, dahinter kurz auf der Wildbadstraße, bis der Mosel-Camino auf den Bernkasteler Weg wechselt und am Gymnasium vorbei in die Weinberge der Lage **Taubenhaus** hinaufführt. Der Blick fällt zurück auf die Ju-

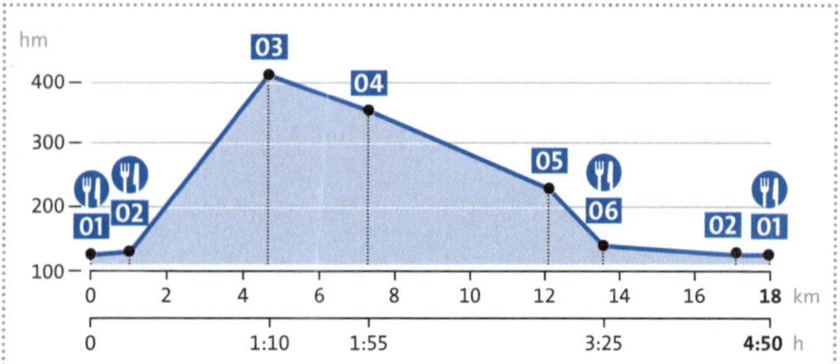

01 Traben, 106 m; 02 Trarbach, 109 m; 03 Graacher Schanzen, 403 m; 04 Schutzhütte, 345 m; 05 Kröbvblick, 229 m; 06 Wolfer Kloster, 118 m

Römerstraße
407
Lonzenberg
387
Kröver Berg
382
Berghof
277
Kröver Reich
Kröv
Puppen- und Spielzeugmuseum
Paradies-Camp
Montroyal Ferien-dorf
Kövenig
Enk
103
Nonnenhof
53
WOLF
Leinert
Boor
Ruine Wolfer (Kloster)
113
06
ehem. Festung Mont Royal
305
Corveyer
Werth
Heller Saß
Landeplatz Traben-Trarbach Mont Royal
Koppelberg
RISSBACH
Kellerei
05
Mühlenbach
Fieberrod
28
TRABEN-
145
LITZI
Gonzlay
102
Wolfer Berg
411
Trabener Hof
01
Buddha-Mus.
Brückentor
-TRARBACH
Pferde-kur
367
Neuendorffhütte
421
02
Ruine Grevenburg
04
Ohlfang
Schlossbe
Josephshof
Wolfer Schanzen
Unheller Küppchen
Hs. Kallenbo
361
434
Graach a. d. Mosel
Graacher-Schanzen
Gräffs-Mühle
Moseltherme
143
Graacher Schäferei
03
Gräffsmühle
BAD WILDSTEIN
Petrushof
Haus Pauly
Ohlkirst
423
Haus Heinz
St.Johannishof
Moselweinstraße
Wildstein
290
Alte Schanzen
436
Badehaus
Bischofsmütze
Bergfried
Doktorberg
Wein-museum
KUES
Cusanusstift
Heimatmus.
Märchenhotel
Kallenfels
Königsfarm
379
Herzen-
KAUTENBACH
113
BERNKASTEL-KUES
kordel
110
Buchborn
Altwald
0 550 m
Maiweg
109
Waldschänke
Tinkelkapelle

Blick auf die bewaldeten Hügel auf der Hunsrückseite der Mosel.

gendstil-Stadt mit der Burgruine Grevenburg. Nach steilem Aufstieg in den Weinbergen taucht der Weg in den Wald ein, erreicht die Hunsrück-Höhen im „Herz der Mosel" und den Wanderparkplatz bei den **Graacher Schanzen** 03, einer Befestigungsanlage (1794) aus der Zeit der Kriege, die die französischen Revolutionstruppen ins Moselland trugen. Hier wechseln wir rechts auf den Hunsrück-Moselhöhenweg und folgen ihm anfangs aussichtsreich – herrlicher Blick über die Mosel hinweg auf das Küser Plateau –, dann im Wald, an der **Schutzhütte** 04 rechts, zurück Richtung Traben-Trarbach, bald an mehreren Aussichtsstellen vorbei, darunter dem **Krövblick** 05. Ein besonders schöner Rastplatz ist die burgruinenartige ehemalige Liebfrauenkirche des **Wolfer Klosters** 06 auf dem Göckelsberg. Dort oben bietet sich ein fantastischer Blick auf die Moselschleife und die Vauban-Festung „Mont-Royal".Von der Ruine führt der Mosel-Höhenweg durch den Steilhang über dem Fluss zurück in die Jugendstil-Weinstadt **Traben-Trarbach** und von **Trarbach** 02 über die Brücke zum Bahnhof in **Traben** 01.

Traben-Trarbach.

ENKIRCH – STARKENBURG – TRABEN-TRARBACH

Loretta-von-Sponheim-Weg zur Grevenburg

9,5 km | 2:30 h | 300 hm | 300 hm

START | Tourist-Information Enkirch (107 m) am Brunnenplatz; der Bahnhof Kövenig der Mosel-Weinbahn Traben-Trarbach – Bullay liegt am gegenüberliegenden Flussufer; eine Fahrrad- und Fußgängerfähre pendelt zwischen Kövenig und Enkirch. [GPS: UTM Zone 32 x: 365.424 m y: 5.538.573 m]
CHARAKTER | Wechsel aus Forstwegen und naturnahen Waldpfaden.

Vom Fachwerk-Kleinod Enkirch führen Jakobsweg und Loretta-von-Sponheim-Weg aussichtsreich über dem Moseltal zu den Ruinen Starkenburg und Grevenburg und in die Jugendstil-Stadt Traben-Trarbach.

▶ Von der Tourist-Information am Brunnenplatz im Fachwerkort **Enkirch** 01 geht es ortseinwärts zur malerischen Baugruppe der evangelischen Kirche (1718) mit drei gotischen Chören. Zahlreiche Markierungen laufen hier parallel, darunter der Moselhöhenweg (M), der Jakobsweg (Muschel-Markierung) und der Sponheimer Weg (S). Steil geht es durch die Weinlagen hinauf zur Schutzhütte am **Rottenblick** 02 und auf dem Kamm zwischen

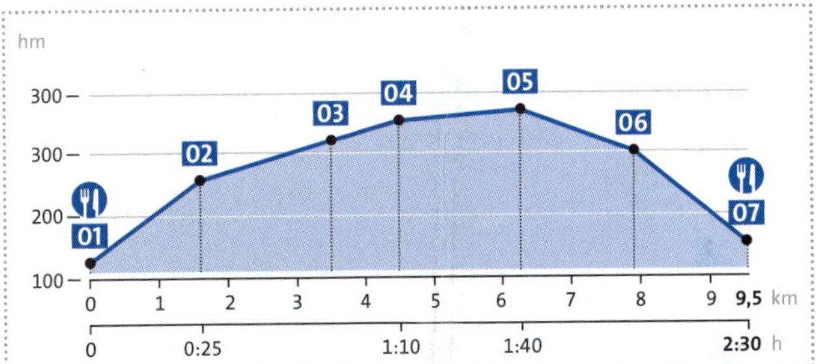

01 Enkirch, 107 m; 02 Rottenblick, 260 m; 03 Geißberg, 315 m; 04 Starkenburg, 365 m; 05 Bismarck-Hütte, 380 m; 06 Grevenburg, 301 m; 07 Traben-Trarbach, Bhf., 106 m

Jakobsweg-Markierung.

Mosel- und Ahringsbachtal mit faszinierenden Ausblicken über den **Geißberg** 03 zum Aussichtspunkt **Lorettablick** bei der Ruine der **Starkenburg** 04, in der die verwitwete Loretta Gräfin von Sponheim 1328 den Trierer Erzbischof Balduin von Luxemburg gefangen hielt. Sie kidnappte den Kurfürsten während einer Moselfahrt und zwang ihn zu einem unfreiwilligen neunmonatigen Aufenthalt auf ihrer damals als uneinnehmbar geltenden Starkenburg, bis er ihr ein stattliches Lösegeld zukommen ließ.

Hinter dem Kirchort Starkeburg führen Moselhöhen- und Sponheimer Weg durch Wald, in dem sich immer wieder Ausblicke auf die Mont-Royal-Schleife bieten, zur aussichtsreichen **Bismarck-Hütte** 05 und zur Ruine der **Grevenburg** 06. Steil führt der Moselhöhenweg hinab nach Trarbach und auf der historischen Moselbrücke hinüber nach **Traben**, wo vom **Bahnhof Traben-Trarbach** 07 die Mosel-Weinbahn nach **Kövenig** vor der Moselbrücke gegenüber von **Enkirch** 01 fährt.

Bad Wildstein: Moseltherme

Die 33°C warme Thermalheilquelle von Bad Wildstein sprudelt aus den Tiefen des Schiefergesteins und versorgt die Gesundheits- und Wellness-Einrichtungen des Traben-Trarbacher Heilbads: Thermenhalle, Sportbad, Außenbecken und die großzügige Saunalandschaft bilden den Rahmen für die aktive Entspannung. Der Jungbrunnen im Kautenbachtal, umgeben von einer herrlichen Waldlandschaft, war schon den Römern bekannt, ehe er während der germanischen Völkerwanderung in Vergessenheit geriet. Durch Zufall wurde er 1799 wieder entdeckt.

Burg
(Mosel)
Briedeler
Send
Aloysius-
brunnen
Berghütte
Burger Berg
Kisselborn
Heck
Birken-
steinchen
112
Haus Horst
293
Burger Wald
283
Burgberg
99
53
392
Berghof
Enkirch
5-Täler-
Blick
Marienbeutelsbach
Neumühle
277
Kövenig
Montroyal
Ferien-
dorf
01
103
Nonnenhof
Klostermühle
Schompenn
116
220
103
53
Boor
WOLF
Leinert
Ruine Wolfer
(Kloster)
113
ehem.
Festung
Mont Royal
305
Corveyer
283
02
Schockenkopf
Staustufe
Enkirch
Span
Werth
Heller Saß
Mosel
Hafen
380
Landeplatz
Traben-Trarbach
Mont Royal
RISSBACH
Kellerei
Geißberg
315
03
Endeler
352
382
Ruine
Starkenburg
04
Ahringsmühle
Gonzlay
TRABEN-
145
LITZIG
Starkenburg
Hüttenzauber
102
Trabener Hof
07
Dollschied
391
Buddha-Mus.
Dicke
Buche
Bismarck-
Hütte
Brückentor
Starkenburger Mühle
Starkenburger
Höfe
TRARBACH
113
06
Ruine
Grevenburg
05
404
Fichtenhorst
Pfaffen-
felder
Ohlfang
Schlossberg
Alte Schanze
Campsteine
Unheller
Küppchen
Hs. Kallenborn
361
0
500 m
399
HÖDESHOF
Gräffs-Mühle
Moseltherme
Gräffsmühle
143
434
29

30

BRIEDEL – HINDENBURGLAY – BEINTER KOPF

Durch die Briedeler Schweiz

12,5 km | 3:30 h | 200 hm | 200 hm

START | Brunnenplatz in der Ortsmitte von Briedel (98 m) bei der Tourist-Information.
[GPS: UTM Zone 32 x: 367.427 m y: 5.542.745 m]
CHARAKTER | Wechsel aus Forstwegen und naturbelassenen Pfaden, mitunter steil.

Die Briedeler Schweiz ist das wald- und felsenreiche Wandergebiet im rechten Moselsteilhang über dem Weindorf Briedel. Pfade führen zu den Aussichtspunkten Hindenburglay und Wilhelmshöhe über der Mosel. Die Hindenburglay ist vom Tal aus an der wehenden Ortsfahne zu erkennen. Sie bietet eine einmalige Aussicht auf das Tal mit Briedel und der Stadt Zell sowie auf den Zeller Hamm mit der Marienburg.

Der Winzerort **Briedel** 01 mit blumengeschmückten Fachwerkhäusern und verwinkelten Gassen liegt im rechten Moselsteilhang, in den sich viele Häuser wie Schwalbennester schmiegen. Die barocke Martinskirche überragt den Ort, in dessen Mitte ein kunstvoll gestalteter Brunnen plätschert: Hier, am Brunnenplatz, erläutert eine Übersichtstafel das Wanderwegenetz, und hier beginnen die Wanderwege in die Briedeler Schweiz.

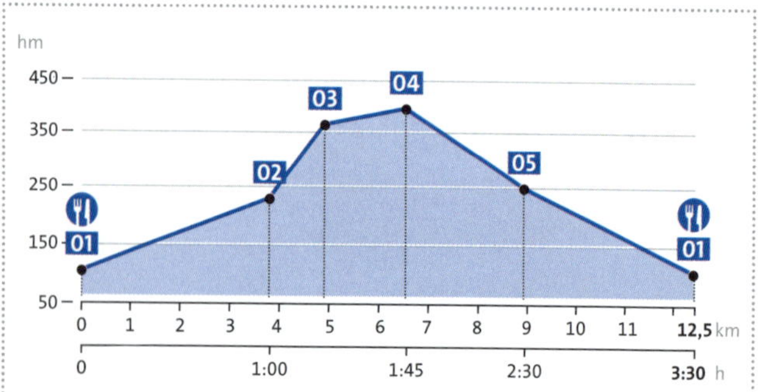

01 Briedel, 98 m; 02 Hindenburglay, 240 m; 03 Wilhelmshöhe, 360 m; 04 Schöne Aussicht, 380 m; 05 Beinter Kopf, 250 m

Die Sündstraße führt in strammem Anstieg ortsauswärts durch den Hang, oben flacht der Weg ein und leitet mit herrlicher Aussicht über die Weingärten dem Wald zu, ehe hinter einer Spitzkehre der schmale Pfad Richtung Hindenburglay beginnt. Das felsdurchsetzte Gelände ist so steil, dass die traditionelle Bewirtschaftung unrentabel ist, weshalb sich hier urwüchsiger Wald mit Bäumen in oftmals bizarren Formen sowie artenreichem Blumenschmuck entwickelt hat, im Frühjahr oder nach Stürmen können auch umgestürzte Bäume auf dem Steilhangpfad liegen. Schließlich gabelt sich der Pfad, doch das Hinweisschild leitet sicher zur Schutzhütte am Aussichtspunkt **Hindenburglay** 02, benannt nach General Paul von Hindenburg, dem zweiten und letzter Reichspräsidenten (1925–34) der Weimarer Republik. Eine Sitzbank auf dem Schieferfelsen lädt zur Rast ein mit prachtvollem Blick auf die Moselschleife Zeller Hamm, auf Briedel, Zell und bis hinüber nach Bullay.

Von der Hindenburglay führt der Pfad bequemer weiter zum nächsten Aussichtspunkt, der Schutzhütte auf der **Wilhelmshöhe** 03, benannt nach Kaiser Wilhelm II. Interessehalber kann man dem „Rundwanderweg Briedeler Schweiz" westwärts zum ausgeschilderten nahen **Sündhaus** folgen, einer Kapelle an der Verlängerung der Sündstraße. Nach diesem Abstecher folgen wir dem „Rundwanderweg Briedeler Schweiz" südwärts zur Schutzhütte an der **Schönen Aussicht** 04, hier mündet der Rundwanderweg vorüberge-

hend in den Hunsrück-Höhenweg und senkt sich in Serpentinen abwärts im Hang Richtung Zell. Beim Aussichtspunkt **Beinter Kopf** 05 zweigt der „Rundwanderweg Briedeler Schweiz" links ab und schlängelt sich im Hang zurück in den Weinort **Briedel** 01.

Breitblättriges Knabenkraut am Wegrand.

Beinter Kopf

Den aussichtsreichen Schieferfelsen Beinter Kopf bekrönte zur Zeit der Treverer eine keltische Höhenbefestigung, die in galloromischer Zeit als Bergheiligtum genutzt wurde. In der von Wällen und Gräben umgebenen Anlage wurden vielfältige archäologische Funde zu Tage gefördert, darunter Keramik und Münzen sowie Schmuck, Statuetten und ein Werkzeughort, deponiert in einer Felskammer. Heute lädt hier eine Schutzhütte zur Rast ein mit Blick auf die Zeller Moselschleife, auf Briedel, die Zeller Moselbrücke mit Kaimt und auf den Höhenort Barl.

ZELL – COLLISTURM – MERL

Aussichtsreich über dem Zeller Hamm

7,5 km | 2:00 h | 200 hm | 200 hm

START | Schwarze-Katz-Brunnen am Rathaus von Zell (98 m) am Marktplatz in der Balduinstraße bei der Tourist-Information. [GPS: UTM Zone 32 x: 369.742 m y: 5.543.048 m]
CHARAKTER | Aussichtsreiche Weinbergewanderung, passagenweise steil.

Der Collisturm bietet ein unvergessliches Panorama der Zeller Moselschleife.

Zell 01 ist eine der größten Weinbaugemeinden der Mosel, bekannteste Lage ist die „Zeller Schwarze Katz", das Denkmal der fauchenden schwarzen Katze ziert den Weinbrunnen auf dem Marktplatz im Herzen der Altstadt. Am Rathaus vorbei führt der Wanderweg bergwärts durch die Marktstraße, am Ende rechts (Cuxborn) und wenig später links (Zeller Kehr) vorbei am **Viereckigen Turm**. Zell erhielt 1222 Stadtrechte, die Stadtmauer mit drei Toren wurde 1229 vollendet; seit der systematischen Zerstörung durch Truppen des französischen „Sonnenkönigs" Ludwig XIV. sind noch der Viereckige Turm im Zeller Bachtal und der runde Turm beim Friedhof erhalten.
Hinter den letzten Häusern weist der ausgeschilderte „Collis-Rundwanderweg" weiterhin leicht ansteigend die Route über die Zeller Kehr und wechselt auf einen Pfad, der steil hinauf zum **Collisturm** 02 über der Stadt führt. Hier bietet sich ein herrlicher Blick auf die Stadt und die Ortsteile Kaimt, Merl

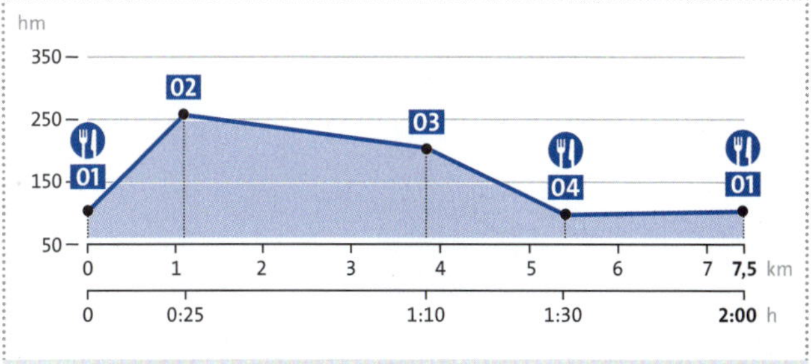

01 Zell, 98 m; 02 Collisturm, 252 m; 03 Löhnshöhe, 219 m; 04 Merl, 97 m

und Barl an bzw. über der Moselschleife. Der kleine Backsteinturm wurde 1906 errichtet, nachdem ein Feuerteufel die bis dahin hier stehende Schutzhütte angezündet hatte. Da der aussichtsreiche Collisturm ein viel besuchtes Ausflugsziel ist, hat hier bei schönem Wetter eine Einkehrstation geöffnet; ob sie geöffnet hat ist schon im Tal zu sehen an einer blauen Flagge mit goldenem „M".
Vom Collisturm führt der bequeme Panoramaweg teils am Waldrand, teils in Weinbergen zur **Lönshöhe** 03, wo sich erneut eine weite Aussicht bietet, zurück auf Zell sowie auf die Marienburg und die Moselorte Alf und Bullay. Von der Lönshöhe führt ein Pfad hinab ins Merler Bachtal und hinab in das Weindorf **Merl** 04, vorbei an der Pfarrkirche Sankt Michael (ehemaliges Minoriten-Kloster mit einem geschnitzten Flügelaltar aus der Antwerpener Schule von 1525). Das Kirchdorf Merl besticht durch eine malerische Fülle hervorragend erhaltener Fachwerkhäuser.
Von Merl führt der Hunsrück-Moselhöhenweg auf dem aussichtsreichen Moseluferweg zurück zum Ausgangspunkt in **Zell** 01.

Runder Turm von Zell an der Mosel.

Römische Weinstadt Zell

Zell ist die „römische" unter den ansonsten im Urspung keltischen Siedlungen am Zeller Hamm, der landschaftlich schönsten Moselschleife. Nach der Verlegung der Pfarrkirche von der Marienburg auf der Höhe der Moselschleife avancierte die Siedlung am alten Flussübergang zum Vorort im Zeller Hamm. Benannt ist Zell nach den im Lateinischen „cellae" genannten Lagerhallen römischer Zeit. Das zweiflügelige Schloss Zell mit seinen fünf Türmen wurde 1530–42 als kurtrierischer Amtssitz in spätgotischen Formen errichtet und fungiert als Hotel.

BULLAY – REIL – ALF

Kanonenbahn-Wanderweg über den Prinzenkopf

15 km | 4:00 h | 350 hm | 350 hm

START | Bahnhof Bullay (96 m) an der Moselstrecke Trier – Cochem – Koblenz und an der Mosel-Weinbahn Bullay – Pünderich – Traben-Trarbach.
[GPS: UTM Zone 32 x: 366.524 m y: 5.546.239 m]
CHARAKTER | Bequeme Wirtschaftswege und naturbelassene Pfadpassagen, überwiegend aussichtsreich.

Der eisenbahnhistorische Kulturweg „Kanonenbahn" folgt den drei Eisenbahnlinien Kanonenbahn, Zweigbahn und Moselbahn entlang beeindruckender Eisenbahnarchitektur am Zeller Hamm. Die Doppelstockbrücke Bullay, der Prinzenkopftunnel und der längste Hangviadukt Europas bei Pünderich zählen zu den technischen Highlights, einmalig sind die Panoramen an der Marienburg und auf dem Prinzenkopf. Als „Kanonenbahn" wurde die im Kaiserreich angelegte militärstrategische Eisenbahnlinie von Berlin über Trier ins lothringische Metz bezeichnet.

▶ Vom Umweltbahnhof **Bullay** 01 folgt der mit dem Zeichen „Viadukt" markierte Kanonenbahn-Wanderweg der Bahnlinie zur **Bullayer Doppelstockbrücke** 02 über die Mosel. Nach Überqueren des Flusses auf dieser kombinierten Eisenbahn-, Straßen- und Fußgängerbrücke schwingt der Weg in den bewaldeten Hang ein und führt zur aussichtsreichen **Marienburg** 03 auf dem Petersberg

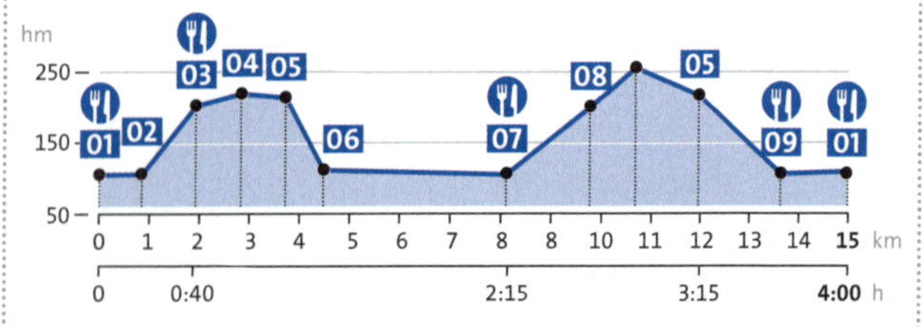

01 Bullay, 96 m; 02 Doppelstockbrücke, 95 m; 03 Marienburg 205 m; 04 Prinzenkopf 238 m; 05 Pündericher Aussicht 220 m; 06 Prinzenkopftunnel 102 m; 07 Reil, 98 m; 08 Reiler Hals, 204 m; 09 Alf, 95 m

über den Weingärten an der schmalsten Stelle des Zeller Hamms. Hier bietet sich eine fantastische Aussicht auf die Landschaften und Dörfer von Mosel, Eifel und Hunsrück sowie auf den Pündericher Hangviadukt. Von der Marienburg führt der Wanderweg zum nahen **Prinzenkopfturm** 04 und am Ehrenfriedhof vorbei zur **Pündericher Aussicht** 05; dieser Aussichtspunkt ist ein viel besuchtes Ausflugsiel, bei schönem Wetter hat eine Einkehrstation geöffnet, die Drieschhütte; ob sie geöffnet hat, ist weithin zu sehen an einer gehissten blauen Flagge mit goldenem „M".

Von der Pündericher Aussicht senkt sich der Kanonenbahn-Wanderweg zum Aussichtspunkt am oberen Eingang des **Prinzenkopftunnels** 06 und folgt dann dem **Pündericher Hangviadukt**, mit 786 m der längste Hangviadukt Europas. Der ehemalige **Bahnhof Pünderich** fungiert als Verzweigungspunkt von Moselstrecke (Richtung Wittlich und Trier) und Mosel-Weinbahn (nach Traben-Trarbach).

Am Bahnhof des Weinorts **Reil** 07 verlassen wir den Kanonenbahn-Wanderweg (der nun der ehemaligen Saufbähnchentrasse an der Mosel entlang zurück nach Bullay folgt). Der mit der Ziffer 8 markierte Wanderweg und Weinlehrpfad führt durch die Weinberge hinauf zur Dreifaltigkeitskapelle auf dem **Reiler Hals** 08 und mündet dort auf den Eifel-Moselhöhenweg. Dieser folgt am Waldrand der Abbruchkante über dem Moseltal zurück zur **Pündericher Aussicht** 05 und dann hinab in den Weinort **Alf** 09. Dort geht es mit der Fußgänger- und Fahrradfähre zurück in den Ausgangsort **Bullay** 01.

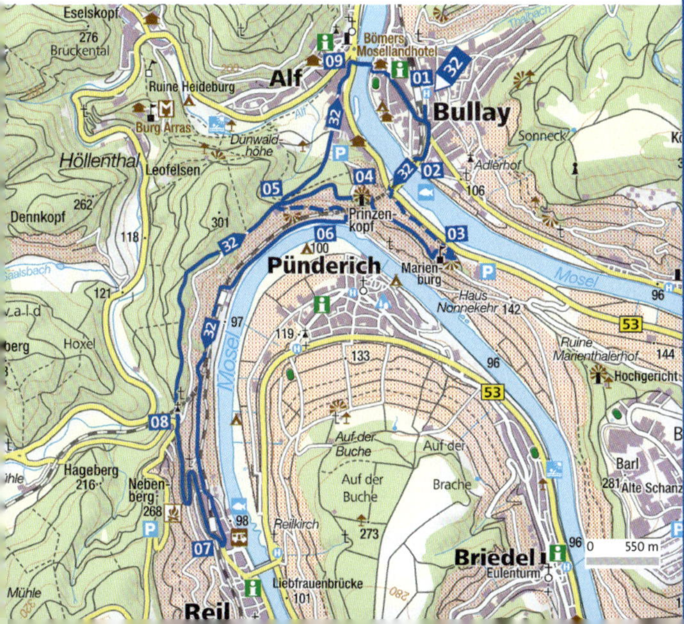

Prinzenkopf-Panorama

Der stählerne Aussichtsturm auf dem Prinzenkopf (233 m) ermöglicht ein atemberaubendes Moseltalpanorama. Der Blick schweift vom Moseltal bei Reil im Süden bis zum Bremmer Calmont im Norden und über den Zeller Hamm hinweg auf die Hunsrückhöhen jenseits der Mosel, während sich im Westen der Kondelwald erhebt. Benannt sind Berg und Turm nach König Friedrich Wilhelm IV. von Preußen, der sich im Jahr 1818 hier als Kronprinz aufhielt. Vom 18 m hohen Aussichtsturm weisen Schilder zum nahen Ehrenfriedhof (Kriegsgräber), wo sich erneut ein schönen Blick auf den Pündericher Eisenbahn-Hangviadukt bietet; die Moselstrecke und die Mosel-Weinbahn unterqueren der Prinzenkopf im 459 m langen Prinzenkopftunnel.

Bullayer Doppelstockbrücke.

NEEF – HOCHKESSEL – PETERSBERG

Hoch über der Bremmer Moselschleife

13 km | 3:30 h | 350 hm | 350 hm

START | Bahnhof Neef (90 m) an der Moselstrecke Trier – Cochem – Koblenz.
[GPS: UTM Zone 32 x: 366.912 m y: 5.550.513 m]
CHARAKTER | Etwas Kondition erfordernde Bergwanderung überwiegend auf Forst- und Waldwegen.

Der Hochkessel im Inneren der Bremmer Moselschleife ist der zweithöchste Moselberg in Deutschland, der Petersberg auf seinem Westausleger zählt zu den schönsten Panoramabergen der Untermosel, bei der Klosterkirchenruine Stuben fällt bei sonnigem Sommerwetter ein Sandstrand trocken.

▶ Von der Verzweigung bergseitig des **Bahnhofs Neef** 01 führt die Wanderwege-Markierung N6 durch die Weinberge auf einem Wirtschaftsweg, der bald in den Hang des **Neefer Bachtals** einschwingt. Wenn er dort in die Wälder eintaucht, beginnt in weit ausholenden Schleifen der Aufstieg zum **Hochkessel** 03. Sein Gipfel trägt die Reste einer keltischen Fliehburg aus der späten Hallstatt- bzw. der darauffolgenden Latènezeit (5.–1. Jh. v. Chr.). Ein doppelter, ovaler Steinwall umgibt die knapp 150 m lange und bis zu 40 m breite Gipfelkuppe.

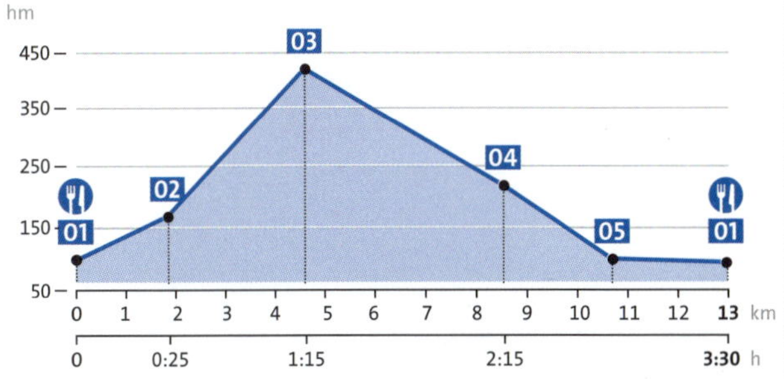

01 Neef, 90 m; 02 Neefer Bachtal, 160 m; 03 Hochkessel, 421 m; 04 Petersberg, 221 m; 05 Klosterkirche Stuben, 92 m

Schon in der Steinzeit suchten Menschen Schutz auf dieser Höhe, wie eine von Archäologen entdeckte Schiefer-Axt aus der Mittleren Steinzeit belegt. Nach der Eroberung des Landes durch die Römer verlor der Hochkessel seine alte Bedeutung, während der Petersberg auf seinem Nordwestausleger in den Vordergrund trat. Dort bildete sich eine Ansiedlung um eine römische Festung. Vom Gipfel führt die Markierung N1 zum ausgeschilderten **Petersberg** 04. Der Blick schweift über die Moselschleife hinweg zu den Steilhängen des Calmont sowie flussaufwärts bis zu den Winzerdörfern Sankt Adelgund und Alf sowie zum Prinzenkopf im Zeller Hamm. Die 1138 errichtete Peterskapelle war ursprünglich die Pfarrkirche der ganzen Umgebung. Wo die Peterskapelle steht, wurden Reste eines römischen Gebäudes entdeckt; Ziegelsteine mit römischen Inschriften, geschmolzenes Blei u. a. Funde lassen darauf schließen, dass sich dort eine römische Wachpostenstation verbunden mit einer keltischen Kultstätte befand. Von der Peterskapelle führt der N1-Weg durch die Weinberge hinab zur Mosel, wo der Abstecher zur Ruine der **Klosterkirche Stuben** 05 lohnt. Bei sonnigem Wetter gibt es hier an der Mosel einen natürlichen Sandstrand. Von der Klosterruine Stuben geht es an der Mosel entlang zurück zum Ausgangspunkt im Winzerort **Neef** 01.

Klosterruine Stuben.

Neefer Frauenberg.

ELLER – CALMONT

Klettern am Calmont

7,5 km | 2:45 h | 300 hm | 300 hm

START | Bahnhof Ediger-Eller (99 m) an der Moselstrecke Trier – Cochem – Koblenz. Anfahrt mit dem Auto auf der Bundesstraße 49. [GPS: UTM Zone 32 x: 367.000 m y: 5.551.912 m]
CHARAKTER | Zahlreiche exponierte Passagen erfordern festes Schuhwerk, Trittsicherheit und Schwindelfreiheit; ungeachtet der Bezeichnung „Klettersteig" ist ein Klettersteig-Set nicht nötig.

Der Bremmer Calmont ist mit durchschnittlich 70 Grad Hangneigung die steilste Weinlage an der Mosel. Ein vom Deutschen Alpenverein angelegter und versicherter Klettersteig erschließt die aussichtsreichen ehemaligen Rebhänge auf den lockeren Schieferböden des „heißen Bergs" (lateinisch: *calidus mons*) zwischen dem Fachwerkdorf Bremm und dem Ellerbachtal. Auf dem Felsvorsprung „Ellerer Todesangst" weht die Deutschlandfahne, ein erstklassiger Aussichtspunkt ist auch der Vier-Seen-Blick in der Nähe der Gipfelhütte, an einem ehemaligen gallorömischen Bergheiligtum wurde ein spätrömischer Tempel rekonstruiert.

▶ Vom **Bahnhof Ediger-Eller** 01 am Ortsrand des Weindorfs **Eller** führt ein Moselhöhen-Zugangsweg kurz aufwärts im Ellerbachtal, unterquert bei erster Gelegenheit den Gleiskörper und schwingt sich hinauf zur **Galgenlay** 02 am Beginn des Klettersteigs. An der Calmonthütte und weiteren Schutz-

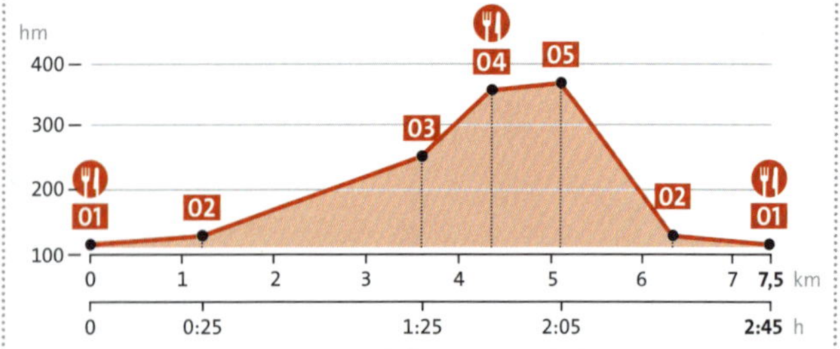

01 Ediger-Eller, 99 m; 02 Galgenlay, 110 m; 03 Schlemmerkopf, 250 m; 04 Gipfelkreuz, 360 m; 05 Tempel, 378 m

hütten vorbei schlängelt er sich als Pfad durch die Weinberge, einige Stellen sind durch Trittbügel und Stahlseile gesichert, an steilen Stufen befinden sich Leitern. Der Pfad quert den Steilhang mit Blick auf Bremm und zurück auf die Moselbrücke bei Eller sowie zum Hochkessel, zur Petersberg und zur Klosterkirchenruine Stuben auf der gegenüberliegenden Seite der Mosel. Der Aussichtspunkt **Schlemmerkopf** 03 bildet oberhalb des Weinorts Bremm das westliche Ende des Klettersteigs. Hier geht es hinauf zum aussichtsreichen **Gipfelkreuz** 04, bei dem im Sommer eine Straußwirtschaft geöffnet hat. Vom Gipfelkreuz führt der Höhenweg weiter zum **gallorömischen Tempel** 05, wo sich erneut ein umfassendes Panorama bietet. Nun verliert der Wanderweg rasch an Höhe, senkt sich hinab zum **Galgenlay** 02 im Ellerbachtal und führt zurück zum Ausgangspunkt am **Bahnhof Ediger-Eller** 01.

Bremm am Calmont.

Römertempel auf dem Calmont

2009 wurde der rekonstruierte gallorömische Umgangstempel auf dem Bremmer Calmont im Rahmen eines kelto-römischen Volksfestes feierlich eröffnet. Das alte Bergheiligtum gewährt einen Panoramablick über die engste Moselschleife rund um den Petersberg und die Klosterruine Stuben, wo sich in römischer Zeit eine Höhenbefestigung und ein Sicherungsposten mit Station für die Moselschifffahrt befunden hatten. Der römische Tempel fungiert als Rastplatz am Höhen-Wanderweg über den Calmont und wird auch für Veranstaltungen genutzt.

VALWIG – VALWIGERBERG – BRAUSELAY

Apolloweg durch mediterrane Felssteilhänge

10 km | 2:55 h | 300 hm | 300 hm

START | Parkplatz und Wanderwege-Übersichtstafel am Moselufer in Valwig (72 m) an der Moselweinstraße. Anfahrt mit dem Auto auf der Bundesstraße 49 und auf die Moselweinstraße abzweigen. [GPS: UTM Zone 32 x: 372.110 m y: 5.555.976 m]
CHARAKTER | Überwiegend bequeme Wirtschaftswege, im Naturschutzgebiet Brauselay steile Pfade, die Trittsicherheit und je nach Konstitution Schwindelfreiheit erfordern.

Der Apolloweg, benannt nach dem schönsten Mosel-Schmetterling, führt mit herrlichen Aussichtsstellen durch die Weinberge, Felsen und Wälder der Valwiger Moselsteilhänge. Informationstafeln entlang des Apollowegs erläutern Wissenswertes zu Kulturgeschichte, Landschaft, Weinbau, Fauna und Flora.

▶ Vom Parkplatz am Moselufer in **Valwig** 01 führt nach Queren der Moselweinstraße die Kreuzstraße zwischen Fachwerkhäusern ortseinwärts zur neoromanischen Pfarrkirche Sankt Martin (1827). Von hier folgt der mit einem Schmetterlings-Zeichen markierte Apolloweg der Kreuzstraße weiter bergwärts und verlässt den Ort auf der Bergstraße, der auch der Kreuzweg folgt, der Wallfahrtsweg nach Valwigerberg. Hinter der ersten Serpentine verlässt der Apolloweg die Bergstraße und wechselt

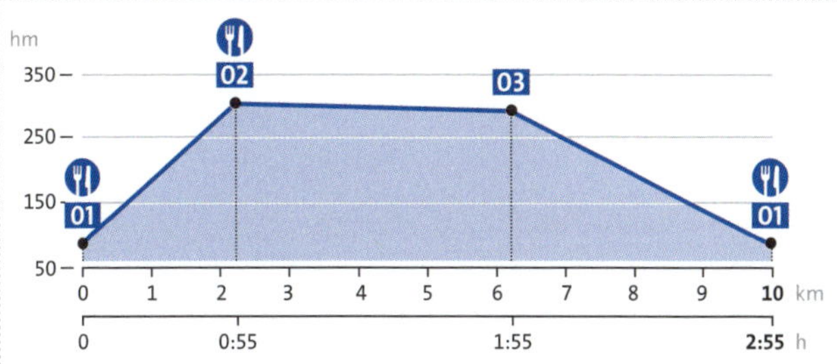

01 Valwig, 72 m; 02 Valwigerberg, 305 m; 03 Brauselay 288 m

auf den Alten Bergweg, durch ehemalige Weinberge geht es hinauf zur **Kreuzkapelle**, wo der Kreuzweg endet; während des steilen Aufstiegs bieten sich weite Ausblicke auf Ernst, Bruttig-Fankel, Ellenz-Poltersdorf und Beilstein mit der Ruine Metternich. Von der Kreuzkapelle ist es nicht mehr weit in den Höhenort **Valwigerberg** 02; er ist seit dem Mittelalter ein Marienwallfahrtsort, die ältesten Teile der Wallfahrtskirche stammen aus dem 13. Jh., die Dicke Eiche am Sportplatz ist 600 Jahre alt.
Von Valwigerberg folgt der Apolloweg dem Waldsaum bzw. schlängelt sich durch Schatten spendenden Niederwald an der Abbruchkante über dem Moseltal Richtung Cochem und vereinigt sich schließlich mit dem Hunsrück-Moselhöhenweg. Wie aus der Vogelperspektive fällt der Blick zwischendurch auf Valwig. Am Felsen **Brauselay** 03, weithin sichtbar an einer Wetterfahne, bietet sich ein 360-Grad-Ausblick auf die Cochemer Moselschleife. Ein steiler Pfad führt abwärts durch das Naturschutzgebiet Brauselay mit seiner mediterranen Vegetation Richtung Cond, bis die Apolloweg-Markierungen den Moselhöhenweg verlassen und durch Weinberge Richtung Valwig zurückführen. Zwischendurch lädt eine Schutzhütte zur Rast ein, dann führt der Apolloweg längs der Weinberg-Trockenmauern zurück zum Ausgangspunkt in **Valwig** 01.

Reichsburg Cochem mit Apolloweg-Steilhang.

Apollofalter

Der Apollofalter (*Parnassius apollo*), ein Schmetterling aus der Familie der Ritterfalter, zählt zu den schönsten und gefährdetsten Tagfaltern in Deutschland und steht als einziger nichttropischer Schmetterling unter strengem Naturschutz. Die Grundfarbe ist weiß mit schwarzen Flecken auf den Vorderflügeln und roten oder orangefarbenen, schwarz umrandeten Punkten auf den Hinterflügeln. Sein Lebensraum sind die trockenen, eher steinigen Berghänge und -wiesen der Mittel- und Hochgebirge von den Pyrenäen bis zum Ural, von Skandinavien bis Sizilien. Das größte außeralpine Vorkommen in Deutschland liegt an der Mosel. Hauptfutterpflanze der Raupen sind die Weiße Fetthenne (*Sedum album*) und die Purpur-Fetthenne (*S. telephium*), die erwachsenen Falter bevorzugen Distelblüten. Die Raupen sind bis zu 5 cm groß, schwarz mit orangefarbenen Flecken an der Seite, die Puppen dick und bläulich gefärbt. Die Flugzeit der Schmetterlinge im Mai bis August dauert nur 2 bis 3 Wochen.

DORTEBACHTAL

Alpines Erosionstal mit Wasserfall

10 km | 2:30 h | 300 hm | 300 hm

START | Wanderparkplatz Dortebachtal (86 m) im Moseltal unterhalb des Winzerorts Klotten an der Untermosel. Anfahrt auf der Bundesstraße 49. [GPS: UTM Zone 32 x: 372.360 m y: 5.558.942 m]
CHARAKTER | Im Dortebachtal passagenweise steile Pfade, auf der Hochfläche bequeme Wirtschaftswege.

Das Dortebachtal ist ein Seitental der Mosel beim Winzerort Klotten. In den Wäldern und steilen Felsflanken haben selten gewordene Pflanzen und Tiere ein Rückzugsgebiet gefunden: Wolliger Schneeball, Behaarter Ginster, Weißdorn, Liliengewächse und Orchideen ebenso wie Eidechsen und Hirschkäfer und die Zippammer. Der mit dem Eidechsen-Logo markierte „Kulturpfad Dortebachtal“ erschließt das von einem Wasserfall durchbrauste, als Naturschutzgebiet ausgewiesene Tal sowie die aussichtsreichen Höhen über den Talflanken.

Vom Wanderparkplatz **Dortebachtal** 01 an der Moselweinstraße bei **Klotten** zeigt ein Holzschild hinauf ins Dortebachtal. Nach Unterqueren der Eisenbahnlinie führt ein schmaler Waldweg aufwärts, oben fällt der Blick in einen aufgelassenen Steinbruch: das untere Dortebachtal wurde früher als Steinbruch genutzt. Ein Hinweisschild signalisiert den Beginn des **Naturschutzgebiets Dortebachtal**: „Bitte stören Sie nicht die Ruhe der Natur und erfreuen Sie sich an ihrer Schönheit.“
Der Pfad führt an Abraumhalden vorbei, in denen seltene Tiere und

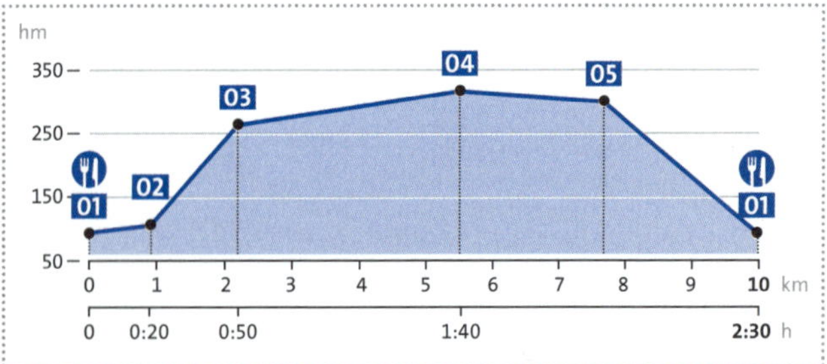

01 Dortebach, P 86 m; 02 Dortebachfall, 112 m; 03 Aussichtspunkt, 260 m; 04 Kavelocherhof, 337 m; 05 Annischerhof, 313 m

Pflanzen leben, eine Bank lädt zur Rast ein, beim Blick zurück zeigt sich die Mosel. Eine Hinweistafel informiert über Flora und Fauna. Nach diesem sonnigen Auftakt zwischen den Felsen taucht der Pfad in den Wald ein und folgt dem Dortebach, der in niederschlagsarmen Sommern nur wenig Wasser führt. Je nach Witterung braust oder tröpfelt der **Dortebachfall** 02 über eine Felsstufe. Am Wasserfall lädt eine Sitzbank zum Verweilen ein, ehe sich der Kulturweg steil und in Serpentinen durch die Wälder in der westichen Talflanke hinaufwindet. Wenn das Gelände abflacht, schwingt der Pfad südwestwärts und erreicht einen traumhaften **Aussichtspunkt** 03 mit Blick auf Mosel und Hunsrück sowie auf Klotten und Burg Coraidelstein. Wenig später lädt eine ebenso aussichtsreiche Schutzhütte zur Rast ein, dannn taucht der Pfad in den **Neuewald** ein, schwingt bei Tangieren der Straße rechts zurück zur Abbruchkante über dem Dortebachtal, überquert den Bach oberhalb der Schlucht auf der Kreisstraße und führt im Bogen via **Kavelocherhof** 04 über die aussichtsreiche Hochfläche in den Osten des Dortebachtals. Bald nach Passieren des **Annischerhofs** 05 ist die Verzweigung erreicht, an der der

Abstieg ins Tal beginnt, doch bei klarer Sicht lohnt der ausgeschilderte Abstecher zu den Felsköpfen über dem Moseltal. Nach diesem wunderbaren Ausblick geht es zurück zum Wanderparkplatz **Dortebachtal** 01 und zum Ausgangspunkt an der Moselweinstraße.

Die Weite der Hochfläche unterscheidet sich deutlich vom Moseltal.

Auch totes Holz lebt

Auch abgestorbene oder gefällte Bäume bieten vielen Tieren Schutz und Nahrung und sind deshalb von großem Nutzen innerhalb der Lebensgemeinschaft des Waldes: Pilze, Bakterien, Würmer und Insekten zersetzen die Überreste toter Bäume und finden hier ihren Lebensraum. Pilzfäden durchziehen das Holz und zerlegen dessen Baustoffe in für viele Käferarten nutzbare Nährstoffe. Die Larven der Holzwespe und der Bockkäfer fressen sich durch morsches Holz, ehe sie sich verpuppen. Spechte wiederum hacken Käferlarven aus dem Holz, um damit ihren Nachwuchs zu füttern. Besonders bedrohte Käferarten wie der Alpenbockkäfer, der seine Eier ausschließlich in moderndes Buchenholz legt, und die im Eichenholz lebenden Larven des Hirschkäfers sind darauf angewiesen, dass auch totes Holz im Wald verbleiben darf.

KAISERSESCH – ROSENTHAL – POMMERN

Durch das Pommerbachtal

17 km | 4:25 h | 420 hm | 130 hm

START | Bahnhof Kaisersesch (410 m) an der Pellenz-Eifel-Bahn Kaisersesch – Mayen – Andernach. Wer auf die Anfangspassage durch die Stadt und unter der Autobahn her verzichten möchte, lässt sich mit dem Taxi zur Hambuchermühle fahren. Die Rückkehr nach Kaisersesch erfolgt ab Bahnhof Cochem mit dem Bus.
[GPS: UTM Zone 32 x: 366.604 m y: 5.566.006 m]
CHARAKTER | Naturbelassene Wald- und Wiesenwege, passagenweise feucht, zahlreiche kurze Zwischenanstiege zwischen Bachschlingen.

Der Pommerbach-Wanderweg von Kaisersesch in den Winzerort Pommern an der Mosel zählt zu den naturschönsten Talwanderwegen der Moseifel. 17 Stegbrücken wechseln über den naturnah durch Laubwälder mäandrierenden Bach, in dessen Uferwäldern und -wiesen Schillerfalter, Wildkatzen, Schwarzspechte, Smaragdeidechsen, Uhus und Apollofalter ein Rückzugsgebiet gefunden haben.

▶ Vom **Bahnhof Kaisersesch** 01 führt der mit dem Buchstaben P markierte Pommerbach-Wanderweg von West nach Ost durch die Stadt und unterquert neben der Anschlussstelle Kaisersesch

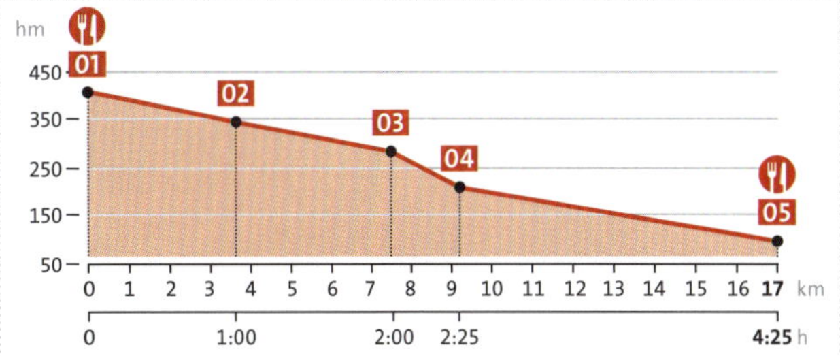

01 Kaisersesch, 410 m; 02 Hambuchermühle, 348 m; 03 Villa Margaretha, 280 m; 04 Klosterruine Rosenthal, 220 m; 05 Pommern, 85 m

Stegbrücken überqueren den Pommerbach.

die Autobahn. Danach folgt der Wanderweg dem Pommerbach talwärts, wobei man nur anfangs (im Bereich der Autobahn) nach der P-Markierung suchen muss. Hat man dann den Pommerbach gefunden, geht es stets talwärts, mal rechts, mal links des Bachs, an dem in vergangenen Jahrhunderten viele Mühlen standen, der Name der privat genutzten **Hambuchermühle** 02 erinnert daran. Kurz nach Queren der Kreisstraße erreicht der Wanderweg am Gasthaus **Villa Margaretha** 03 die einzige Einkehrmöglichkeit im Tal, danach beginnt die wohl naturschönste Passage des Wanderwegs. Hier liegt die malerische **Klosterruine Rosenthal** 04; das Zisterzienserinnenkloster wurde 1169 gegründet, 1794 flohen die Schwestern vor den französischen Revolutionstruppen, das Kloster Rosenthal wurde aufgehoben und als „französisches Nationalgut" auf Abbruch verkauft. Reste der sich um einen Kreuzgang gruppierenden Gebäude sind erhalten. Nun beginnt ein stegbrückenreicher Abschnitt des Wanderwegs in den Bachwiesen, der Weg ist feucht und stellenweise matschig, zuletzt mündet er in einen Wirtschaftsweg, der in den Weinort **Pommern** 05 an der Mosel führt.

Pommern ist ein bekanntes Moselweindorf.

Urmersbach
Düngen
Hauerberg
Obermühle
399
471
470
440
425
Brohlbach
Hinterbach
Saurenberg
494
Pfaffen
kaul
Eulgemermühle
Urmersbach
500
396
Zur Kringelwies
Schnellsmühle
Masurenhof
488
Eulgen
454
440
Neumühle
466
Mühlenhof
Freilichtbühne am Schiefen Turm
KAISERSESCH
Beulhöchst
37
01
Solar-
feld
463
Schiefer Turm
Römerturm
466
160
Constantia
St. Kurfürst
Waldkapelle
Galgenberg
442
477
440
37
430
Römerstraße
Langheck
Hambuch
388
Autobahnmeisterei
Am Bieselbach
Pommerbach
Zellersbach
508
02
348
377
Hambuchermühle
Bewinkel
406
Bint
482
Siedlung am Meilenstein
480
Waldhof
440
Wald
Rosenhof
Körmack
429
400
Brüchenerkaul
468
411
411
Illerich
440
Walderholungplatz
Held
Landkern
Michelshof
421
Kaushöfe
Schäferhof
404
Dreifaltigkeitshof
396
Kaus
Greimersburg
400
Altes Forsthaus
Esperhof
0
500 m

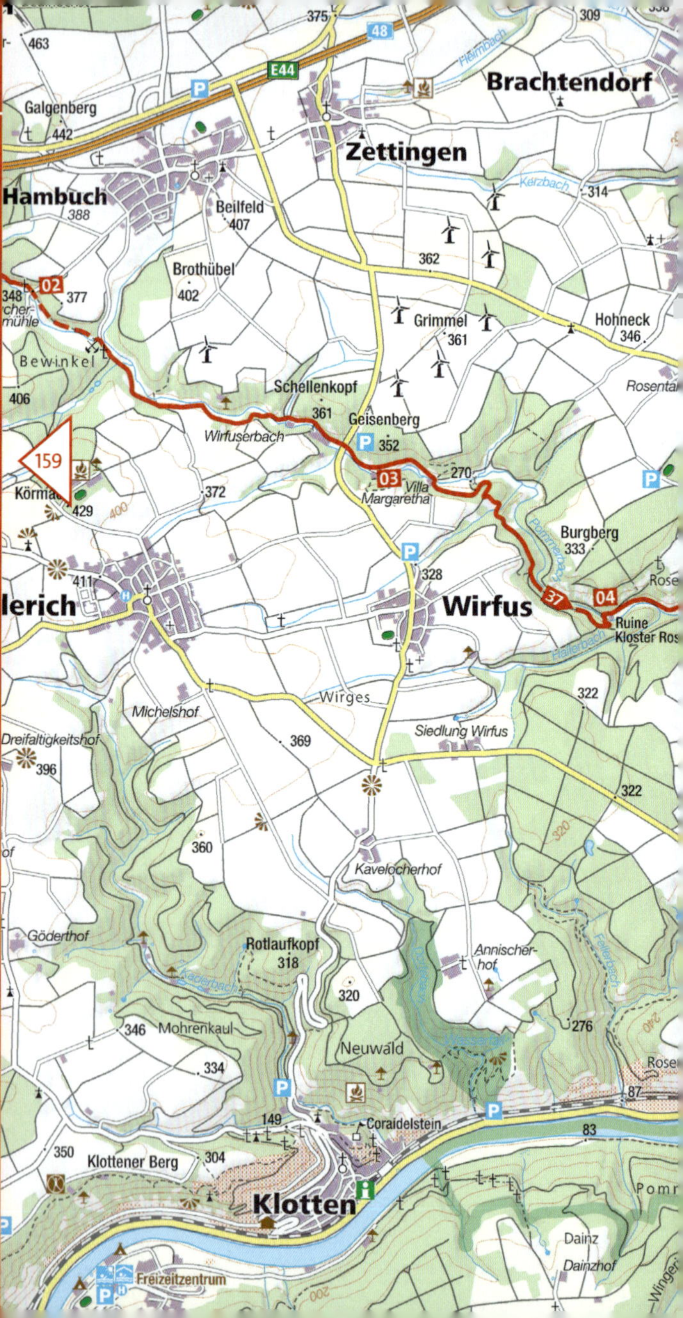

375
309
463
48
E44
Brachtendorf
Galgenberg
442
Zettingen
Hambuch
388
Kerzbach
314
Beilfeld
407
Brothübel
402
362
02
377
348
Grimmel
361
Hohneck
346
Bewinkel
406
Schellenkopf
361
Geisenberg
352
Rosental
Wirfuserbach
159
03
270
Villa
Margaretha
Körmich
429
372
400
Burgberg
333
Pommerbach
328
411
Wirfus
37
04
Ruine
Kloster Ros
Hallerbach
322
Wirges
Michelshof
Siedlung Wirfus
Dreifaltigkeitshof
396
369
322
320
360
Kavelocherhof
Göderthof
Rotlaufkopf
318
Kaderbach
Annischerhof
320
Fellerbach
346
Mohrenkaul
276
Neuwald
Wassertal
334
149
Coraidelstein
87
83
350
Klottener Berg
304
Klotten
Dainz
Dainzhof
Freizeitzentrum
200

Münster-
boden
Pyrmontermühle
Schweizermühle
Löffelmühle
Weilerhof
Biwak
322
302
151
Nasser
Gesell
Kapellenhof
311
Sonnenhof
330
Geißlei
Möntenich
Wingertsberg
282
244
238
Pfaffenhausen
Molzig
Eberzmühle
Brohl
250
Einigsmühle
246
fus
Forst
(Eifel)
Birkenhof
Neumühle
Kirchspiel
Lau
Tüllenhof
334
Liesenfeldsmühle
Eltzerhöfe
320
Brückbach
250
253
ingen
310
Abrahamseiche
Bersching
286
Mühlenhof
303
244
Kies
Brohlbach
301
Pommernmühle
280
Wasserfall
Wandlei
170
234
260
258
Windhäuser-
höfe
Bernei
Brieden
Gillesmühle
296
275
255
St.-Castor
Hüttenberg
262
Kail
282
Eichenberg
272
Pommerbach
Pommerer Mart
273
278
Tempelanlage
262
272
49
Pommern
Schafberg
Pommerer
Galgenberg
37
82
Werth
Sonnenuhr
05
ehem.
Römerbrücke
Mosel
Königsstuhl
86
Burg
238
Herrenwäldchen
Eichen-
büsch
Wildburgmühle
274
281
273
0
500 m
Pommer-
heck

38

POMMERN – MARTBERG – KARDEN

Lenus-Mars-Weg über den Martberg zum Moseldom

10 km | 2:55 h | 390 hm | 390 hm

START | Bahnhof Pommern (85 m) an der Moselstrecke Trier – Cochem – Koblenz. Anfahrt mit dem Auto auf der Bundesstraße 49. [GPS: UTM Zone 32 x: 376.521 m y: 5.558.912 m]
CHARAKTER | Wechsel aus bequemen, aussichtsreichen Wirtschaftswegen und naturbelassenen Pfaden.

Der Lenus-Mars-Weg führt an der aussichtsreichen Abbruchkante über dem Moseltal zur rekonstruierten gallorömischen Tempelanlage auf dem Pommerer Martberg und zum weißen Moseldom im Weinort Karden.

Vom **Bahnhof Pommern** 01 geht es ortseinwärts und durch das Weindorf **Pommern**, wobei die M-Markierung des Eifel-Moselhöhenwegs die Route über den Pommerbach weist; der Name des Bachs soll auf lateinisch *„pomeraria“* Obstgarten zurückgehen. Erstmals erwähnt wird Pommern als „Ponieries villa“ im Jahr 936 in einer Urkunde Ottos des Großen; die Abtei Himmerod war ab 1264 der größte Grundbesitzer im Ort, in dem zahlreiche alte Fachwerkbauten erhalten sind, alles überragt vom Spitzhelm der frühgotischen Kirche Sankt Stephan. Das spätmittelalterliche, zum Teil barockisierte Pfarrhaus (1550) von Pommern, der ehemalige Himmeroder Hof, ist das älteste erhaltene im Bistum Trier. Die Weinlagen oberhalb der Fachwerkhäuser sind Pommerner Rosenberg, Pommerner Sonnenuhr, Pommerner Goldberg und Pommerner Zeisel. Pom-

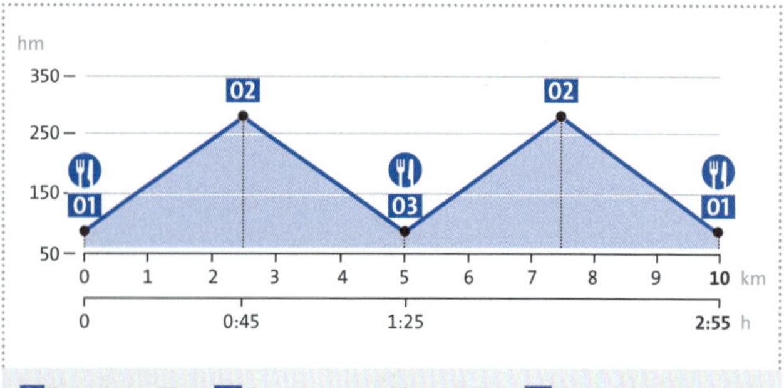

01 Pommern, 85 m; 02 Pommerer Martberg, 273 m; 03 Karden, 87 m

mern ist reich an archäologischen Funden aus keltischer und gallorömischer Zeit.

Nach Überqueren des Pommerbachs zeigt eine Informationstafel am Weg Am Goldberg den Verlauf des Lenus-Mars-Wegs, dem auch der Eifel-Moselhöhenweg folgt. Der aussichtsreiche Alte Weg führt hinauf zur rekonstruierten Tempelanlage auf dem **Pommerer Martberg** 02. Längs des Lenus-Mars-Wegs von Pommern nach Karden informieren Lehrtafeln über die antike Geschichte, über archäologische Forschungsergebnisse und das Leben im keltischen Oppidum.

Vom Archäologie-Park führen der Lenus-Mars-Weg und der Moselhöhenweg in Serpentinen durch die steile Flanke hinab in den Weinort **Karden** 03. Für die Bewohner des in römischer Zeit „Vicus cardena“ genannten Ortes war die Tempelanlage auf dem Martberg ein wirtschaftlicher Segen: Im Südwesten Kardens bestand ein eigenes Töpferviertel, in dem in 14 Töpferöfen Opfergaben und Figuren für die Altäre des Tempels auf dem Martberg produziert wurden. Karden wurde schon in römischer Zeit christianisiert, der Legende zufolge im 4. Jh. von Sanct Kastor, der hier die erste christliche Kirche an der Untermosel errichtete. Ihr mächtiger Nachfolgebau ist der weiße „Moseldom“ Sankt Kastor, eine romanische und frühgotische Basilika, die auch dank ihrer Ausstattung und Malereien zu den bedeutendsten Sakralbauten an der Mosel zählt. Das Stiftsmuseum im renovierten Zehnthaus neben dem Dom dokumentiert die

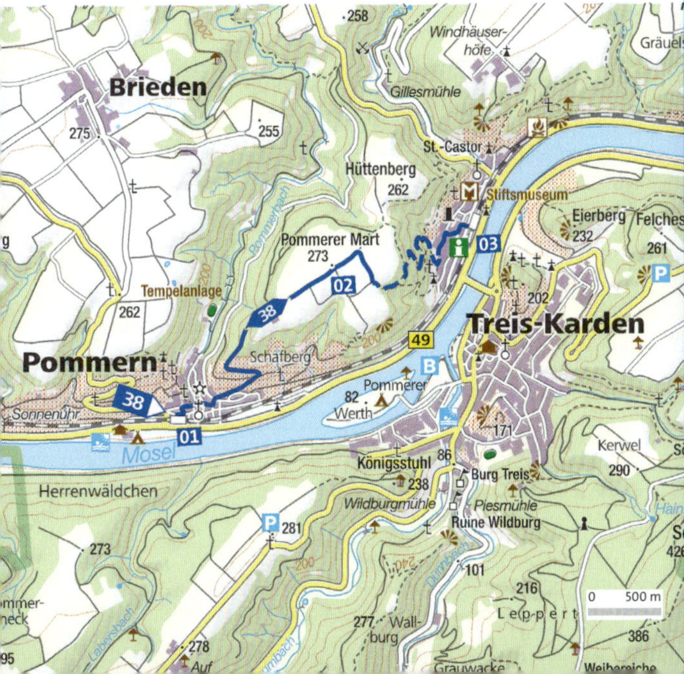

Über den Rebhängen wechseln Wiesen und Wald.

Geschichte des Orts von keltischer Zeit bis zur Aufhebung des Stifts während der napoleonischen Kriege. Die Ausstellungsstücke dokumentieren 2000 Jahre Ortsgeschichte mit Funden aus keltischer, römischer und fränkischer Zeit. Schwerpunkte sind Kunstschätze des ehemaligen Stifts und Funde der treverisch-römischen Kultur vom Martberg.

Von Karden geht es auf demselben Weg über den **Martberg** 02 zurück ins Winzerdorf **Pommern** 01.

Archäologie-Park auf dem Martberg

Der aussichtsreiche Pommerer Martberg zwischen den Weinorten Pommern und Karden trug in gallorömischer Zeit eine befestigte Höhensiedlung (Oppidum) mit einem Kultzentrum des Kriegsgottes Lenus und ist heute ein Archäologie-Park. In einer großen Tempelanlage verehrten die Kelten Lenus, den die Römer Mars nannten. Nach Mars ist der Pommerer Martberg benannt; Mars ist auch der Namensgeber des Martialischen. Während der Blütezeit des Oppidums befanden sich hier mehrere Tempel. Nach jahrelangen archäologischen Ausgrabungen wurden Teile der Tempelanlage rekonstruiert: Vollständig aufgebaut sind der Haupttempel und ein Nebengebäude. Die rekonstruierten Bauwerke stehen auf den Originalplätzen, direkt über den antiken Fundamenten.

MOSELKERN – ELTZ – MÜDEN

Burgentraum über dem wilden Elztal

17 km | 4:30 h | 410 hm ↗ | 410 hm ↘

START | Moselkern (79 m), Bahnhof an der Moselstrecke Trier – Cochem – Koblenz. Anfahrt mit dem Auto auf der Bundesstraße 416. [GPS: UTM Zone 32 x: 383.531 m y: 5.561.080 m]
CHARAKTER | Teils bequeme Wirtschaftswege, teils steile Weinbergpfade, die passagenweise drahtseilgesichert sind und festes Schuhwerk erfordern.

Durch das urtümliche Elztal geht es hinauf zur Mittelalterburg Eltz und über aussichtsreiche Hochflächen in Richtung der Domstadt Karden, von wo der Buchsbaum-Wanderpfad durch die größten Bestände wilden Buchsbaums nach Müden weiterleitet.

▶ Das von Weinbergen und Wäldern gerahmte Kirchdorf **Moselkern** 01 liegt an der Mündung des Elzbachs in die Mosel. Ein hervorragender Fachwerkbau ist das älteste Rathaus an der Mosel (1535). Überregional bekannt wurde Moselkern durch den Fund des sogenannten Merowinger-Kreuzes. Diese aus dem 7. Jh. stammende Grabstele zeigt eine der frühesten Darstellungen des gekreuzigten Christus nördlich der Alpen; das Original wird im Rheinischen Landesmuseum in Bonn gezeigt, Kopien befinden sich in der Moselkerner Valeriuskirche und an der Friedhofsmauer. An der Kirche vorbei führt eine Stichstraße im Elzbachtal aufwärts zum Landhotel **Ringelstei-**

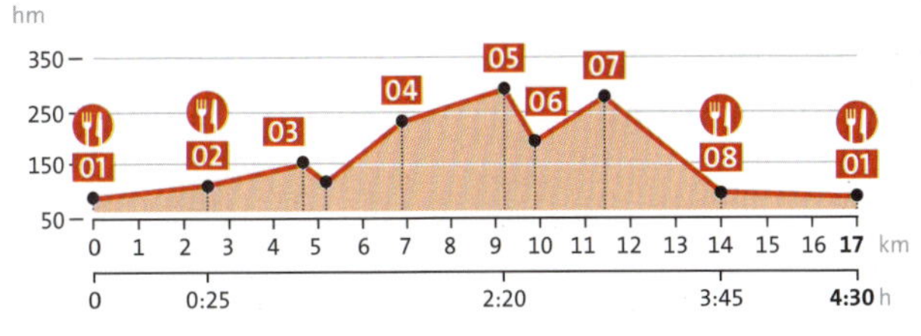

01 Moselkern, 79 m; 02 Ringelsteiner Mühle, 90 m; 03 Eltz, 150 m; 04 Forsthaus Rotherhof, 240 m; 05 Windhäuserhöfe 282 m; 06 Schutzhütte, 190 m; 07 Krailsbachtal, 270 m; 08 Müden, 81 m

Burg Eltz.

ner Mühle 02. Von dort führt der Wanderweg bequem aufwärts im schluchtartig eingeschnittenen Elzbachtal. Nach Passieren einer Stauvorrichtung wechseln sich Weg- und Pfadpassagen im felsendurchsetzten Steilhang, während unten zwischen Auenwäldern die Elz über Blockwerk rauscht. Wegen der Mäander der Elz wechseln schattige Schluchtwälder, in denen die Felsen moosbedeckt sind, und mehr Sonne empfangende Trockenwälder. Nach gut einer halben Stunde rückt die Burgruine Trutz-Eltz auf einem steil aufragenden Felsen ins Blickfeld; Erzbischof Balduin von Trier ließ

Moselkern.

sie errichten, um von ihr aus während der Eltzer Fehde 1331–36 Burg Eltz beschießen zu können. Nach Überqueren der Elz führt ein Pfad in einer Viertelstunde steil hinauf zur **Burg Eltz** 03, die im Rahmen einer Führung besichtigt werden kann.

Von der Burg führt der Eifel-Moselhöhenweg, hier identisch mit dem Mosel-Jakobsweg, vorbei an der Ruine Trutz-Eltz und führt nach steilem Zwischenabstieg durch das Elztal durch die Wälder zum **Forsthaus Rotherhof** 04, tritt an der Landstraße aus dem Wald, folgt der Straße kurz rechts und zweigt dann links auf einen Wirtschaftsweg ab, der aussichtsreich durch das Grünland in Richtung der **Windhäuserhöfe** 05 führt. Wo der Weg die Abbruchkante über dem Moseltal erreicht, bietet sich an einer **Schutzhütte** 06 ein weiter Blick auf Treis-Karden mit dem „Moseldom“ Sankt Kastor. Hier begegnet uns die Beschilderung des Buchsbaum-Wanderpfads. Auf schmalen Weinberg- und Felspfaden leitet er durch die immergrüne Buchsbaum-Vegetation, umgeht den Talabschnitt des **Krailsbachs** 07 und führt dann durch die Weinberge in den Winzerort **Müden**. Hier beginnt, weiterhin in aussichtsreichen Weinbergen, der Schlussspurt via **Müden** 08 – dort Bahnhof! – zum Ausgangspunkt in **Moselkern** 01 an der Mündung des Elzbachs.

BURGEN – DRUIDENSTEIN

Römerstraße über der Terrassenmosel

12 km | 3:15 h | 350 hm | 350 hm

START | Tourist-Information an der Baybachstraße 6 in Burgen an der Mosel (80 m). Anfahrt auf der Bundesstraße 49.
[GPS: UTM Zone 32 x: 385.056 m y: 5.563.394 m]
CHARAKTER | Überwiegend bequeme Wirtschaftswege, teils im Wald, teils mit weiter Aussicht.

Der Druidenstein gegenüber der Elzmündung zählt zu den aussichtsreichen Erhebungen an der Untermosel. Der Gipfel der steil aus dem Tal aufragenden Schieferformation wurde in keltischer Zeit um 300 v. Chr. von einem Ringwall umgeben, von dem Reste im Gelände noch sichtbar sind.

▶ Der Winzerort **Burgen** 01 liegt an der Mündung des Baybachs mit herrlichem Blick auf Burg Bischofstein, die im gegenüberliegenden Moselhang über der romanischen Kapelle Unterbischofstein thront. Das Fachwerkdorf wird vor über 1000 Jahren (982) erstmals erwähnt, zahlreiche Relikte aus römischer und keltischer Zeit verweisen auf eine weit über 2000 Jahre alte Besiedlung der naturschönen Umgebung, von Lingerhahn auf dem Hunsrück führte eine Römerstraße nach Burgen. Den Ortskern prägen die die Pfarrkirche (1765/1829) und barocke Fachwerkhäuser.
Von der Baybachstraße zweigt beim Marktplatz die Römerstraße südwärts Richtung Druidenstein ab. Nach Verlassen der Bebauung

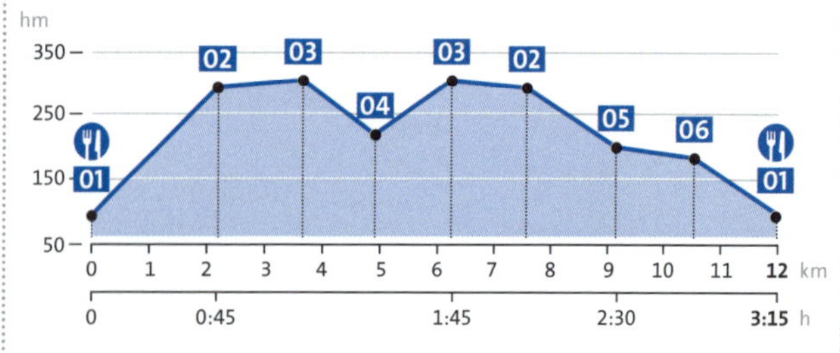

01 Burgen, 80 m; 02 Birkenhof, 295 m; 03 Schutzhütte, 316 m; 04 Druidenstein 230 m; 05 Schinderhanneshöhle, 210 m; 06 Schutzhütte, 179 m

taucht die Römerstraße als Forstweg in die Wälder ein, gewinnt stetig an Höhe, passiert einen Rastplatz und die Verzweigung am **Birkenhof** 02. Nach Passieren des Gehöfts liegen links der Römerstraße Hügelgräber sowie die als Kulturdenkmal ausgewiesenen Relikte einer gallorömischen Villa rustica. Wenig später erreicht die Römerstraße die **Schutzhütte** 03, an der der Pfad zum aussichtsreichen **Druidenstein** 04 abzweigt. Rund 150 m über dem Tal schweift der Blick auf den Winzerort Moselkern, dessen Häuser an der Mündung des Elzbachs aus der Vogelperspektive wie Spielzeug erscheinen, während sich weiter oben die Türme von Burg Eltz erheben und sich rechts davon die Hochfläche des Maifeldes erstreckt mit Burg Bischofstein an der Abbruchkante über dem Moseltal. Auf dem Druidenstein errichteten die keltischen Treverer, die Träger der Hunsrück-Eifel-Kultur, während der späten Hall-

Eisenzeitkelten im Moselland

Die Hunsrück-Eifel-Kultur ist die eisenzeitliche Kulturgruppe in den Mittelgebirgen beidseits der Mosel zwischen Luxemburg und Mittelrhein. Ihr Verbreitungsgebiet ist nahezu identisch mit dem der keltischen Treverer – der Namensgeber von Trier – zu Zeiten des Feldherrn Gaius Iulius Caesar. Charakteristisch für diese Kultur ist die große Zahl an Fürstengräbern und befestigten (Höhen-) Siedlungen.

statt- und der frühen Latènezeit eine befestigte Höhensiedlung, die in gallorömischer Zeit als Bergheiligtum fungiert haben soll. Ein im Mittelalter überhöhter Abschnittswall ist im Gelände noch deutlich sichtbar.

Vom Druidenstein geht es auf derselben Route zurück zur **Schutzhütte** 03 und zum **Birkenhof** 02, hier rechts und an der Verzweigung geradeaus (links) in den Wiesen mit herrlichem Ausblick auf das Baybachtal und den Moselhunsrück. An der Verzweigung im aussichtsreichen Hang des Hohlenhau rechts hinab zum Wald, wo der Abstecher zur **Schinderhanneshöhle** 05 ausgeschildert ist, in dem sich um 1800 der Räuberhauptmann Schinderhannes versteckt haben soll; an der kleinen Höhle bietet sich ein wenig Aussicht. Von der Höhle geht es auf dem Pfad zurück zum Wanderweg; er führt durch die Wälder im Hang über dem Baybachtal zu einer aussichtsreichen **Schutzhütte** 06 und mündet wenig später auf die Römerstraße, die zurück in den Winzerort **Burgen** 01 führt.

Burg Bischofstein.

BUCHHOLZ – ECKMÜHLE – BRODENBACH

Durchs wildromantische Ehrbachtal zur Mosel

15 km | 4:00 h | 100 hm | 400 hm

START | Bahnhof Boppard-Buchholz (407 m) an der Hunsrückbahn Boppard – Emmelshausen.
[GPS: UTM Zone 32 x: 396.867 m y: 5.563.088 m]
CHARAKTER | Talwanderung im Wald auf Wegen sowie auf Pfaden, die festes Schuhwerk verlangen.

Das Ehrbachtal ist ein Seitental der Mosel zwischen Boppard-Buchholz und dem Moselweinort Brodenbach. Höhepunkt des Wanderwegs durch das Tal ist die schluchtartig eingeschnittene Ehrbachklamm oberhalb der Eckmühle. Längs des Wanderwegs, der stets Richtung Mosel begangen werden sollte, laden Gaststätten in historischen Mühlen zur Einkehr ein.

Vom Bahnhof Boppard-Buchholz 01 an der Hunsrückbahn führen die Zubringer-Markierungen zum Hunsrückhöhenweg (Markierung H) auf der Alten Römerstraße zur Hunsrückhöhenstraße (B 327), hinter der der Wald beginnt. Im bewaldeten Simmersbachtal führt der Wanderweg moselwärts und erreicht bald darauf die **Hierer Mühle** 02, das oberste Gasthaus im Ehrbachtal. Oberhalb

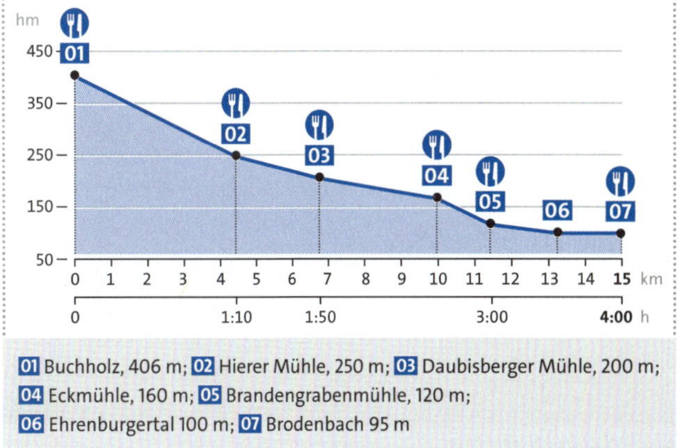

01 Buchholz, 406 m; 02 Hierer Mühle, 250 m; 03 Daubisberger Mühle, 200 m; 04 Eckmühle, 160 m; 05 Brandengrabenmühle, 120 m; 06 Ehrenburgertal 100 m; 07 Brodenbach 95 m

der Schönecker Mühle thront das im Kern mittelalterliche Schloss Schöneck auf einem Felsen über dem Tal, die **Daubisberger Mühle** 03 wird als Gasthof betrieben, das alte Mühlrad dreht sich noch immer am Ehrbach. Unterhalb der Daubisberger Mühle beginnt die zerklüftete Ehrbachklamm. Der Wanderweg führt vorbei an Wasserfällen und Schieferklippen, der Pfad ist teilweise ins Gestein gehauen, führt über Holzbrücken, vorbei an Felsbrocken und durch Steilhänge, hoch über der Schlucht thront die Ruine Rauschenburg. Der Klammabschnitt endet kurz oberhalb des **Gasthofs Eckmühle** 04, wo der Ehrbach ein breiteres Bett findet und sich auch die Steilhänge öffnen. Der Wanderweg folgt dem Ehrbach zum Gasthof in der **Brandengrabenmühle** 05, vom Waldweiler **Ehrenburgertal** 06 ist ein Abstecher zur Ehrenburg (Hotel) möglich. Hier wechselt die Landstraße ins Tal und begleitet den Wanderweg die letzten beiden Kilometer bis in den Weinort **Brodenbach** 07 an der Mündung des Ehrbachs in die Mosel. Die beiden waldreichen Täler Ehrbachtal und Brodenbachtal führen dem Moselort ständig frische Luft zu. Brodenbach ist daher ein staatlich anerkannter Erholungsort. Bereits Ende des 19. Jahrhunderts war der Fremdenverkehr für Brodenbach ein wichtiger Wirtschaftsfaktor. Die verkehrsgünstige Lage, als Ausgangspunkt für viele Ausflugs- und Wanderziele, ließ den Deutschen Jugendherbergsverband hier 1928 die erste Jugendherberge auf linksrheinischem Gebiet einrichten.

Brodenbach im Moseltal.

Wiesen und Wälder wechseln sich ab im Ehrbachtal.

Steinsmühle
Weymühle
Nachtsheimsmühle
Lohmühle
Walkmühle
Schromberg
Thalsberg
Probstmühle
Kergeshöfe
Schäfereihof
Betzemerhof
Hatzenport
Löf
Traube
Lellmann
Schafberg
Wildenbu
Teufelslay
Sterneburg
Brodenbach
Mosel
Das untere
Sägewerk Peier
Historische Mühle Vogelsang
Vogelsang
Langer Berg
Hatzen-Pfarrbüsch
Moselweinstr.
Gilbertsmühle
Sonnenwinkel
Bodenbach
Gänshof
Jahrsberg
Jahrsbergerhöfe
Ehrenburgertal
Stabenhof
Ehrenburg
Ehrbach
Kühbitz
Kawelochberg
Höberberg
Schinderhannes-höhle
Brandengraben-mühle
Fischteiche Am Briel
Forellenzucht
Schmitt
Morshausen
Haus auf dem Bröhl
Schwengelbr.
Baybach
Mohrenmühle
Franzenmühle
Beulich
Gastemühle
Gasteberg
Neuwieserhöfe
Moselschief
Alkener Bach
416
49
07
06
05
04
41

Waldmeister: Würzpflanze im Wald

Waldmeister (Galium odoratum) ist eine wohlriechende (»odoratum«) Würzpflanze aus der Gattung der Labkräuter (Galium). Waldmeister, auch Maikraut genannt, wächst von Ende April bis Anfang Juni gesellig in naturnahen Laub- und Mischwäldern, vorzugsweise in schattigen Buchenwäldern auf Kalkböden. Die 10–30 cm hohe Staude hat vierkantige, glänzende Stängel und lanzettliche, quirlig angeordnete Blätter. Die Blüten sind weiß und stehen in Trugdolden.

Verwendung: Maibowle ist eine mit Waldmeister gewürzte Bowle; bei zu hoher Cumarin-Konzentration können Kopfweh und sogar Vergiftungserscheinungen auftreten. Der Benediktiner Wandalbert von Prüm nennt 854 erstmas den Maitrunk: »Schütte perlenden Wein auf das Waldmeisterlein«, heißt es in seinem Lied für den Kalender »De mensium duodecim nominibus« (Von der zwölf Monate Namen), in dem er Jagd, Obst- und Weinbau im jahreszeitlichen Verlauf darstellt. Die Bendiktiner kultivierten den Waldmeister; er diente zur Parfümierung der Wäsche und wurde in Kräuterkissen gelegt. Waldmeister wurde auch gegen vielerlei Schädlinge verwendet, z. B. zur Vertreibung von Motten und Hexen.

OBERFELL – BLEIDENBERG – ALKEN

Berühmtester Wallfahrtsberg der Mosel

13 km | 4:10 h | 450 hm ↗ | 450 hm ↘

START | Bushaltestelle Oberfell-Mitte (82 m) an der Moselstraße/ Bundesstraße 49 beim Gasthaus „Krone“; Busverbindung ab Koblenz-Hauptbahnhof.
[GPS: UTM Zone 32 x: 389.056 m y: 5.568.664 m]
CHARAKTER | Wechsel aus bequemen Wirtschaftswegen und Pfaden, passagenweise steil, der Abstieg „Sieben Fußfälle“ ist als Klettersteig ausgeschildert und verlangt robustes Schuhwerk.

Der Bleidenberg mit der gotischen Marienwallfahrtskirche ist der berühmteste Wallfahrtsberg der Mosel, ein exzellenter Aussichtspunkt 200 m über dem Tal und von Oberfell und Alken aus ein Wander- und Ausflugsziel ersten Ranges.

▶ Von der Moselstraße in **Oberfell** 01 führt die Hauptstraße durch das Oberfeller Bachtal hinauf in den Winzerort, dessen Altes Pfarrhaus (1656) ein Kulturzentrum und eine Vinothek beherbergt sowie im Obergeschoss ein Heimatmuseum mit archäologischen Funden vom Bleidenberg. Bei einem Kneipptretbecken zweigt von der Hauptstraße rechts ein Kreuzweg ab, der durch den Wald hinauf zum **Freiheitstempel** 02, einer turmförmigen Schutzhütte, führt. Hier schwingt der Wanderweg rechts und folgt der aussichtsreichen Abbruchkante des Hochplateaus zu einer aussichtsreichen Schutzhütte mit

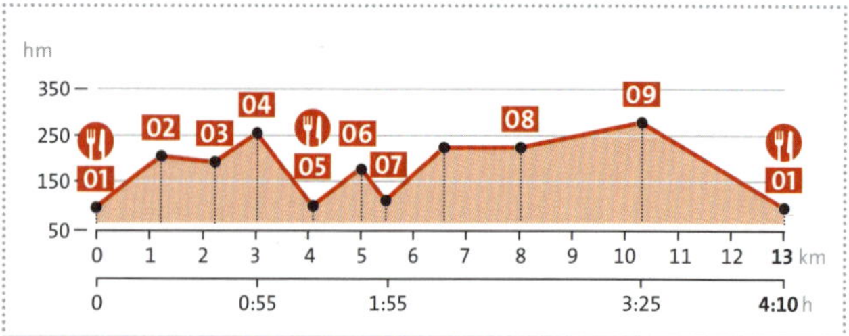

01 Oberfell, 82 m; 02 Freiheitstempel, 225 m; 03 Alkener Lay, 190 m; 04 Bleidenberg, 250 m; 05 Alken, 90 m; 06 Thurant, 170 m; 07 Alkener Bachtal, 119 m; 08 Oberfeller Bachtal 236 m

prachtvollem Blick auf das Moseltal und den Weinort Kattenes und weiter zur Rekonstruktion eines Teilstücks der keltischen Pfostenschlitzmauer im Bereich der **Alkener Lay** 03. Dieser Felshang galt früher als „Loreley der Mosel", in etwa sieben Metern Höhe hatte er einen Überhang von etwa zwei Metern über der Straße; 1958 wurde so viel weggesprengt, dass die Bundesstraße erweitert werden konnte. Wenig später erreicht der Wanderweg die Wallfahrtskirche auf dem **Bleidenberg** 04. Hier sollen die Bliden (Wurfmaschinen) gestanden haben, mit der die erzbischöflichen Truppen in Richtung der Burg Thurant zielten, die vom Bleidenberg durch eine tiefe Schlucht getrennt ist. Von der Bleidenbergkirche führen die als Klettersteig ausgeschilderten **Sieben Fußfälle** hinab in den Weinort **Alken** 05, wo man mit Bus oder Schiff nach Oberfell zurückfahren kann.

Von Alken führt ein ausgeschilderter Fußweg hinauf zur im Kern romanischen alten Pfarrkirche Sankt Michael, die sich inmitten des alten Friedhofs im Steilhang über dem Ort erhebt. Von hier führt der Fußweg weiter aufwärts zur in Privatbesitz befindlichen **Burg Thurant** 06, einer lang gestreckten Felsgratburg. Pfalzgraf Heinrich, ein Bruder König Ottos IV., ließ sie 1197–98 errichten, als er vom Kreuzzug aus dem Heiligen Land zurückkehrte, und benannte sie nach der Syrerfeste Thuron. Das Burggelände bietet einen fantastischen Blick auf Mosel und Eifel.

Von der Burg führt der Hunsrück-Moselhöhenweg (M-Markierung) steil hinab in das **Alkener Bachtal** 07, überschreitet einen Bergrücken und erreicht einen Wanderparkplatz im **Oberfeller Bachtal** 08. Hier verlassen wir den M-Wanderweg und folgen den Wegweisern zur **Schilder-Hütte** am Schildberg, wo der Weg in den Schoppenstecher-Rundwanderweg einmündet. Dieser mit einem Weinglas markierte Weg führt zu einer weiteren Schutzhütte, an der sich erneut ein fantastischer Ausblick ins Moseltal öffnet. Hier beginnt der weiterhin aussichtsreiche Abstieg zurück zum Ausgangspunkt in **Oberfell** 01.

Alken an der Mosel.

Wallfahrtskirche auf dem Bleidenberg

Der Trinitatissonntag ist der Hauptwallfahrtstag auf dem Bleidenberg, in feierlicher Prozession ziehen die Pilger von Oberfell durch den Wald zur Kirche auf der aussichtsreichen Hochfläche über der Mosel. Kelten errichteten auf dem Gipfelplateau im 1. Jh. v. Chr. eine befestigte Anlage, im Frühmittelalter entwickelte sich die Wallfahrt zur Trösterin der Betrübten. Seinen heutigen Namen erhielt der Berg im Hochmittelalter. Er wurde nach den Bliden benannt, Wurfgeschossen, mit denen die Truppen der Erzbischöfe von Trier und Köln 1246–48 die Pfälzer von der gegenüberliegenden Burg Thurant zu vertreiben versuchten; während der zwei Jahre dauernden Belagerung sollen die Trierer und Kölner 3000 Fuder Wein getrunken haben. Zur Erinnerung an den Sieg stifteten die Erzbischöfe eine Marienkirche auf dem Bleidenberg, der bis dahin eine kleine Kapelle getragen hatte. Der Trierer Erzbischof Arnold II. von Isenburg resümierte 1253, dass dieser Berg seit Menschengedenken ein besonderer Ort gewesen sei: „Blinde haben das Augenlicht wiedererhalten, Tauben wurde das Gehör wiedergegeben, Lahme und andere an mannigfaltigen Gebrechen Leidende wurden geheilt..." Nach dem Einmarsch der französischen Revolutionstruppen wurden die Wallfahrten verboten und die Einrichtung zerstört, das Gotteshaus verkam zur Ruine. 700 Jahre nach der Gründung der Wallfahrtskirche begann 1948 der Wiederaufbau, 1962 erhielt die alte Kirche wieder ein Dach.

Burg Thurant.

Niederfell
Lehmen
Oberfell
Alken
Löf
Brodenbach
Kattenes
Kühr
Gerlachsmühle
Niederburg
Schl. v.
Keverbacher Mühle
Kehrmühle
Zur Post
Lochsmühle
Nothenmühle
Talhof
Schmittenhöhe
Schwalbermühle
Linkemühle
Omerzenberg
Fellerhof
Rosenhof
Forstberg
Lehmerhöfe
Wurzeleiberg
Staustufe Lehmen
Röder-kapelle
Moselschiefer-Straße
Nikolaushof
Förstershof
Stollen
Schildberg
Wandlei
NSG
Ausoniusstein
Schiefer
Broden-bach
Dickeberg
Mersberg
Bleiden-berg
Katteneser
Mühlental
Oberfeller Bach
Burg-Café
Burg Thurant
Eichelt
Münnichsberg
Weißer Lay
Alkener Bach
Schafberg
Traube
Schäfereihof
Lellmann
Wildenbungert
Bauhof
Brunkenhof
Teufelslay
Sterneburg
Mosel
Sägewerk Peier
Historische Mühle Vogelsang
Vogelsang
Gilbertsmühle
Sonnenwinkel
Langer Berg
Lohberg
Bodenbach
0 500 m
01
02
03
04
05
06
07
08
42
49
416

KOBLENZ – DEUTSCHES ECK – BALDUINBRÜCKE

Weltkulturerbe an der Mündung der Mosel

7 km | 2:00 h | 50 hm | 50 hm

START | Hauptbahnhof Koblenz (75 m) am Bahnhofplatz; linksrheinische Bahnlinie Bonn – Mainz, rechtsrheinische Wiesbaden – Köln, Moselstrecke Koblenz – Cochem – Trier und Lahntalbahn Koblenz – Limburg – Gießen. Hier auch Tiefgarage.
[GPS: UTM Zone 32 x: 399.659 m y: 5.578.537 m]
CHARAKTER | Aussichtsreiche Ufer- und Altstadtwanderung.

„Confluentes" nannten die Römer vor 2000 Jahren das nachmalige Koblenz: „Zusammenfluss" von Mosel und Rhein. Von der Mündung der Mosel bis zum Rheingau steht das Obere Mittelrheintal heute als Weltkulturerbe unter dem Schutz der UNESCO. Das Deutsche Eck an der Moselmündung ist eine Hauptsehenswürdigkeit dieser Welterbelandschaft und ein Wahrzeichen von Koblenz, die Festung Ehrenbreitstein ist die größte Festungsanlage in Deutschland.

▶ Vom Busbahnhof am Bahnhofplatz vor dem **Hauptbahnhof Koblenz** 01 führen der Markenbildchenweg und die Januarius-Zick-Straße zu den **Kaiserin-Augusta-Anlagen** 02 am nahen

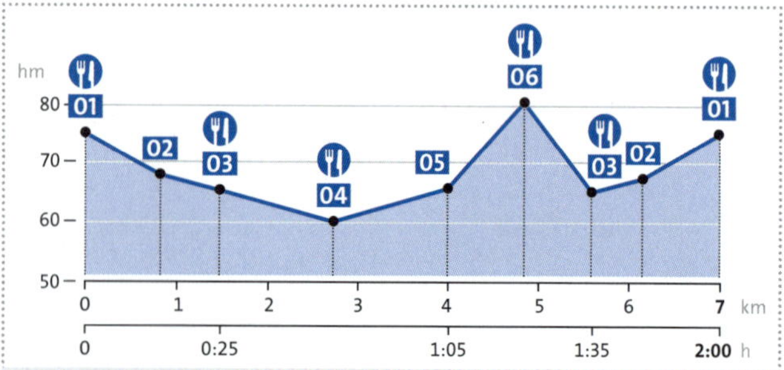

01 Koblenz-Hbf. 75 m; 02 Kaiserin-Augusta-Anlagen, 68 m;
03 Pfaffendorfer Brücke, 65 m; 04 Deutsches Eck, 60 m;
05 Balduinbrücke, 66 m; 06 Forum Confluentes, 81 m

Am Deutschen Eck mündet die Mosel in den Rhein.

Rheinufer. In den Grünanlagen des Konrad-Adenauer-Ufers führt der Parkweg rheinaufwärts, nach Unterqueren der **Pfaffendorfer Brücke** 03, der ersten Brücke, ist links in den Parks das 39-achsige **Kurfürstliche Schloss** zu sehen, der bedeutendste Bau des Frühklassizismus im Rheinland.

Bald darauf passiert der Weg am Pegelhaus den Anleger der Personenfähre, die ans gegenüberliegende Ufer zu Füßen der **Festung Ehrenbreitstein** pendelt; dort befindet sich in der Charlottenstraße das **Rhein-Museum**. Wenig später endet das Konrad-Adenauer-Ufer an der Mündung der Mosel mit dem Kaiser-Wilhelm-Denkmal am **Deutschen Eck** 04.

Vom Deutschen Eck folgt das Peter-Altmeier-Ufer der Moselpromenade flussaufwärts, passiert die Personenfähre zum Uferpark Lützel am gegenüberliegenden Moselufer und erreicht als erste Moselbrücke die **Balduinbrücke** 05, die fast 700 Jahre alte älteste Koblenzer Moselbrücke. Das 14-bogige Meisterwerk wurde ab 1342 im Auftrag des Trierer Erzbischofs und Kurfürsten Balduin von Luxemburg in jahrzehntelanger Arbeit errichtet und verbindet die Altstadt mit dem Stadtteil Lützel. Jahrhundertelang beschützte symbolisch eine Statue des „Brückenheiligen" Nepomuk die Brücke, nach der Eroberung Triers warfen französische Revolutionssoldaten 1794 die Statue in die Mosel. Die Statue auf der Brücke zeigt den Namensgeber Balduin von Luxemburg. Die weiß verputzte **Alte Burg** mit ihren Rundtürmen stadtseitig der Balduinbrücke ist der malerischste Bau am Koblenzer Moselufer (Sitz des Koblenzer Stadtarchivs). Das im Kern romanische Burghaus wurde im 12. Jh. auf den Resten der römischen Stadtmauer errichtet und ab 1277 unter dem Trierer Erzbischof Heinrich von Vinstingen während des Baus der Stadtmauer zur kurfürstlichen Burg ausgebaut. Sie war konzipiert als „Trutzburg" gegen die nach mehr

Balduinbrücke an der Mosel.

Unabhängigkeit strebenden Kaufleute und Patrizier von Koblenz und wurde in den folgenden Jahrhunderten mehrfach umgebaut, sodass hier alle Stilformen von der Romanik über Gotik, Renaissance und Barock zu beobachten sind.
Südlich der Alten Burg leitet die Burgstraße altstadteinwärts zum **Florinsmarkt**. Das Alte Kaufhaus wurde 1419–25 als städtisches Kauf- und Tanzhaus errichtet und fungierte ab 1674 als Rathaus, nach der Zerstörung im Zweiten Weltkrieg wurde es in den Barock- und Rokokoformen, die ihm der kurtrierische Hofbaumeister Johann Georg Judas beim Umbau von 1724 verliehen hatte, wieder aufgebaut. Zwischen Florinsmarkt und Florinskirche leitet die Mehlgasse südwärts weiter zur **Liebfrauenkirche**, durch die Rathauspassage geht es weiter zum Kulturzentrum **Forum Confluentes** 06 am Koblenzer Zentralplatz mit dem **Mittelrhein-Museum**. Das Museum präsentiert eine hervorragende Sammlung von Rheinromantik-Gemälden, mittelalterlicher Sakralkunst und Ansichten von Landschaften und Burgen des „malerischen" Mittelrheintals.
Die autofreie Schlossstraße führt zurück zu den Parkanlagen am **Kurfürstlichen Schloss**, und am Konrad-Adenauer-Ufer geht es unter der **Pfaffendorfer Brücke** 03 her zurück zu den **Kaiserin-Augusta-Anlagen** 02 und wie beim Hinweg zum Ausgangspunkt am **Hauptbahnhof Koblenz** 01.

Deutsches Eck – Mündung der Mosel

Das Deutsche Eck an der Mündung der Mosel in den Rhein ist eine Hauptsehenswürdigkeit des UNESCO-Weltkulturerbes Oberes Mittelrheintal und ein Wahrzeichen von Koblenz. Benannt ist es nach dem Deutschen Orden, der hier 1216 seine erste Niederlassung im Rheinland gründete. Die Landzunge vor der Deutschordenskommende wurde im 19. Jh. geschaffen durch Aufschüttung des Gebiets zwischen dem Ufer und einer damaligen Insel. Alljährlich am zweiten Augustsamstag wird auf der rechtsrheinischen Festung Ehrenbreitstein das Höhenfeuerwerk „Rhein in Flammen“ abgeschossen, das Hunderttausende auf den Rhein- und Moselpromenaden beobachten. Das Gebäude der Deutschordenskommende, die bis zur Aufhebung während der napoleonischen Kriege (1809) Sitz des Komturs war, wurde 1953 weitgehend original wieder aufgebaut und beherbergt das Museum Ludwig, das städtische Museum für zeitgenössische Kunst.

44

MARIA LAACH – LAACHER SEE

Rund um den größten Kratersee der Vulkaneifel

9 km | 2:15 h | 100 hm | 100 hm

START | Maria Laach (280 m), Parkplatz zwischen Kloster und Laacher See, ausgeschildert an der Landstraße (Deutsche Vulkanstraße). Anfahrt auf der Bundesautobahn A 61 Koblenz Richtung Köln Ausfahrt Mendig.
[GPS: UTM Zone 32 x: 375.874 m y: 5.584.978 m]
CHARAKTER | Leichte Waldwanderung auf Forst- und Waldwegen.

Die Abtei Maria Laach und der Laacher See zählen zu den eindrucksvollsten Kultur-Natur-Ensembles im Bergland links der Mosel. Der Laacher See ist mit einer Fläche von 3,32 km² der größte wassergefüllte Kraterkessel der Vulkaneifel, die sechstürmige Klosterkirche der Benediktinerabtei Maria Laach am Südufer zählt zu den bedeutendsten Bauwerken der Romanik. Hauptblickfang während der leichten Uferwanderung ist die sechstürmige Silhouette der romanischen Klosterkirche.

▶ Vom **Parkplatz Maria Laach** 01 zwischen der Landstraße und dem Laacher See lohnt zu Beginn der Wanderung ein Besuch der Abteikirche. Vom ökologischen Hofladen am Parkplatz führt der Weg aufwärts, unterquert die Landstraße und erreicht den sehenswerten Klosterkomplex **Maria Laach** 02.

Von den Klosteranlagen geht es auf demselben Weg zurück zum **Parkplatz Maria Laach** 01 und am unteren Ende geradeaus durch aussichtsreiche Wiesen zu den Uferwäldern, in denen sich der See-

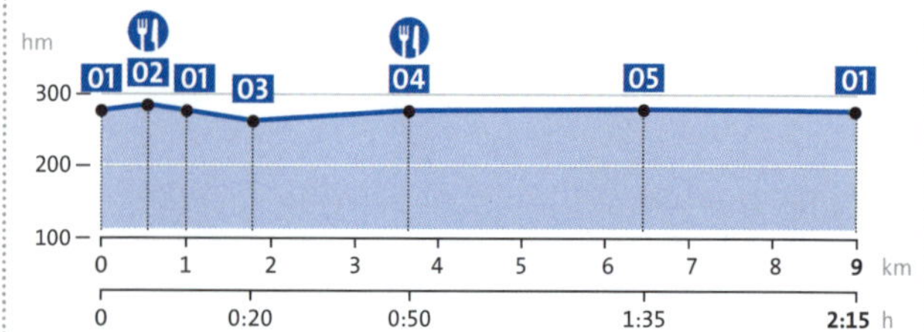

01 Parkplatz Maria Laach, 280 m; 02 Maria Laach, 290 m; 03 Bootshall,e 277 m; 04 Camping Laacher See, 280 m; 05 Alte Burg, 282 m

Laacher See: größte Caldera der Vulkaneifel

Der Laacher See ist mit einer Fläche von 3,32 km² der größte wassergefüllte Kraterkessel der Vulkaneifel, die sechstürmige Klosterkirche der Benediktinerabtei Maria Laach am Südufer zählt zu den bedeutendsten Bauwerken der Romanik. Vor rund 11.000 Jahren – im Juli 9080 v. Chr. – explodierte an der Stelle des Laacher Sees eine gigantische Magmakammer, die sich unter der Erdoberfläche gebildet hatte. Das Eruptionsmaterial lagerte sich als poröser Bims im gesamten Neuwieder Becken ab. Der bis zu 53 m tiefe Laacher See überstaut völlig den Kraterkessel. Seit 11.000 Jahren ruht zwar der Vulkanismus im Gebiet des Laacher Sees, doch die als „Mofetten" bezeichneten Austrittsstellen von Gasen am Ostufer deuten auf andauernde unterirdische Aktivitäten hin. Der Name des fischreichen Sees, in dem sich vor allem Felchen, Hechte und Barsche tummeln, geht auf lateinisch *lacus* (See) zurück. Oberirdisch gespeist wird er nur durch kleine Bäche, sein Hauptzufluss ist ein starker Grundwasserstrom.

Die romanische Abteikirche Maria Laach.

rundweg links wendet. Ein schöner Blick auf den See bietet sich am gleich darauf erreichten Bootsverleih an der **Bootshalle** 03. Vom Bootsverleih führt der Wanderweg zwischen dem Uferwaldstreifen und Wiesen an einem Sauerbrunnen vorbei nordwärts, zwischen den Zweigen fällt der Blick hinaus auf den See. Zwischen dem Minigolf und der Marina des Segelclubs Laacher See wechselt der Wanderweg auf die Zufahrt des **Camping Laacher See** 04, an dem das „Blockhaus am Laacher See“ zur Einkehr einlädt, und umgeht den Campingplatz im Wald. Im weiteren Verlauf finden sich längs des Uferwegs zahlreiche Plätze für eine Rast mit Blick über den Kratersee hinweg zur Abteikirche. Aus dem laubwaldgeschmückten Steilhang blicken hin und wieder Felsen herab, am Lorenzfelsen fließt ein Basaltlavastrom durch den Hang, Informationstafeln eines geologischen Lehrpfads erläutern die Hintergründe. Auf der als **Jägerspitze** bezeichneten Halbinsel im Südosten des Sees stand die **Alte Burg** 05, eine Burg Pfalzgraf Heinrichs II., der die Abtei 1093 stiftete. Hier verlässt der Uferwanderweg den Wald, wendet sich wenig später an einer Bimsstein-Informationstafel rechts und führt aussichtsreich durch die Feldflur zurück Richtung Abtei. Die Niederung zwischen Burg und Abtei war zur Zeit der Klostergründung weitflächig vermoort. Um die Klostergebäude vor Überschwemmungen zu schützen, ließ Abt Fulbert um 1163 den 750 m langen **Fulbertstollen** als künstlichen Abluss anlegen; dadurch wurde der Spiegel des Sees um 5 m abgesenkt. Am Ende der Niederung erreicht der Weg die Landstraße (Deutsche Vulkanstraße) und folgt ihr rechts zurück zum **Parkplatz Maria Laach** 01.

MOSELSTEIG ETAPPE: PERL – WOCHERN – PALZEM

Im Dreiländereck an der Obermosel

23 km | 6:10 h | 600 hm | 560 hm

START | Bahnhof Perl (152 m) an der Obermoselstrecke Thionville – Konz – Trier; Bahnhofstraße 113 in Perl. [GPS: UTM Zone 32 x: 309.403 m y: 5.483.443 m]
CHARAKTER | Aussichtsreiche Weinberge-, Wald- und Wiesenwanderung auf überwiegend bequemen Wegen.

Von der höchstgelegenen deutschen Moselgemeinde führt der Auftakt des Moselsteigs durch das Orchideen- und Buchenwald-Naturschutzgebiet Hammelsberg im Dreiländereck zu Frankreich und Luxemburg und bietet in den Wiesen weite Ausblicke auf das saarländische und luxemburgische Moselland. Das Winzerdorf Palzem am Ziel der ersten Etappe ist die südlichste Moselgemeinde von Rheinland-Pfalz.

▶ Perl ist die oberste deutsche Moselgemeinde sowie die westlichste Gemeinde und einzige Weinbaugemeinde des Saarlands. Sie liegt im Dreiländereck zu Frankreich und Luxemburg am Rand des Naturparks Saar-Hunsrück und ist Ausgangspunkt der Moselweinstraße und des Moselsteigs. Der Bahnhof **Perl** 01 liegt unterhalb des Dorfs an der Mosel beim Gasthaus „Zur Maimühle“ zwischen der Straßenbrücke

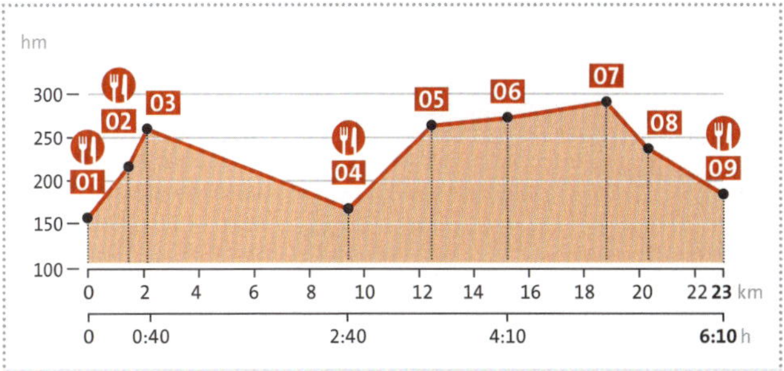

01 Perl-Bhf., 152 m; 02 Perl-Ort, 220 m; 03 Dreiländerblick, 253 m; 04 Wochern, 166 m; 05 Tettingen, 258 m; 06 B 406, 272 m; 07 Halsgräthtal, 291 m; 08 Moselstraße, 242 m; 09 Palzem, 181 m

nach Schengen und der Autobahnbrücke. Die Bahnhofstraße führt hinauf ins Dorf zur Quirinuskapelle beim Quirinusbrunnen; die Kapelle war vom Mittelalter bis zu den napoleonischen Kriegen der berühmteste Wallfahrtsort an der Obermosel. Die Apacher Straße leitet im Hang südwärts weiter zum Parkplatz **Dreiländerblick** 03; hier steigen diejenigen in diese Etappe des Moselsteigs ein, die mit zwei Autos unterwegs sind. Durch das Orchideen- und Laubwald-Naturschutzgebiet **Hammelsberg** führt der Moselsteig aufwärts, quert nach Verlassen des Schutzgebiets bei einem Rastplatz die Bundesstraße, senkt sich zur Bundesautobahn A 8 und führt dann aussichtsreich hinauf in das Perler Bauerndorf **Wochern** 04 mit der spätgotischen Kapelle. Im Wechsel aus Wald und aussichtsreichem Wiesenhochland umgeht der Moselsteig nach Tangieren des Ortsrands von **Tettingen** 05 das Perler Doppeldorf

Tettingen-Butzdorf, quert die Bundesstraße **B 406** 06 und überschreitet die Grenze zwischen Saarland und Rheinland-Pfalz. Wenig später beginnt nach Queren der Landstraße im **Halsgräthtal** 04 der Schlussspurt. An der **Moselstraße** 08 bei Dilmar kurz links Richtung Kreuzweiler, dann rechts und hinab Richtung Palzem. Der Moselsteig führt nicht ganz hinab in den Ort, sondern winkelt an der **Römerstraße** 08 nordwärts ab; bis in die Ortsmitte sind es 5 Gehminuten und bis zum Bahnhof noch einmal 2 Gehminuten.

Abwechslungsreiches Grünland mit Wiesen und Laubwald.

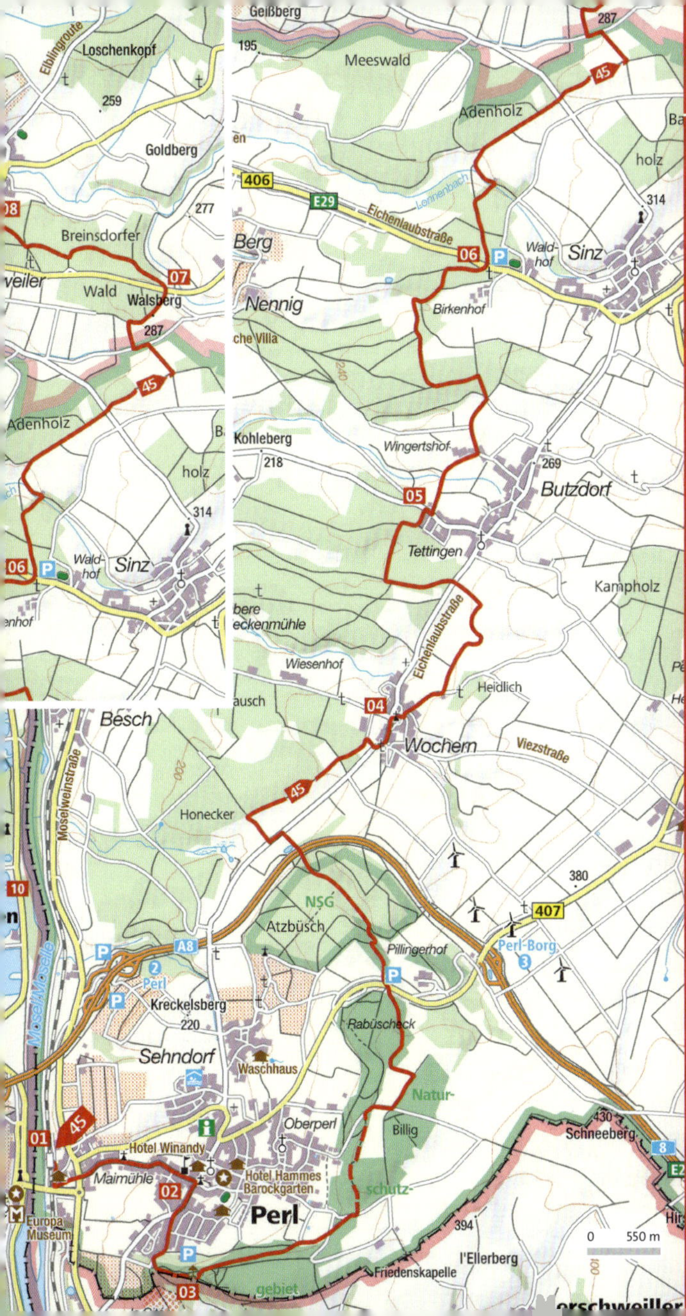
Geißberg
Meeswald
Loschenkopf
Elblingroute
259
Goldberg
195
287
Adenholz
holz
314
406
E29
Eichenlaubstraße
Lonnenbach
277
Breinsdorfer
Wald
Walsberg
07
06
Berg
Nennig
Wald-
hof
Sinz
Birkenhof
240
45
Kohleberg
218
Wingertshof
269
Butzdorf
05
Tettingen
Kampholz
Wiesenhof
Heidlich
04
Wochern
Viezstraße
Besch
Moselweinstraße
200
Honecker
10
380
NSG
Atzbüsch
407
A8
Pillingerhof
Perl-Borg
Perl
Kreckelsberg
220
Rabüscheck
Sehndorf
Waschhaus
Natur-
Oberperl
Billig
430
Schneeberg
8
01
Hotel Winandy
Maimühle
02
Hotel Hammes
Barockgarten
schutz-
Europa
Museum
Perl
394
l'Ellerberg
Friedenskapelle
03
gebiet
0
550 m

MOSELSTEIG ETAPPE: PALZEM – HELFANT – NITTEL

Rebfluren, Domtürme, Felsfaszination

14,9 km | 4:00 h | 490 hm | 480 hm

START | Palzem Römerstraße (152 m), Verzweigung am oberen Ortsrand von Palzem. Der Bahnhof Palzem ist 10 Gehminuten entfernt. [GPS: UTM Zone 32 x: 310.488 m y: 5.493.587 m]
CHARAKTER | Aussichtsreiche Weinberge-, Wald- und Wiesenwanderung auf überwiegend bequemen Wegen.

Vom Elbling-Dorf Palzem schwingt sich der Moselsteig durch Weinberge und Wiesen hinauf zum Helfanter Dom, gewinnt in Wincheringen wieder die Nähe zum Fluss und erreicht in Nittel das Zentrum des Elbling-Anbaus an der Obermosel.

▶ Von der Römerstraße am oberen Ortsrand von **Palzem** 01 senkt sich der Moselsteig in Weingärten nordwärts zur Bundesstraße **B 419** 02 im Bußbachtal und winkelt dort am Parkplatz schräg rechts hinauf in den Wald ab. Nach Verlassen des Waldes erreicht er in Wiesen und zuletzt Streuobstwiesen den Palzemer Ortsteil **Helfant** 03 mit dem doppeltürmigen „Helfanter Dom" von 1848/49. Nach einer weiteren Waldpassage erreicht er den Rand des Winzerdorfs **Wincheringen** 04; Wahrzeichen von Wincheringen ist der Warsbergturm, der zum Glo-

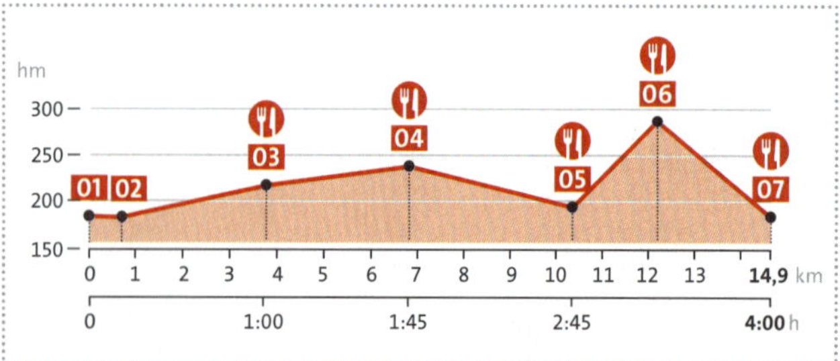

01 Palzem, Römerstraße, 181 m; 02 B 419, 170 m; 03 Helfant, 220 m; 04 Wincheringen, 242 m; 05 Rehlingen, 191 m; 06 Köllig, 288 m; 07 Nittel, 188 m

Am Helfanter Dom.

ckenturm umfunktionierte Rundturm einer mittelalterlichen Wasserburg. Oberhalb der Mosel geht es weiter in den Nitteler Ortsteil **Rehlingen** 05; er liegt in einem Bachtal mit schönem Blick über die Mosel. In Weinbergen kommt der Moselsteig zur aussichtsreichen Kölliger Höhe ins Weindorf **Köllig** 06, das bekannt ist wegen seiner gut erhaltenen alten Höfe. Anfangs geht es wieder durch Wald, dann öffnet sich in den Weinbergen der Blick auf die Mosel und hinauf zur Nitteler Kapelle. Sie thront einsam auf einem Friedhof in den Elblingweinbergen hoch über der Moselschleife

Wie hier bei Wincheringen ist das Moseltal Schiff-, Bahn-, Wander-, Rad- und Autoroute zugleich.

von Nittel. Die auch Berg- bzw. Marienkapelle genannte ehemalige Wallfahrtskapelle bietet einen hervorragenden Tiefblick ins Tal sowie auf den luxemburgischen Ort Machtum. Ältester Bauteil ist der gotische Chor, das Kirchenschiff wurde 1701–12 erbaut. Nach einem Dachbrand erhielt die Kapelle 1865 ihr neugotisches Außengewand.

In den aussichtsreichen Rebfluren senkt sich der Moselsteig in das Weindorf **Nittel** 07. Nittel ist der größte Weinbauort der Obermosel mit ca. 290 ha Rebfläche und über 25 Weingütern und Brennereien. Der Erholungsort liegt zwischen hoch aufragenden Kalkgesteinsfelsen und dem Fluss. Das warme Klima wirkt sich günstig auf den Weinbau aus und bildet die Lebensgrundlage für eine fast mediterrane Pflanzen- und Kleintierwelt.

Rapsblüte bei Helfant.

Ahn
Köllig
06
Elblingroute
Obersöst
Rehlinger Bach
Rehlingen
Niedersöst
330
295
05
Auf den Stauden
347
Rehlinger
Graben
Siwerich
10
249
Gemünd
304
Hüwelsberg
Warsberg-haus
Mettfels
P
Auf dem Märchen
369
Wincheringen
Wincheringen
Schultersgrund
400
04
Helenenkreuz
Redler-
feld
Haardtwald
Bilzingen
289
Schanze
407
Birkenknöpfchen
Helfant
P
03
Esing
Hof Heidfeld
281
Hof P
Spirzingerb.
Römerstraße
Nitteler Hof
07
Windhof
Elblingroute
Nittel
46
419
10
NSG
Lang-
Route du Vin
Mosel / Moselle
Moselweinstraße
200
St. Rochus-Kapelle
Höcht
390
selt
busch
46
Felz
Köllig
06
Wiesenberg
Loschenkopf
Elblingroute
259
Goldberg
Herigen
329
Südlinger Bach
360
0
500 m

47

MOSELSTEIG ETAPPE: NITTEL – WASSERLIESCH – KONZ

Über den Wasserliescher Berg zur Saarmündung

21,5 km | 5:45 h | 630 hm | 690 hm

START | Nittel, Weinstraße (188 m) am oberen Ortsrand an der Abzweigung der Straße Im Blümchen. Der Bahnhof Nittel ist 10 Gehminuten entfernt, vom Bahnhof führt die Weinstraße aufwärts zum Ausgangspunkt.
[GPS: UTM Zone 32 x: 310.488 m y: 5.493.587 m]
CHARAKTER | Aussichtsreiche Weinberge-, Wald- und Wiesenwanderung auf überwiegend bequemen Wegen.

Vom Winzerdorf Nittel, dem Zentrum des Elbling-Anbaus an der Obermosel, führt der Moselsteig am Nitteler Felsen entlang und über die aussichtsreichen Höhen zu den Orchideen des Wasserliescher Bergs, nach Überqueren der Saarmündung erreicht er Konz.

▶ Am oberen Ortsrand des Winzerdorfs **Nittel** 01 zweigt der Moselsteig von der Weinstraße nordwärts in die ruhige Straße Im Blümchen ab und taucht wenig später in die Rebfluren ein mit herrlichem Tiefblick auf die Mosel und Aufblick zum **Nitteler Felsen**. Die hellen Kalkwände zwischen grünen Weinbergen vermitteln ein mediterranes Landschaftsbild und bieten weite Ausblicke auf das Moseltal. Im Frühjahr erfreut

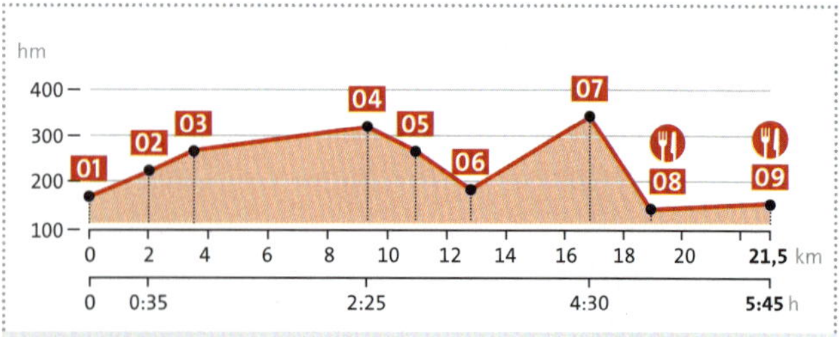

01 Nittel, Im Blümchen, 188 m; 02 Nitteler Fels West, 216 m; 03 Lehrpfadende , 281 m; 04 Landstraße, 312 m; 05 Fellerich, 288 m; 06 Albachtal, 190 m; 07 Löschemer Kapelle, 340 m; 08 Wasserliesch, 123 m; 09 Konz, 136 m

neben der Aussicht der Anblick von Orchideen, Lehrtafeln informieren über die angebauten Rebsorten. Am **westlichen Ende** 02 der Felsenkette wechselt der Moselsteig auf die Nordseite, weiterhin begleitet von geologischen und Weinbaulehr-Tafeln. Am **Ende des Lehrpfads** 03 zweigt der Moselsteig nordwärts in die Wiesen ab, erreicht an der **Landstraße** 04 Fellerich – Temmels seinen zweithöchsten Punkt, durchquert das Wottelbachtal, winkelt vor dem Tawerner Ortsteil **Fellerich** 05 nordwärts in die Weinberge ab, senkt sich ins **Albachtal** 06 und erreicht die aussichtsreiche **Löschemer Kapelle** 07. Es folgt der Abstieg in das Weindorf **Wasserliesch** 08, dann folgt der Moselsteig in etwa der Bahnlinie zur Saarmündung und zum Bahnhof Konz-Mitte an der Granastraße in **Konz** 09. Konz an der Mündung der Saar ist mit 256 ha Rebfläche die größte Weinbaugemeinde der Obermosel. Angebaut wird überwiegend Riesling. Schon die Römer genossen die reizvolle Landschaft am Zusammenfluss von Saar und Mosel, Kaiser Valentinian I. ließ im 4. Jh. die Sommerresidenz Contionacum errichten, deren Name sich später zu Konz verschliff. In den Wirren der Völkerwanderung verfiel die prunkvolle Kaiservilla, deren Reste beim Bau der modernen Pfarrkirche Sankt Nikolaus (1959–61) entdeckt und ergraben wurden und neben der Kirche zu besichtigen sind. Von dem alten Kaiservilla-Gemäuer bietet sich ein schöner Ausblick auf die Täler von Saar und Mosel, deren aufgestaute Wasserflächen Konz zu einem Zentrum des Wassersports haben werden lassen. Der Yachthafen liegt unterhalb der Eisenbahnbrücke an der Mosel.

Mosel bei Konz.

Saarmündung an der Konzer Brücke

Im parkartigen Gelände an der Mündung der Saar in die Mosel steht ein „begehbares Kunstwerk“: Der Felsen ist auf der Flussseite ausgehöhlt, stellt man sich hinein, wird das Fließgeräusch des Wassers verstärkt. **Saarbrücke:** Die Saarbrücke oberhalb der Eisenbahnbrücke wurde 1782-87 möglicherweise auf römischen Fundamenten errichtet. In seiner Moselbeschreibung „Mosella“ erwähnt der lateinische Schriftsteller Ausonius eine Saarbrücke mit sechs Pfeilern und zwei Türmen auf der Mitte.

Rechts: der Nitteler Felsen.

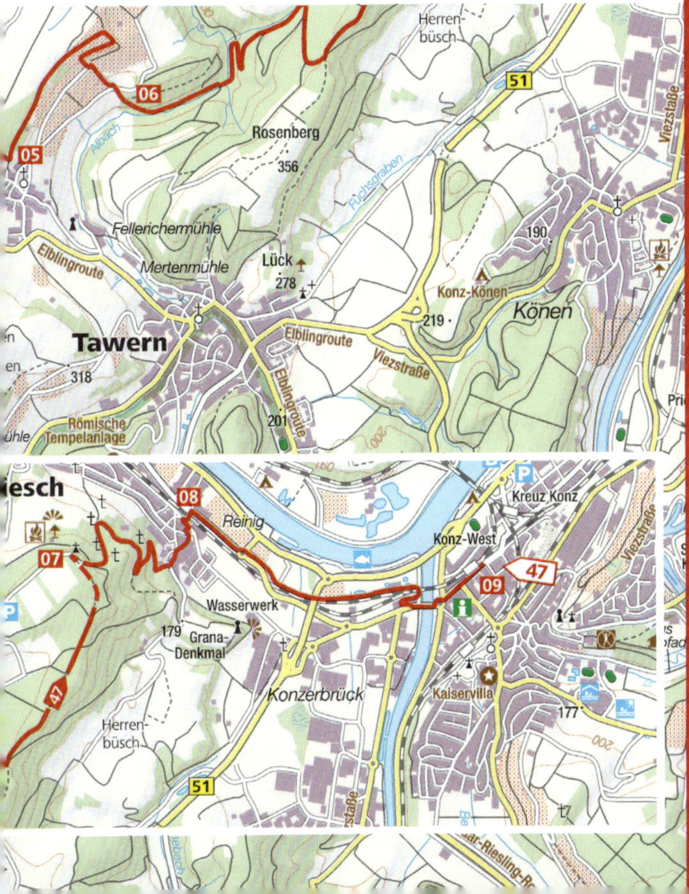
Herren-
büsch
51
06
Rosenberg
356
Albach
05
Fuchsgraben
Viezstraße
Fellerichermühle
Elblingroute
Mertenmühle
Lück
278
190
Konz-Könen
Könen
219
Tawern
Elblingroute
Viezstraße
318
Elblingroute
Römische
Tempelanlage
201
Pri
esch
08
Reinig
Kreuz Konz
Konz-West
Viezstraße
07
47
09
Wasserwerk
179
Grana-
Denkmal
Konzerbrück
Kaiservilla
177
47
Herren-
büsch
51

MOSELSTEIG ETAPPE: KONZ – MOHRENKOPF – TRIER-PALLIEN

Von der Saarmündung durch Triers grünen Norden

17,2 km | 4:30 h | 630 hm | 560 hm

START | Konz-Mitte (136 m), Bahnhof an der Granastraße 56 an der Saarstrecke Trier – Saarbrücken.
[GPS: UTM Zone 32 x: 325.144 m y: 5.508.165 m]
CHARAKTER | Weinberge-, Wald- und Wiesenwanderung auf überwiegend bequemen Wegen.

Nach Überqueren der Mosel in Konz an der Saarmündung schlängelt sich der Moselsteig über die bewaldeten Höhen links des Flusses auf dem Gebiet der Kaiserstadt Trier.

▶ Konz an der Saarmündung ist ein Eisenbahnknotenpunkt mit vier Bahnhöfen: Konz-Mitte an der Saarstrecke Trier – Saarbrücken (Granastraße 56), Konz-West an der Obermoselstrecke Trier – Perl – Metz, Kreuz-Konz an der Strecke Trier – Luxemburg und Konz-Karthaus (Knotenpunkt aller Linien). Vom Bahnhof **Konz- Mitte** 01 folgt der Moselsteig der Granastraße in Fahrtrichtung Trier, wechselt hinter dem Bahnkörper links auf den Bahnparallelweg, dann Luxemburger Damm, und überquert die Mosel auf der aussichtsreichen **Konzer Moselbrücke** 02. Diese Eisenbahnbrücke verbindet die Saarstrecke und die Obermosel-

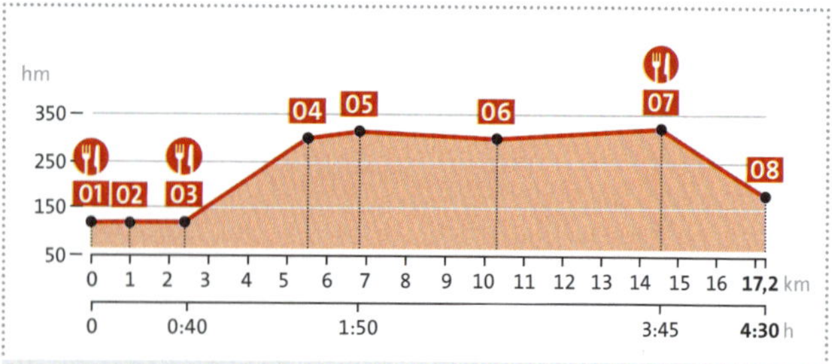

01 Konz-Mitte, 135 m; 02 Konzer Moselbrücke, 128 m; 03 Zewen, 138 m; 04 Kreisstraße, 319 m; 05 Herresthal, 330 m; 06 Moselhöhenweg, 320 m; 07 Café Mohrenkopf, 330 m; 08 Trier-Pallien, 173 m

Geisberg
383
Neuhaus
Wochenendhäuser
Hungerberg
406
Sievenicherhof
Schusterskreuz
Kockelsberg
334
Glässgesberg
336
Waldstadion
Aacher Höhe
385
NSG
48
08
Am Gillenbach
PALLIEN
Sirzenich
360
Hungelsberg
Auf der Jüngt
Mariensäule
Maria-Hilf-Kapelle
Markusberg
Linsenberg
327
Wochenendhäuser
E44
Niederweiler
Markuskapelle
Alter Krahnen
Busental
06
07
Trierweiler
Siedlung
Mohrenkopf
372
TRIER-
WEST
Trierer
häuschen
Römerbrücke
Barbarathermen
Löberg
393
Waldfrieden
198
EUREN
Wetterborn
Hotel Keisers
Herresthal
05
Herresthaler
Stahlem
Hospitien-
wald
Basilika
Wochenendhäuser
St. Medard
04
Hinter der Grube
ZEWEN
Staustufe Trier
131
Untere Zewenermühle
312
Estricherhof
FEYEN
135
Oberkirch
Schloss Monaise
Löllberg
Zewener Turm
03
Igel
156
139
Romersprudel
NSG
Mosel
Moselweinstraße
Karthaus
Elblingroute
Heidenberg
Kloster Karthaus
Kobenbach
Staatsforst
Freilichtmuseum
Roscheiderhof
02
Kreuz Konz
Konz-West
48
01
KONZ
137
314
Kelter
Falkenstein
Niedermennig
Konzerbrück
Kaiservilla
207
Ölmühle
177
Saarweinstraße
0
550 m

Auf dieser Eisenbahnbrücke oberhalb der Saarmündung überquert der Moselsteig die Mosel und führt links in die Wälder hinauf.

strecke mit der Trierer Weststrecke; sie wird vor allem von den Zügen von Trier nach Wasserbillig/ Luxemburg verwendet, auf der Brückenauffahrt liegt der Haltepunkt Kreuz- Konz. Als ein Gleis Anfang der 1990er Jahre zurückgebaut wurde, wurde die Trasse auf der Brücke zum Fuß- und Radweg umgebaut. Auf der Nordseite beginnt das Gebiet der Stadt Trier, der erste Stadtteil ist **Zewen** 03. Zewen liegt im südwestlichen Beginn der 15 km langen, größten Talweitung des mittleren Moseltals, die sich im Norden bei Schweich wieder verengt. Am Ortsrand wechselt der Moselsteig links über die Bahnlinie und folgt der Kanzelstraße hinauf zum Wald Auf dem Schock, bei der Schutzhütte an der **Kreisstraße** 04 kurz rechts, dann links Richtung **Herresthal** 05, kurz vor dem Dorf rechts und durch die Wiesen vor dem **Hospitienwald**. An der zweiten Kreuzung mit dem **Moselhöhenweg** 06 führt der Moselsteig in den Wald hinein, bis das **Café Mohrenkopf** 07 zur Einkehr einlädt. Über die waldreichen Höhen links der Mosel zieht der Moselsteig weiter zur Siedlung Markusberg und senkt sich schließlich zur Fachhochschule in **Trier-Pallien** 08. Hier kann man den Bus nehmen ins sehenswerte Altstadtzentrum der Weltkulturerbestadt Trier.

MOSELSTEIG ETAPPE: TRIER-PALLIEN – EHRANG – SCHWEICH

Felsenpfad und Heidenstuben über der Trierer Moselweitung

18 km | 5:00 h | 640 hm | 680 hm

START | Trier, Fachhochschule (173 m), Bushaltestelle an der Bitburger Straße im Ortsbezirk Trier-West/Pallien. [GPS: UTM Zone 32 x: 329.101 m y: 5.515.479 m]
CHARAKTER | Weinberge-, Wald- und Wiesenwanderung im Wechsel aus überwiegend bequemen Wegen und einigen Pfadpassagen, die festes Schuhwerk erfordern.

Am Weißhaus im Norden von Trier beginnt der spannende Felsenpfad über der Mosel, ebenso felsen- und aussichtsreich sind die Heidenstuben bei Ehrang, ehe in Quint am fünften römischen Meilenstein das auch namentlich lateinisch geprägte Gebiet der Römischen Weinstraße beginnt.

▶ Von der Bushaltestelle **Trier-Fachhochschule** 01 an der Bitburger Straße im Bezirk Trier-West/Pallien umgeht der Moselsteig den Campus der (Fach-)Hochschule und erreicht an der klassizistischen Villa **Weißhaus** 02 den Wald und den Felsenpfad. Der Betrieb der Kabinenbahn zum aussichtsreichen Weißhaus wurde eingestellt, Ende 2014 verließen auch die Pächter dieses Trierer Ausflugsziel, doch soll der Gasthausbetrieb nach Renovierung des Gebäudes

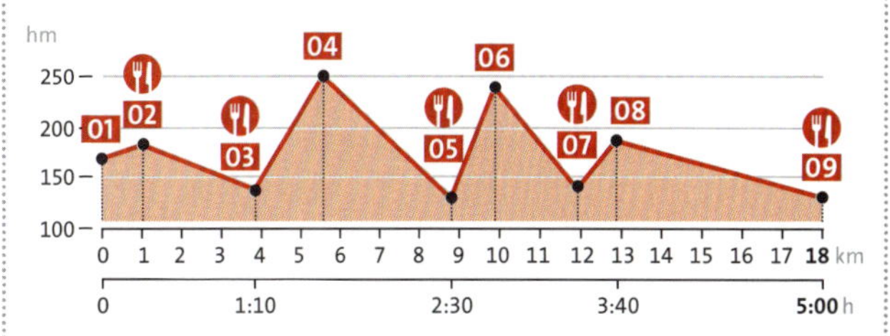

01 Trier FH, 173 m; 02 Weißhaus, 180 m; 03 Biewer, 133 m; 04 Auf der Bausch, 249 m; 05 Ehrang, 126 m; 06 Heidenstuben, 247 m; 07 Quint, 148 m; 08 Rothenberg, 195 m; 09 Schweich, 136 m

wieder aufgenommen werden. Am Weißhaus beginnt der aussichtsreiche Felsenpfad, der über der Mosel und leider auch über der Bundesstraße B 53 entlangführt. Beim Trierer Stadtteil **Biewer** 03, dessen Jakobskirche (1912) vom Hang herabgrüßt, entfernt sich die Bundesstraße von der Mosel, und es wird ruhiger. Auch der Moselsteig verlässt hier den Fluss und schwingt im Gleichlauf mit dem Jakobsweg nordwärts hinauf in die Wälder zum Parkplatz vor der Höhensiedlung **Auf der Bausch** 04, überquert im oberen Wallenbachtal die Bundesstraße B 52 und erreicht **Ehrang** 05 an der Kyll, den größten Trierer Ortsbezirk. Vom Ort folgt der Moselsteig einem Kreuzweg auf die aussichtsreiche Höhe und gewährt am Pastor-Mohr-Kreuz an den sagenumwobenen **Heidenstuben** 06

Blick von den Ruwertal-Höhen bei Trier auf das Moseltal.

exzellente Aussicht. Vom Kammweg senkt sich der Moselsteig zum Bahnhof **Quint** 07. Der Name des Trierer Stadtteils geht auf die lateinische Bezeichnung *„ad quintum lapidem“* zurück: „beim fünften Meilenstein“ der Römerstraße von Trier nach Andernach entstand die Siedlung Quint. Der Moselsteig folgt kurz der Bahnlinie, schwingt sich noch einmal zum Wald hinauf, wo am Wanderparkplatz **Rothenberg** 08 das Etappenfinale in die Weinstadt **Schweich** 09 beginnt, den Hauptort des Feriengebiets Römische Weinstraße. Der schon zur Römerzeit besiedelte Ort liegt am westlichen Eingang der Wittlicher Senke. Der Alte Fährturm erinnert an die Zeiten, als Schweich ein wichtiger Fährort an der Mittelmosel war. Erzbischof Klemens Wenzeslaus, der letzte Kurfürst von Trier, ließ den massiven dreigeschossigen Bruchsteinbau auf fünfeckigem Grundriss vor 1794 errichten. Die moselaufwärts gerichtete Spitze ist als Eisbrecher ausgelegt. In Betrieb war der alte Fährturm bis zur Errichtung der Moselbrücke 1906. Der entsprechende Turm auf dem rechten Moselufer wurde bereits im 19. Jh. abgebrochen.

50

MOSELSTEIG ETAPPE: SCHWEICH – MEHRING

Naturtheater über der Roemischen Weinstraße

12 km | 3:00 h | 530 hm | 540 hm

START | Schweich-Zentrum (136) an der Martinskirche, Bushaltestelle Kirchstraße; der Bahnhof liegt 5 Gehminuten entfernt. [GPS: UTM Zone 32 x: 338.382 m y: 5.521.263 m]
CHARAKTER | Weinberge-, Wald- und Wiesenwanderung auf überwiegend bequemen Wegen mit vielen Aussichtsstellen.

Die Roemische Weinstraße an den Moselschleifen zwischen Schweich und Leiwen führt durch pittoreske Winzerdörfer, in die vor 2000 Jahren die Römer den Weinanbau brachten. Der lateinische Schriftsteller Ausonius bezeichnete dieses Gebiet, durch das der Moselsteig in und über rebenbestockten Steilhängen verläuft, in seinem Moselgedicht „Mosella“ als „Naturtheater“.

▶ Von der Martinskirche im Zentrum der Weinstadt **Schweich** 01 führt die Kirchstraße bergwärts, an der Kreuzung mit der Hofgartenstraße befindet sich das Kulturzentrum Niederprümer Hof, das u. a. eine Dauerausstellung über Leben und Werk des Mosel-Schriftstellers Stefan Andres beherbergt. Nach Unterqueren der Bundesautobahn A 1 schwingt sich der Moselsteig aufwärts in den Rebfluren der Weinlage Schweicher Annaberg, erreicht den Aussichtspunkt im Hang des Bergs **Rupperoth** 02 und passiert bald darauf eine Schutzhütte. Am Parkplatz zweigt der Moselsteig rechts ab, durchquert das

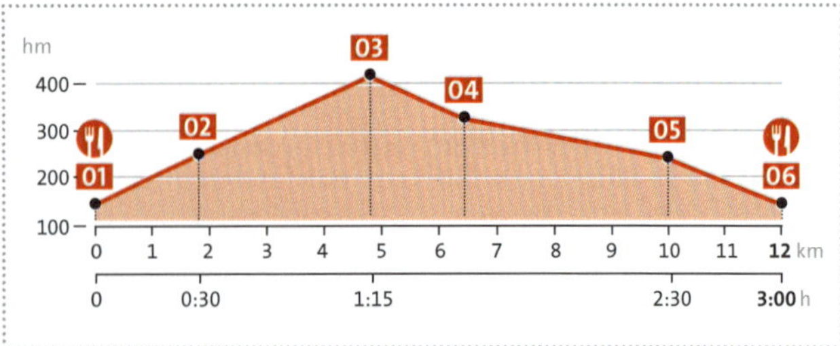

01 Schweich, 136 m; 02 Rupperoth, 250 m; 03 Mehringer Berg, 410 m; 04 Hundsbuckel, 325 m; 05 Huxlay, 246 m; 06 Mehring, 126 m

Landwehrgrabental und gewinnt den aussichtsreichen **Mehringer Berg** 03. Hier zweigt der Moselsteig rechts ab, taucht in den Mehringer Wald ein, in den sich ab dem Berg **Hundsbuckel** 04 mehr und mehr Rodungen auftun. Zwischendurch lädt eine „Sinnesbank" zum Ruhen ein, dann ist der Mehringer **Huxlay** 05 mit der Finnenbahn im Gesundheitspark erreicht. Auf dem folgenden Wegstück wartet der Moselsteig mit mehreren exzellenten Aussichtsstellen auf, führt in Serpentinen durch die Weinberge und schwingt zuletzt rechts in den Winzerort **Mehring** 06.

Immer wieder begeistert am Wegrand die Farbenpracht der Rapsblüte.

Bohnenfeldhof
Osterbornhof
196
Auf dem Bühl
Andresmühle
Leinenhof
Molitorsmühle
Hubertusbrunnen
Am Heilbrunnen
Schimmelhof
Auf Mascheid
208
A z e r t
Schweich
129
Lindenborn
Lehnsberg
Auf Schodenpfädchen
142
E44
Haardthof
Am Bahnhof Schweich
143
Föhrenbach
Schweicher
332
SCHWEICH
125
Thesenmühle
Kellersberg
328
Hummelsberg
50
01
Issel
Stadtwald
Rupperoth
278
1
02
125
53
Landwehrgraben
Kampen
Alter Fährturm
125
Moselweinstraße
Schock
245
130
Kirsch
4
Moseltal
134
Angelberg
4
Dreieck Moseltal
Longuich
Kenner B.
Alte Burg Longuich
Kenn
Römische Villa
Ackersberg
Longuicher-mühle
248
237
Kirscher Bach
Thalmühle
Solar-park
Feller Bach
Rioler-mühle
240
200
Longuicher
Götzbild
168
260
Wald
Sauerbrunnen
Fastrau
Sang-Neuhaus
RUWER-
Solar-park
Fastrauermühle
Krummenholz
Vogtel
296
268
Karthäuser Berg
328
Karthäuserhof
Stempelsberg
269
Paulins-kopf
316
Beim Läusbaum
Fell
EITELSBACH
Hotel-Weingut Weis
Entsorgungs- und Verwertungszentrum
Karlsmühle
Mertesdorf

Bekond
Rudemberg
272
159
Kahlbachmühle
232
Thörnicher Ritsch
Thörnich
Kelter
140
314
Aulwald
212
Mehringerscher
Wald
Sauerbrunnen
Kautenbach
Ensch
124
Detzem
Haus Arenz
244
04
Wald
53
50
117
Zitronenkreuz
270
Schleich
Löf
Staustufe Detzem
Zur Staustufe
Moselweinstraße
138
320
Longen
279
Lörsch
220
Mehring
151
05
Pölich
128
Rioler Fährhs.
50
06
Riol
Mosel
Röm. Wasserleitung
Triologo
124
Kammerwald
Pölicher
Fünfseenblick
Kumer Knüppchen
180
Mehringerschweiz
Mehringer Wald
Solarpark
131
Mehring
Jungenwald
464
Solarpark
Mehringerberg
455
Solarpark
Staatsforst
284
Im Scholenskopf
Quint
0
500 m

51

MOSELSTEIG ETAPPE: MEHRING – LEIWEN

Durch die Mehringer Schweiz

13,3 km 3:45 h 650 hm 620 hm

START | Mehring-Brücke (126 m), Bushaltestelle der Moselbahn-Buslinie Trier – Mehring – Neumagen an der Moselstraße/Brückenstraße in Mehring.
[GPS: UTM Zone 32 x: 343.826 m y: 5.518.393 m]
CHARAKTER | Aussichtsreiche Weinberge-, Wald- und Wiesenwanderung auf überwiegend bequemen Wegen.

Das Winzerdorf Mehring liegt auf der Eifelseite des Flusses, auf der gegenüberliegenden Hunsrückseite staffeln sich die bewaldeten Steilhänge und Bergriedel in derartiger Schroffheit, dass für diese Gegend der Name „Schweiz" geprägt wurde. Rund 300 Höhenmeter über der Talsohle erhebt sich der Aussichtsturm „Fünfseenblick".

▶ Vor der Mündung der Brückenstraße in die Moselstraße im Winzerort **Mehring** 01 überquert der Moselsteig den Fluss und führt eine Zeit lang flussaufwärts, bis sich der **Molesbach** 02 oberhalb des Triolago-Freizeitgeländes in der Falllinie aufwärts wendet, jenseits des Bachs heulen die Coaster der Allwetterrodelbahn Alpine Triolago. Hier beginnt die **Mehringer Schweiz**, durch die sich der Moselsteig überwiegend im Wald mit vielen Aussichtsstellen schlängelt, bei klarer Sicht lohnt der kurze Abstecher zum ausgeschilderten Aussichtspunkt Felsenkreuzkanzel. Wenn im Wald immer mehr Quietschgeräusche

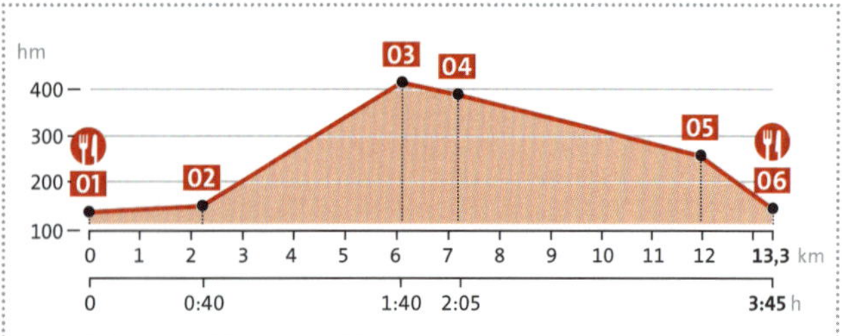

01 Mehring-Brücke, 126 m; 02 Molesbach, 144 m; 03 Kreisstraße, 410 m; 04 Fünfseenblick, 395 m; 05 Hinkellay, 265 m; 06 Leiwen (oben), 150 m

Moselweinstraße
Rudemberg
272
159
Köwerich
Kahlbachmühle
232
Thörnicher Ritsch
152
Kelter
Kelter
140
Thörnich
Teiche
124
Erlebnisland Eurostrand
212
Sauerbrunnen
Kautenbach
Ensch
174
Leiwen
Detzem
05
Hinkellay
06
51
244
Wald
53
Haus Arenz
51
144
117
Alsberg
332
Zitronenkreuz
270
Schleich
Löf
Güntersberg
312
Zur Staustufe
Staustufe Detzem
Moselweinstraße
198
138
Schlof
279
Auf Söll
220
Mehring
151
Pölich
Dicke E
Solarpark
51
Röm. Wasserleitung
01
Mosel
Römerstraße
Policher Held
02
51
Kammerwald
51
Fünfseenblick
Detzemer
431
Kumer Knüppchen
04
180
Mehringerschweiz
Mehringer Wald
Wald
03
Molesbach
Solarpark
131
Mehring
464
Solarpark
Solarpark
Schleicherberg
Mehringerberg
455
park
297
aatsforst
Solarpark
414
Quint
Friedwald
Breiter Wa
225
Schiefer
Ginsterheld
Weinstraße
Solarpark
Schiefer
Mehringer
0
550 m

zu vernehmen sind, erreicht der Moselsteig das Downhill-Gelände der MTB-Strecke Mehring, und hat er auch dieses schöne Wegstück hinter sich gelassen, wird das Sausen der Bundesautobahn A 1 lauter und lauter. Die **Kreisstraße** 03 markiert das Ende des Mountainbike- und Autobahnbereichs, im Wald zieht der Moselsteig zum **Fünfseenblick** 04 rund 300 Höhenmeter über der Talsohle. Der Aussichtsturm bietet einen Blick auf die sich zwischen Eifel und Hunsrück hindurchwindende Mosel und ihre fünf seenartigen Flussschleifen, die dem Aussichtspunkt den Namen geben. Besonders markant: die Insel an der Staustufe Detzem.

Nach einer Weile ruhigen Dahingehens im Wald bietet sich an der Detzemer Weinlage **Hinkellay** 05 ein weiter Ausblick. Seit der Moselkanalisierung befindet sich in Detzem die zweite Moselstaustufe auf deutschem Boden. Das Winzerdorf Detzem ist benannt nach dem „zehnten" (lateinisch: *decimum*) Meilenstein moselabwärts von Trier. Eine Replik dieser römerzeitlichen Distanzsäule – an der Mosel „Leugenstein" genannt – steht in der Ortsmitte. Das ehemalige Gasthaus „Zum Bahnhof" wurde zum Bürgerhaus umfunktioniert; hier findet am ersten August-Wochenende das Detzemer Rieslingfest statt mit öffentlicher Weinprobe im Kaisersaal und Darbietungen der Winzertanzgruppe. Die Kirche Sankt Agritius (1736) am Fluss hat ihren gotischen Chor über die Jahrhunderte bewahrt. Agritius († 314) war einer der ersten Bischöfe von Trier. Ostwärts führt der Moselsteig in den Weinbergen weiter bis zur Verzweigung oberhalb des Winzerdorfs **Leiwen** 06 am östlichen Ende der Römischen Weinstraße. Angebliche Namensgeberin des Orts ist Livia, die Frau von Kaiser Augustus. Livias Villa soll an der Zummethöhe gestanden haben, dem Aussichtspunkt über der Leiwen-Trittenheimer Moselschleife. Der Gruß „Salve Augusta" hat Eingang in das Ortswappen gefunden. Leiwen hat ein beheiztes Panoramafreibad sowie zahlreiche Ferien-Weingüter, Restaurants, Straußwirtschaften und Hotels, in der Umgebung befinden sich zwei Ferienparks. Weine aus den Lagen Leiwener Laurentiuslay und Leiwener Klostergarten stehen im Mittelpunkt des Leiwener Weinfests am dritten Augustwochenende, dann wird auch die Leiwener Weinkönigin gekürt.

Frühling im Weinberg an der Mosel.

MOSELSTEIG ETAPPE: LEIWEN – ZUMMETHÖHE – NEUMAGEN

Moselschleife und Deutschlands ältester Weinort

12,7 km | 3:30 h | 560 hm | 620 hm

START | Leiwen, Rebflur (150 m), Verzweigung oberhalb von Leiwen, erreichbar in Verlängerung der Urbanusstraße.
[GPS: UTM Zone 32 x: 346.752 m y: 5.520.915 m]
CHARAKTER | Aussichtsreiche Weinberge-, Wald- und Wiesenwanderung auf überwiegend bequemen Wegen.

Vom Winzerort Leiwen führt der Moselsteig aussichtsreich durch die Rebhänge und Wälder über der Trittenheimer Moselschleife, das Ziel Neumagen ist Deutschlands ältester Weinort.

▶ Von der Verzweigung in der Rebflur oberhalb des Winzerdorfs **Leiwen** 01 schlängelt sich der Moselsteig im Wechsel aus Weinbergen und Wald ostwärts an den Rand des Ferienzentrums **Sonnenberg** 02 und folgt dem Waldrücken zwischen Mosel und Kleiner Dhron zur **Zummethöhe** 03, die einen Panoramablick der Moselschleife von Leiwen und Trittenheim bietet. Weiter zieht der Weg durch den Wald zum Aussichtspunkt **Vogelsang** 04 gegenüber von Trittenheim. Der Riesling-Weinort Trittenheim liegt auf einer nahezu gänzlich von Reben bedeckten Mosel-„Halbinsel“ mit den Weinlagen Apotheke und Altärchen. Neben der Trittenheimer Moselbrücke stehen noch die alten Fährtürme aus dem 18. Jh. Vorbei an weiteren

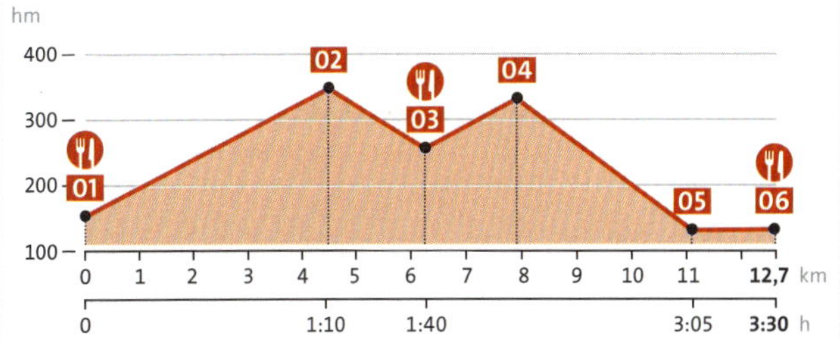

01 Leiwen (oben), 150 m; 02 Sonnenberg, 350 m; 03 Zummethöhe, 260 m; 04 Vogelsang, 330 m; 05 Marterkapelle, 121 m; 06 Neumagen, 123 m

Blick auf Trittenheim.

Aussichtsstellen führt der Moselsteig über die Höhen, verliert allmählich an Höhe und senkt sich in einem Bachtal zur **Marterkapelle** 05 zwischen Pappeln in den Weinbergen von Neumagen. Sie wurde 1506 gestiftet an der Stelle, bis zu der das Wasser der Mosel vom Blut der Christen gefärbt war, die der legendäre römische Statthalter Rictius Varus (Rictiovarus) 286 oder 291 in Trier ihres Glaubens wegen hinrichten ließ (Thebäische Legion). Von der Marterkapelle führt der Moselsteig längs der Bundesstraße ins nahe **Neumagen** 06, Deutschlands ältesten Weinort. In römischer Zeit war Neumagen der am weitesten moselabwärts gelegene Kastellort. Unterhalb von Neumagen verließ die von Trier kommende Römerstraße bei Niederemmel das Moseltal und führte über den Hunsrück nach Mainz. Umgekehrt erblickten die von Mainz Richtung Trier Reisenden auf der Niederemmeler Höhe zum ersten Mal die Mosel, so der kaiserliche Prinzenerzieher Ausonius, der Verfasser der „Mosella“: Auf der Niederemmeler Höhe erblickte er erstmals „des seligen Constantin erlauchte Feste“. Dieses von Konstantin d. Gr. errichtete Kastell hatte 14 Rundtürme und zwei Tore. An die Stelle des Kastells trat im Mittelalter die Petersburg der Erzbischöfe von Trier; die Peterkapelle fungierte wahrscheinlich als Burgkapelle.

Waldkapelle
312
Schneidershof
Stallsack
310
Kandel
271
180
Unterste Mühle
Dhroner-Karl
Wochenendhäuser
-Dhron
139
Oberheide
Folser-berg
293
122
Heldberg
Röm. Weinschiff
290
Motocross
Neuberg
327
06
52
Heimatmuseum
-Neumagen
120
Luymühle
Nuhköpf
235
53
149
Konstantinshöhe
Landeplatz Neumagen-Dhron
Moselweinstraße
Weierbach
Hof Weißhaus
Köwerich
Marterkapelle
05
Hinkelstein
277
152
Mosel
Kelter
122
Moselweinstraße
Teiche
Blasberg
04
52
Erlebnisland Eurostrand
174
Hof Kr
Tritten-heim
Kronenberg
376
Leiwen
Wein-u. Heimatmuseum
121
Laurentius-kapelle
01
52
125
144
Schantelbach
Güntersberg
312
Zummethöhe
03
253
165
Im Dhrönchen
52
Zummeterhof
198
Schloßberg
355
02
Leiwener-mühle
Ferienzentrum Sonnenberg
Auf Söll
Dicke Buche
Solarpark
Leiwener
Heidenburg
0
500 m
Dhrontalsperre
Wald

53

MOSELSTEIG ETAPPE: NEUMAGEN – KESTEN – MONZEL

Durch den Piesporter Amphitheater-Steilhang

17,6 km | 4:45 h | 760 hm | 690 hm

START | Neumagen-Ort (123 m), Bushaltestelle an der Kreuzung Moselstraße/Burgstraße an den Moselbahn-Linien Neumagen – Brauneberg – Bernkastel und Trier – Schweich – Neumagen. [GPS: UTM Zone 32 x: 348.537 m y: 5.524.210 m]
CHARAKTER | Aussichtsreiche Weinberge-, Wald- und Wiesenwanderung im Wechsel aus bequemen Wegen und Pfaden, die festes Schuhwerk verlangen.

Der sonnenexponierte Südsteilhang von Piesport wird unter der Bezeichnung „Amphitheater“ schon vor 2000 Jahren von Ausonius beschrieben, die Aussichtsstellen zählen zu den eindrucksvollsten über dem Moseltal.

Vom Yachthafen im Zentrum des Weinorts **Neumagen** 01 führt der Moselsteig in Grünanlagen flussabwärts, unterquert die Brücke der B 53 und überquert dann auf der **Bundesstraßenbrücke** 02 die Mosel. Von der Abfahrtsrampe zweigt der Wanderweg rechts hinauf in die Weinberge ab, nach Passieren des weitläufigen Neumagener Hartsteinwerks beginnt der Wald, und mit dem **Großen Moselblick** 03 erreicht der Wanderweg den ersten eindrucksvollen Rast- und Aussichtspunkt über der Verbotenen Hecke. Vor

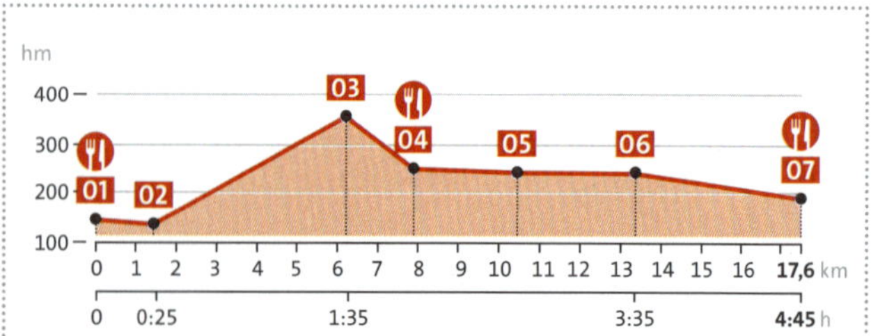

01 Neumagen-Ort, 123 m; 02 Bundesstraßenbrücke B53, 110 m; 03 Großer Moselblick, 365 m; 04 Haus Moselblick, 252 m; 05 Donatus, 245 m; 06 Dreisbachtal, 165 m; 07 Monzel, 190 m

Blick von der Weißley auf Neumagen-Dhron.

dem Hotel-Restaurant Moselpanorama, Am Berg 1, auf vielen Karten **Haus Moselblick** 04 genannt, führt der Moselsteig hinab in die aussichtsreichen Piesporter Weinlagen, quert an Rastbänken die serpentinenreiche Landstraße und leitet weiter durch den aussichtsreichen Südsteilhang zum **Donatus** 05, der höchsten Stelle zwischen Piesport, Minheim und Wintrich. Dort wacht ein Denkmal des Donatus, des Heiligen gegen Blitz, Donner und Unwetter, über dem Piesporter Tal und bietet einen großartigem Blick auf das Felsmassiv **Moselloreley**, das am linken Moselufer steil 85 m hoch aufragt und flussabwärts keine Verkehrsverbindungen zulässt; das Steilufer bietet nicht einmal Platz für einen Fußweg, doch auf den Hängen finden sich vereinzelt Rebflächen.

Am Donatus befindet sich ein Wendepunkt. Der Moselsteig kürzt hier die Minheimer Schleife ab und wechselt auf die Wintricher Seite mit Blick auf die **Staufstufe Wintrich** und das Winzerdorf **Wintrich**, das den Wein schon im Namen führt. Zwischen Wald und Rebhängen führt der Moselsteig nordwärts, senkt sich zum römischen Sauerbrunnen und der Kneippanlage Kesten im **Dreisbachtal** 06, folgt dem Talgrund kurz aufwärts und erreicht dann die Kestener Rebhänge. Das namensgebende Weindorf Kesten liegt unten am Moselufer, während der Moselsteig auf der Höhe bleibt und in das Weindorf **Monzel** 07 führt.

Klausen
Pohlbach
Sterres
342
Pohlbachermühle
Salmtal
Weidenhaag
209
Krames
Neu-Minheim
Thomasberg
378
Heukehr
389
Piesporter
Heiligenhaus
412
04
Hot. Moselpanorama
374
Krameser Berg
340
Röm. Kelteranlage
Ferres
Alte Eiche
Kobenlei
411
03
Großer
Moselblick
Ver-
-botene
Mosel
Moselweinstraße
Niederer
Römerhof
Hansenberg
401
366
Hecke
Kopp
Waldkapelle
312
Schneidershof
Unterste Mühle
Dhroner-
Karl
Stallsack
Kandel
271
53
Heideberg
310
139
02
Folser-
berg
293
122
Neumagen
Heldberg
Röm. Weinschiff
290
01
Motocross
Heimatmuseum
53
Neuberg
327
Nuhköpf
235
Konstantinshöhe
149
Moselweinstraße
E44
1
127
180
135
404
242
201
229
248
341
238
119
180
120

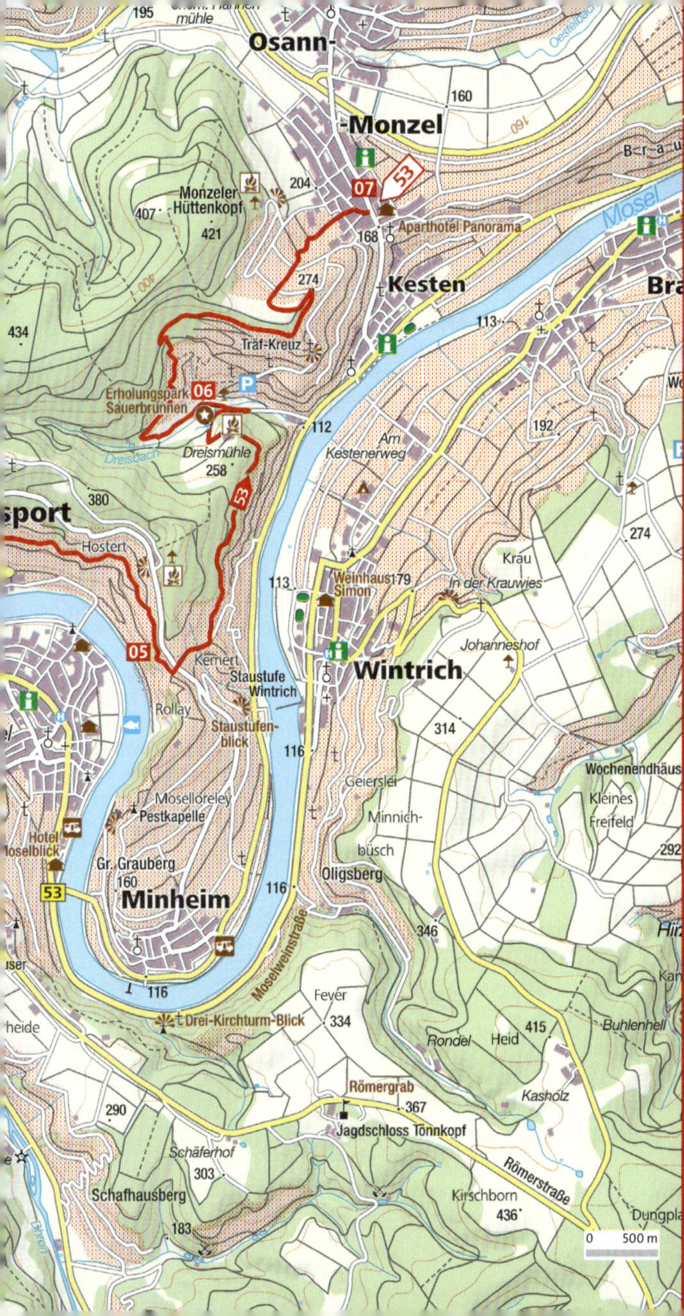
Osann-
-Monzel
Monzeler Hüttenkopf
Aparthotel Panorama
Kesten
Träf-Kreuz
Erholungspark Sauerbrunnen
Dreismühle
Mosel
Am Kestenerweg
Hostert
Kemert
Staustufe Wintrich
Staustufenblick
Rollay
Weinhaus Simon
In der Krauwies
Johanneshof
Wintrich
Geierslei
Minnichbüsch
Oligsberg
Moselloreley
Pestkapelle
Hotel Moselblick
Gr. Grauberg
Minheim
Moselweinstraße
Drei-Kirchturm-Blick
Fever
Rondel
Heid
Buhlenhell
Kasholz
Römergrab
Jagdschloss Tönnkopf
Römerstraße
Schäferhof
Schafhausberg
Kirschborn
Wochenendhäus
Kleines Freifeld
0 500 m

MOSELSTEIG ETAPPE: MONZEL – MÜLHEIM – BERNKASTEL

Deutschlands heißeste Weinlage

14,1 km | 3:45 h | 680 hm | 350 hm

START | Monzel-Ortsmitte (190 m), Bushaltestelle an der Moselstraße, Linie Wittlich – Bernkastel-Kues. [GPS: UTM Zone 32 x: 353.232 m y: 5.530.525 m]
CHARAKTER | Aussichtsreiche Weinberge-, Wald- und Wiesenwanderung auf überwiegend bequemen Wegen.

Die Brauneberger Juffer zählt zu den besten Riesling-Weinlagen der Welt, die Wetterstation registrierte hier 1998 die höchste jemals in Deutschland im Schatten gemessene Temperatur: 41,2 °C!

Am Südrand des Weindorfs **Monzel** 01 verlässt der Moselsteig die Moselstraße ostwärts auf dem Novianderweg und führt hinaus in die aussichtsreichen Weinberge, mehrfach laden Rastplätze zum Verweilen ein mit Blick auf die Häuser des Weindorfs Brauneberg am gegenüberliegenden Ufer. Brauneberg ist der Ort, an dem die ARD-Wetterstation 1998 die höchste jemals in Deutschland im Schatten registrierte Temperatur maß: 41,2 °C in der Weinlage Juffer-Sonnenuhr! Eine Schutzhütte lädt über der Weinlage **Brauneberger Juffer-Sonnenuhr** 02 zum Verweilen ein. In diesem mediterranen Klima reifen fruchtige, rassige, spritzige und elegante Weine. Schon die Ersterwähnung des Kirchdorfs erfolgte im Zusammenhang mit dem Wein: Der Merowingerkönig Childebert II. schenkte im Jahre

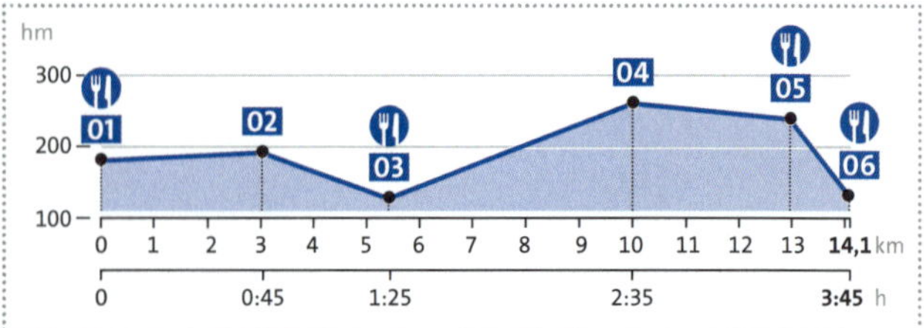

01 Monzel, 190 m; 02 Juffer-Sonnenuhr, 195 m; 03 Mülheim, 114 m;
04 Andeler Schutzhütte, 270 m; 05 Annakapelle, 230 m; 06 Bernkastel, 113 m

588 „Duos Amandos super mosellam“ einschließlich der Nachbarorte des vorzüglichen Weins wegen seinem Patenonkel, dem Bischof Agericus von Verdun, da dieser darüber geklagt hatte, die Kirche von Verdun habe keinen Ort, wo sie qualitätvollen Wein ernten könne. Die von Verdun zur Verwaltung der Weingüter eingesetzten Lehnsmannen nannten sich ab 1115 Grafen von Veldenz, die Grafen nahmen während der Reformation den reformierten Glauben an und zwangen auch ihre Untertanen zum Glaubenswechsel; dagegen protestierte der französische König, weshalb die Kirche seither „simultan“ genutzt wird von Reformierten und Katholiken. Der jetzige Kirchenbau mit Zwiebelturm stammt von 1776/77. Ein Kuriosum ist auch der Ortsname. Der aus dem Lateinischen abgeleitete alte Ortsname „Dusemond“ bezog sich auf die Weinberge: süßer Berg. 1925 wurde er verdeutscht. Seither heißt der Ort Brauneberg.

Von der Höhe senkt sich der Moselsteig zur Mündung des Flusses Lieser vor dem Winzerort Lieser, der mit **Mülheim** 03 durch eine Brücke verbunden ist. Mülheim liegt rechts der Mosel an der Mündung eines Mosel-Urstromtals. Bekannt ist die Weinlage Mülheimer Sonnenlay, der sogenannte Zeppelinwein. Das Moseltal ist hier nicht mehr von steilen Hängen wie weiter oben flankiert, das Tal weitet sich deutlich. Vom Ort findet der Moselsteig wieder hinauf in die Weingärten, taucht schließlich in den Wald ein und erreicht die aussichtsreich gelegene **Andeler Schutzhütte** 04. Unten erstreckt sich das Weindorf Andel an der Mündung des Goldbachs, der von Bäumen flankiert mitten durch den Ort plätschert. Der Goldgräberbrunnen im Ortskern erinnert daran, dass im Goldbach in vergangenen Jahrhunderten Goldwäscher unterwegs waren. Die Andeler Kirche soll im 12. Jh. von sieben Bürgern in Alleinarbeit errichtet worden sein. Der Andeler Leuchtturm ist der einzige Moselleuchtturm. Seit 2004 bewahrt er Schiffer davor, auf Untiefen zu geraten.

Wenn der Mosel die **Annakapelle** 05 erreicht, kann man die Arme zum Gebet erheben, denn es ist nicht mehr weit. An der

Moseltal an der Mündung der Lieser.

Jugendherberge und der **Burgruine Landshut** vorbei geht es zur Gaststätte „Schützenhaus", dem aussichtsreichen Balkon von Bernkastel, und auf einer Stufenanlage durch den Hang des Burgbergs in die Fachwerk-Altstadt von **Bernkastel** 06. Der architektonische Schmuck von Bernkastel, das 1291 von Erzbischof Boemund I. von Trier die Stadtrechte verliehen bekam, sind die Fachwerkhäuser, die hier in einer Vielzahl und Schönheit wie kaum in einer anderen Moselstadt zu finden sind. Mehrere von ihnen stehen am Markt im Herzen der Stadt, darunter das reich verzierte Heinzsche Haus mit den Cusanus-Weinstuben. Die Spätrenaissancefassade des um 1300 errichteten Rathauses schuf im Jahr 1608 der Trierer Bildhauer Hans Ruprecht Hoffmann. An der Nordostecke des Rathauses steht der Pranger, in der Mitte des Marktplatzes plätschert der Justitiabrunnen. Wer damals Recht und Ordnung nicht befolgte, kam an den Pranger, wie die Inschrift am Rathaus verdeutlicht: „Hochgericht. Straff und bürgerliche Züchtigung". Die Halseisen hängen noch immer an dicken Ketten, doch stehen mittlerweile nur noch Touristen am Pranger und machen Selfies. Die mittelalterliche Stadtbefestigung (um 1300) wurde während der Kriege des bourboni-

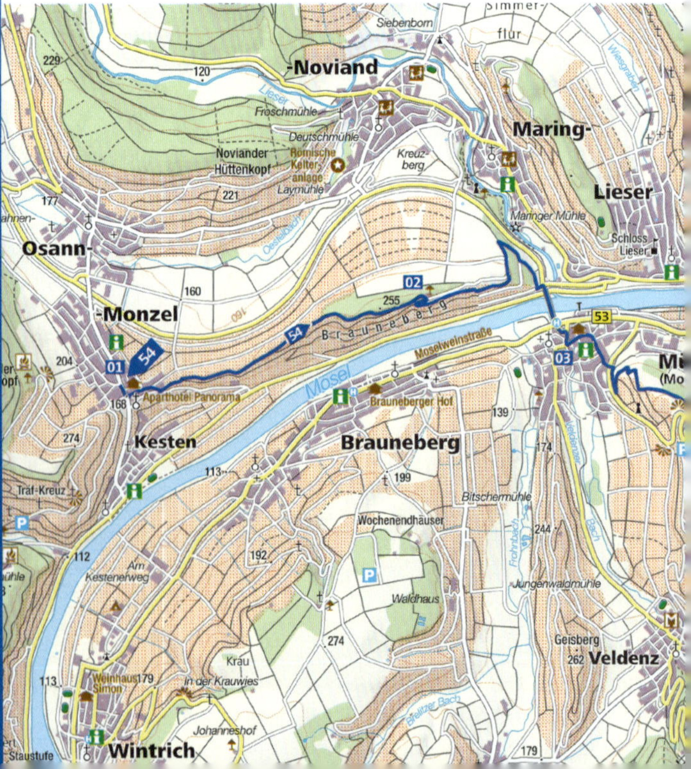

Bernkastel-Kues

Die Fachwerkstadt Bernkastel-Kues ist das Fremdenverkehrs- und Weinbauzentrum der Mittelmosel, 65 % des gesamten Mosel-Weinanbaus entfallen auf Bernkastel-Kues, der Bernkasteler Doctor ist eine der teuersten und bedeutendsten Weinlagen Deutschlands. Die „internationale Stadt der Rebe und des Weines" liegt malerisch zu beiden Seiten des Flusses, Bernkastel rechts der Mosel wird überragt von der Burgruine Landshut zwischen Weinbergen, der Hafen von Kues am linken Ufer ist der größte Touristikhafen der Mittelmosel und das Ziel von Rhein-Mosel-Kreuzfahrten. Berühmtester Sohn der Doppelstadt ist der Philosoph und Kardinal Nikolaus von Kues (1401–1464), Fürstbischof von Brixen.

schen Sonnenkönigs Ludwig XIV. von französischer Soldateska zerstört, geringe Reste sind erhalten, darunter das Graacher Tor.

MOSELSTEIG ETAPPE: BERNKASTEL – ZELTINGEN – ÜRZIG

Im Herz der Mosel

17,3 km | 5:00 h | 970 hm | 900 hm

START | Bernkastel-Markt (113 m) in der Ortsmitte.
[GPS: UTM Zone 32 x: 361.877 m y: 5.531.039 m]
CHARAKTER | Aussichtsreiche Weinberge-, Wald- und Wiesenwanderung auf überwiegend bequemen Wegen.

Die Moselschleife zwischen Bernkastel-Kues und Traben-Trarbach wird aufgrund ihrer Form als Herz der Mosel bezeichnet. Beiderseits des Flusses liegen zahlreiche Weindörfer, in den steilen Weinbergen wachsen Rieslingreben in Spitzenlagen wie Graacher Himmelreich, Wehlener Sonnenuhr, Zeltinger Schlossberg und Ürziger Würzgarten.

▶ Vom Markt in der Altstadt der Fachwerkstadt **Bernkastel** 01 führt der Moselsteig ostwärts hinauf und folgt der Kallenfelser Straße zwischen Wald und Rebfluren aufwärts, bald auf dem recht steilen Förster-Schell-Pfad, begleitet vom Plätschern des Kallenfelsbachs. Nach Überqueren des **Kallenfelsbachs** 02 leitet der Moselsteig in sachtem Auf und Ab durch die Waldhänge, gewinnt als ersten von mehreren Aussichtspunkten die Höhe Maria Zill, bei der nächsten Aussichtsstelle lädt die **Graacher Schutzhütte** 03 zur Rast ein, bald darauf erreicht der Moselsteig den Graacher Panorama-Ortsteil **Graacher Schäferei** 04. Die Graacher Rebfläche

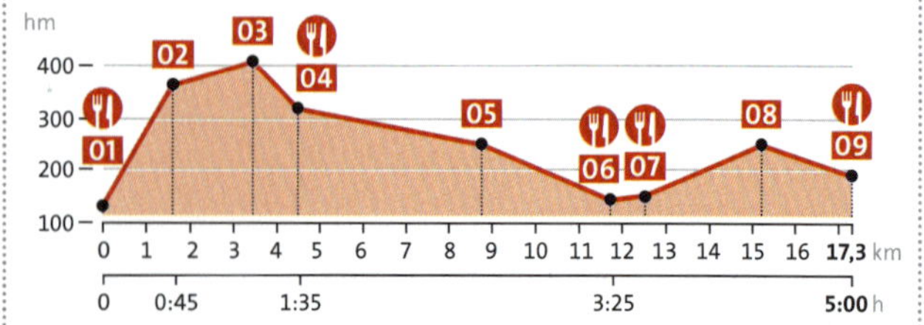

01 Bernkastel, 113 m; 02 Kallenfelsbach, 385 m; 03 Graacher Hütte, 410 m; 04 Graacher Schäferei, 315 m; 05 Moselblick, 255 m; 06 Zeltingen, 119 m; 07 Machern, 130 m; 08 Hochmoselbrücke, 260 m; 09 Ürzig, 190 m

Ürzig an der Mosel.

liegt zu etwa 90 % im Steilhang und dient zu 95 % dem Anbau der Rebsorte Riesling. Einmalig ist die Häufung der kirchlichen Weinlagennamen wie Himmelreich, Dompropst und Abtsberg, die die Vorliebe kultivierter Kirchenfürsten und Klöster für Graacher Rebhänge bezeugen. Weiter geht es mit vielen Aussichtsstellen durch die Wälder im oberen Steilhang zum **Moselblick** 05 oberhalb der Staustufe Zeltingen, dann senkt sich der Weg in das Winzerdorf **Zeltingen** 06. Zeltingen ist das Operettendorf der Mittelmosel. Uraufgeführt wurde die Operette „Zeltinger Himmelreich" von Werner Stamm (1955), die gleichnamige Zeltinger Weinlage wurde derart erfolgreich besungen, dass der Zeltinger Marktplatz alle zwei Jahre in ein Freilichttheater verwandelt wird: Laienschauspieler aus Zeltingen-Rachtig führen dann die Operette „Zeltinger Himmelreich" auf. Das Wahrzeichen von Zeltingen ist die Sonnenuhr hoch über dem Ort in der Weinlage Schlossberg Sonnenuhr. Sie wurde im Jahr 1620 erbaut und ist die größte Sonnenuhr in den deutschen Weinbergen.

Auf der Bundesstraßenbrücke überquert der Moselsteig den Fluss und wendet sich rechts zum **Kloster Machern** 07. Die Eroberung des Zisterzienserinnenklosters durch heldenhafte französische Revolutionstruppen bedeutete das Ende dieser seit dem Mittelalter bestehenden Institution, und die barocken Gebäude verfielen, ehe im ausgehenden 20. Jahrhundert die Renovierung abgeschlossen war: Heute ist die Klosteranlage ein bekanntes Ausflugsziel an der Mittelmosel mit Klosterbrauerei und Brauhaus, Weinkeller und Klostermuseum. Nun wechselt der Moselsteig in den Steilhang links des Flusses, Hauptblickfang ist die stolze **Hochmoselbrücke** 08; sie ist Teil der 25 Kilometer langen Hochmoselstrecke, des vierspurigen

Kinheimer Berg
Ürzig
09
55
Römerstraße
Burgberg
Erdener Burg
354
314
Forsthaus Sabel
Röm. Kelteranlage
Wein- und Gästehaus Schwaab
Erden
Lösnich
Gewürz- u. Rosengarten
Hotel Moselschild
Ürziger-mühle
08
296
Geo-Garten
105
Röm. Kelteranlage
121
Erdener Berg
Rothenberg
365
53
-Rachtig
St Marien
Rachter Höhe
im Bau, Fertigstellung 2019
277
Deutschherrenhof
Zeltinger Berg
296
247
06
Zeltingen-
Altmachern
Machern
Zeltinger Hof
05
215
Kloster Machern
Klosterberg
07
St. Stephanus
Mosel
Staustufe Zeltingen
Inkart
329
Dreifaltigkeit
St. Marien-Brunnen
Kaisereiche
NSG
145
Paulskirche
WEHLEN
Simmer-flur
Siebenborn
268
Wiesgraben
Ober dem Lieserpfad
Maring-
Kreuz-berg
Lieser
165
Maringer Mühle
Schloss Lieser
275
0 500 m
Moselweinstraße
114

Lonzenberg
387
Krover Berg
Kröver Reich
Kröv
Kinheim
Puppen- und Spielzeugmuseum
Paradies-Camp
WOLF
Leinert
Ruine Wolfer (Kloster)
Boor
Montroyal Ferien-dorf
Kövenig
Koppelberg
RISSBACH
Kellerei
Fieberrod
Römerbrunnen
Mühlenbach
Gonzlay
TRA
Wolfer Berg
411
102
Trabener Hof
Buddha-Mus.
-TRARBACH
Pferde-kur
367
Neuendorffhütte
421
Ohlfang
Ruine Grevenburg
Josephshof
Wolfer Schanzen
Schafhaus
Graach a. d. Mosel
434
Graacher Schanzen
NSG
Gräffs-Mühle
Graacher Schäferei
04
Gräffsmühle
143
Petrushof
Haus Pauly
Schraubeler Bach
Ohlkirst
03
423
Moselweinstraße
Haus Heinz
St.Johannishof
Alte Schanzen
436
Reha-Zentrum
Bergfried
Doktorberg
01
Heimatmus.
Kurpark
KUES
Wein-museum
Cusanusstift
Kallenfels
Märchenhotel
02
Königsfarm
55
113
BERNKASTEL-KUES
KAUTEN
Buchborn
110

Abschnitts der Bundesstraße 50 zwischen dem Autobahndreieck Wittlich und Longkamp. Nun ist es nicht mehr weit, und der Moselsteig erreicht das Oberdorf von **Ürzig** 09. Den historischen Ortskern prägen Gassen und Winkel mit Patrizier- und Fachwerkhäusern aus dem 16./17. Jahrhundert. Der gesamte Ortskern mit der katholischen Maternuskirche und den Fachwerkhäusern am Rathausplatz steht unter Denkmalschutz.

Ausblick von Burg Bernkastel.

MOSELSTEIG ETAPPE: ÜRZIG – MONT ROYAL – TRABEN-TRARBACH

Durch Weinberge in die Jugendstilstadt

15 km | 4:00 h | 600 hm | 690 hm

START | Ürzig (190 m), Abzweigung der Römerstraße von der Bergstraße im Oberdorf.
[GPS: UTM Zone 32 x: 356.814 m y: 5.538.648 m]
CHARAKTER | Aussichtsreiche Weinberge-, Wald- und Wiesenwanderung auf überwiegend bequemen Wegen.

Durch Weinberge schlängelt sich der Moselsteig zur monumentalen Festung Mont Royal. Die Kur- und Weinstadt Traben-Trarbach zählt mit ihren Gründerzeit- und Jugendstilbauten zu den städtebaulichen Perlen der Mittelmosel.

▶ Von **Ürzig** 01 folgt der Moselsteig lange Zeit der Römerstraße ostwärts, verlässt die Kreisstraße schließlich am aussichtsreichen Leizenberg und führt zur **Burgberghütte** 02 am Kletterweg Erden. Im Wechsel aus Weinbergen und Waldpassagen zieht der Moselsteig weiter ostwärts, unten liegen die Weindörfer Kinheim, Kindel und Kröv. Der Moselsteig durchquert die Bachtäler, die zu den Dörfern führen: Der **Willersbach** 03 mündet in Kinheim, der **Klingelbach** 04 speist das Freibad am Ortsrand von Kröv, und der **Viehbach** 05 fließt mitten durch das Nacktarsch-Dorf. Den Namen des bekannten Kröver Weißweins zu nennen, verbieten Eltern ihren Kindern unter Hinweis auf die angebliche Entstehungsgeschichte: Krö-

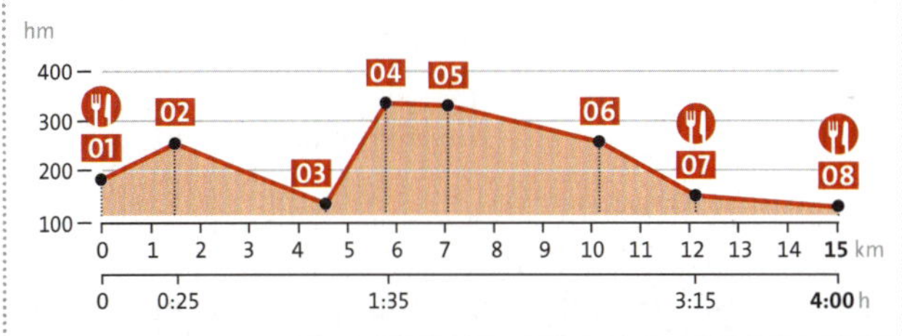

01 Ürzig, 190 m; 02 Burgberghütte, 285 m; 03 Willersbach, 114 m; 04 Klingelbach, 330 m; 05 Viehbach, 320 m; 06 Feriendorf Mont-Royal, 270 m; 07 Flugplatz Traben-Trarbach, 130 m; 08 Traben-Trarbach, 106 m

Arnikas am Wegrand.

ver Kinder schlichen sich in einen Weinkeller und fingen an sich zu betrinken; als der Kellermeister sie erwischte, verpasste er ihnen eine Tracht Prügel auf den Namensgeber des Weines. Darstellungen dieser Anekdote finden sich vielfach auf den Flaschenetiketten.

Vor dem **Feriendorf Mont Royal** 06 schwingt der Moselsteig südwärts zum Aussichtspunkt Festungsweg. Die 1904 vereinigte Doppelstadt Traben-Trarbach liegt am Kopf einer Moselschleife, deren steile Höhen große strategische Bedeutung hatten. Während der Eroberungskriege des französischen Sonnenkönigs Ludwig XIV. wurde die Grevenburg unter der Leitung von Sébastien Le Prestre de Vauban zusammen mit dem Mont Royal festungsähnlich ausgebaut. Die Ruinen der gigantischen französischen Festung Mont Royal oberhalb von Traben zeugen vom vergeblichen Versuch des „Sonnenkönigs", hier während seiner Eroberungskriege eine Zwingburg über der Mittelmosel zu errichten. Der Name allerdings lebt überall fort, so als **Flugplatz Traben-Trarbach/Mont-Royal** 07. Vom Flugplatz folgt der Moselsteig dem Festungsweg hinab ins Tal zur Bahnstraße in Traben zwischen dem Bahnhof **Traben-Trarbach** 08 und dem Marktplatz von Traben. Stadtbrände vernichteten 1857 in Trarbach und 1879 in Traben die meisten Fachwerkhäuser, der blühende Weinhandel und der Kurbetrieb bildeten die wirtschaftliche Basis für den Wiederaufbau der Doppelstadt in Formen der Neuromanik, der Neugotik, des Wilhelminismus und des Jugendstils. Der neugotische Brückentorturm ist der Rest der 1898/99 von Bruno Möhring zwischen den beiden Orten er-

richteten Moselbrücke. Möhring war die Seele des Wiederaufbaus in Traben-Trarbach, wo zahlreiche Bauten – und ein Gedenkstein – von seinem Wirken zeugen. Das Romantik-Jugendstilhotel „Bellevue", die Villa Huesgen und die Villa Nollen (früher Villa Breucker) am Moselufer in Traben, die Kellerei Julius Kayser (heute Mosel-Castell) in Trarbach, das Geschäftshaus Brückenstraße 20 in Trarbach und der Hotelbau beim Kurhotel „Parkschlösschen" in der Wildbadstraße 201 sind einige seiner Werke. Er gestaltete auch die Deckenfliesen im Geschäft Brückenstraße 2 sowie das Grabmal Oskar Haussmann auf dem Friedhof in Traben.

Schiffsanleger in Traben-Trarbach.

Mosel-Weinbahn

Die Mosel-Weinbahn von Bullay über Pünderich nach Traben-Trarbach ist die an der Mittelmosel am weitesten flussaufwärts führende Eisenbahnlinie. Sie wird im Stundentakt von Regio-Shuttles befahren und hat überwiegend Bedeutung für den Wander- und Radwandertourismus: Während der Mosel-Höhenweg als Panoramawanderweg hoch über dem Fluss verläuft, folgt der Mosel-Radweg dem Fluss.

MOSELSTEIG ETAPPE: TRABEN-TRARBACH – ENKIRCH – REIL

Burgruinen, Fachwerk, Weinberge

15,3 km | 4:00 h | 690 hm | 680 hm

START | Traben-Trarbach (106 m), Bahnstraße zwischen dem Marktplatz und dem Bahnhof Traben-Trarbach.
[GPS: UTM Zone 32 x: 364.901 m y: 5.534.922 m]
CHARAKTER | Aussichtsreiche Weinberge-, Wald- und Wiesenwanderung auf überwiegend bequemen Wegen.

Von der Jugendstil-Doppelstadt Traben-Trarbach geht es hinauf zu den Ruinen von Grevenburg und Starkenburg, ehe die Gasthöfe im Fachwerkdorf Enkirch zur Einkehr laden, gefolgt vom aussichtsreichen Rebfluren-Finale in das 1000-jährige Weindorf Reil an der Mosel-Weinbahn.

▶ Von der Bahnstraße beim Bahnhof **Traben-Trarbach** 01 in **Traben** auf der Nordseite der Mosel führt der Moselsteig auf der Moselbrücke nach **Trarbach** am gegenüberliegenden Ufer, folgt kurz der Brückenstraße talabwärts und wechselt dann auf einen Serpentinenpfad, der die Ruine der aussichtsreichen Höhenburg **Grevenburg** 02 erreicht. Traben-Trarbach liegt am Kopf einer Moselschleife, deren steile Höhen große strategische Bedeutung hatten. Die Ruine der Grevenburg hoch über Trarbach kündet von der Zeit, als sich hier die „Hauptstadt" der hinteren Grafschaft Sponheim befand; Graf Johann III. von Sponheim ließ sie

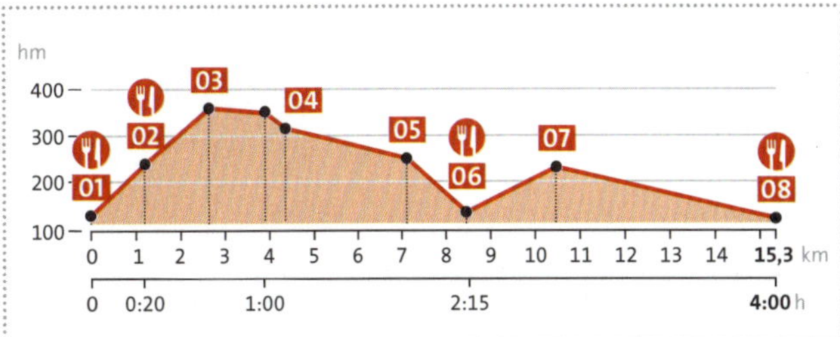

01 Traben-Trarbach, 106 m; 02 Grevenburg, 240 m; 03 Bismarckhütte, 375 m; 04 Lorettablick, 310 m; 05 Rottenblick, 250 m; 06 Enkirch, 106 m; 07 Schloss Burg, 220 m; 08 Reil, 98 m

um 1350 errichten als neue Residenz anstelle der Starkenburg. An der verschlossenen **Bismarckhütte** 03 vorbei zieht der Moselsteig durch den Wald im oberen Bereich des Steilhangs an den Ortsrand des Höhendorfs **Starkenburg** und erreicht wenig später den **Lorettablick** 04 bei der Ruine der Starkenburg, in der die verwitwete Loretta Gräfin von Sponheim 1328 den Trierer Erzbischof Balduin von Luxemburg gefangen hielt. Sie kidnappte den Kurfürsten während einer Moselfahrt und zwang ihn zu einem unfreiwilligen neunmonatigen Aufenthalt auf ihrer damals als uneinnehmbar geltenden Starkenburg, bis er ihr ein stattliches Lösegeld zukommen ließ. Längs der Sponheimer Straße senkt sich der Moselsteig zur Schutzhütte **Rottenblick** 05 und in das malerische Fachwerkdorf **Enkirch** 06. Im Gegenhang geht es in Weinbergen wieder aufwärts und an **Schloss Burg** 07 vorbei, im gegenüberliegenden Moselhang grüßt die Moto-Cross-Strecke Reil herüber und signalisiert, dass es nicht mehr weit ist bis zum Ziel, dem Bahnhof im 1000-jährigen Weinort **Reil** 08. Reil an der Mosel-Weinbahn ist der östlichste Ort des Kröver Reichs, das bis zum Einmarsch der französischen Revolutionstruppen 1794 bestand und dann dem zentralistischen französischen Staatsgefüge eingegliedert wurde, ehe es 1815 an Preußen fiel und heute in der Verbandsgemeinde Kröv-Bausendorf fortlebt. Fachwerkhäuser und repräsentative Weingüter prägen den 1200-Seelen-Ort, dessen Rebflächen nur noch etwa zur Hälfte bebaut werden. Bis zur Errichtung der neuen Pfarrkirche (1839–41) mussten die Reiler jahrhundertelang im Nachen zur Kirche auf dem rechten Flussufer fahren. Nach der Vollendung der neuen Kirche wurde die alte romanische abgerissen, das Material wurde zur Anlage eines Leinpfads verwendet. 1953 wurde die Liebfrauenbrücke eröffnet. Der Ortsteil Heißer Stein hoch über dem Tal ist alljährlich Schauplatz eines Moto-Cross-Rennens.

Die bei Wanderern beliebte Moselbahn.

Reil
Briedel
Burg (Mosel)
Enkirch
TRABEN-
-TRARBACH
Starkenburg
Liebfrauenbrücke
Burger Brücke
Haus Lichthell
Briedeler Heck
Burger Berg
Burger Wald
Berghütte
Kisselborn
Heißer Stein
Motocross
Brachenberg
Birkensteinchen
Burgberg
Haus Horst
Aloysius brunnen
5-Taler-Blick
Neumühle
Klostermühle
Schompenmühle
Nonnenhof
Kövenig
Montroyal Feriendorf
ehem. Festung Mont Royal
Staustufe Enkirch
Schockenkopf
Spanerberg
Heller Saß
Landeplatz Traben-Trarbach Mont Royal
Kellerei
Geißberg
Ruine Starkenburg
Endeler Köpf
Ahringsmühle
Hüttenzauber
Dollschied
Dicke Buche
Bismarck Hütte
Brückentor
Trabener Hof
Buddha-Mus.
Ruine Grevenburg
Schlossberg
Fichtenhorst
Starkenburger Mühle
Starkenburger Höfe
Pfaffenfelder
Gonzlay
RISSBACH
WOLF
Leinert
Ruine Wolfer (Klooster)
Boor
Berghof
Eulenturm
Treib
Briedeler Schweiz
Sündhaus
Wilhelmshöhe
Send
Mosel
01
02
03
04
05
06
07
08
57
0 550 m

MOSELSTEIG ETAPPE: REIL – PRINZENKOPF – ZELL

Schönste Moselschleife

12,4 km | 3:15 h | 500 hm | 510 hm

START | Reil (98 m), Bahnhof an der Kringstraße/Kaiserstraße, Mosel-Weinbahn Traben-Trarbach – Bullay.
[GPS: UTM Zone 32 x: 364.881 m y: 5.543.026 m]
CHARAKTER | Aussichtsreich durch Weinberge auf meist bequemen Wegen.

Der Zeller Hamm ist die berühmteste Moselschleife. Benannt ist er nach der Weinbaustadt Zell, seine aussichtsreichen Kronen mit Ausblicken auf die Flusslandschaft zwischen Eifel und Hunsrück sind die Marienburg und der Aussichtsturm auf dem Prinzenkopf. Hamm ist ein altes Wort für Flussschleife, es stammt vom lateinischen Wort *hamus* (Haken) oder, wie andere Schriftgelehrte meinen, vom althochdeutschen hamo = sich Biegendes.

▶ Vom Bahnhof **Reil** 01 an der Mosel-Weinbahn Traben-Trarbach – Bullay folgt der Moselsteig der Kringstraße tatabwärts in Fahrtrichtung Bullay, quert bei erster Gelegenheit den Gleiskörper und leitet mit herrlicher Aussicht durch die Weinberge. Wo sich das Tal des Alfbachs in einem Mäander der Mosel stark nähert und nur ein schmaler Berg-„Hals“, der Reiler Hals, die Täler trennt, überquert der Moselsteig den **Reilerhalstunnel** 02 der Moselstrecke. Zieht im Wald

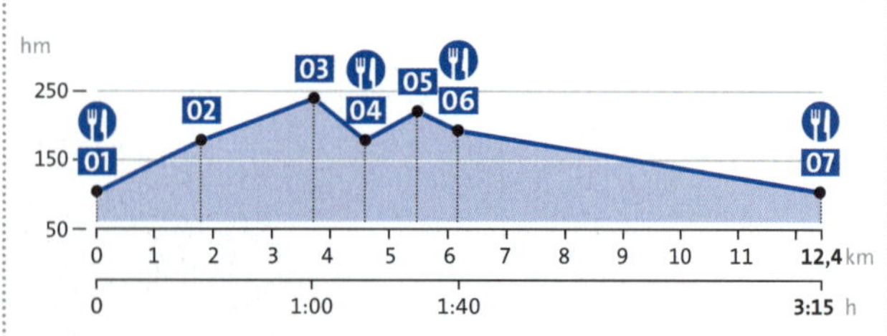

01 Reil, 98 m; 02 Reilerhalstunnel, 179 m; 03 Leofelsen, 245 m; 04 Drieschhütte, 170 m; 05 Prinzenkopf, 238 m; 06 Marienburg, 205 m; 07 Zell, 98 m

hinauf zum Aussichtspunkt **Leofelsen** 03, winkelt kurz davor rechts hinab ab zur aussichtsreich zwischen Wald und Weinbergen gelegenen **Drieschhütte** 04. Die Drieschhütte ist ein viel besuchtes Ausflugsiel, bei schönem Wetter hat eine Einkehrstation geöffnet; ob sie geöffnet hat, ist weithin zu sehen an einer gehissten blauen Flagge mit goldenem „M“. Der 2009 eröffnete stählerne Aussichtsturm auf dem **Prinzenkopf** 05 ermöglicht ein atemberaubendes Moseltalpanora. Der Blick schweift vom Moseltal bei Reil im Süden bis zum Bremmer Calmont im Norden und über den Zeller Hamm hinweg auf die Hunsrückhöhen jenseits der Mosel, während sich im Westen der Kondelwald erhebt. Benannt sind Berg und Turm nach König Friedrich Wilhelm IV. von Preußen, der sich hier 1818 als Kronprinz aufhielt.

Vom Prinzenkopfturm senkt sich der Moselsteig zur aussichtsreichen **Marienburg** 06 auf dem Petersberg über den Weingärten an der schmalsten Stelle des Zeller Hamms. Hier bietet sich ein Panorama der Landschaften und Dörfer von Mosel, Eifel und Hunsrück, auch der Pündericher Hangviadukt ist zu sehen. Das burgartige Gebäude eines 1515 aufgehobenen Augustinerinnenklosters beherbergt eine Jugendschulungsstätte des Bistums Trier. Schon die Kelten sollen an dieser aussichtsreichen Stelle Sonne, Mond und Sterne verehrt haben, im 7. Jh. wurde von Kaimt aus eine Petruskirche als erste Tauf- und Mutterkirche des Zeller Hamms errichtet. Nachdem 1157 die Kirche des neu gegründeten Augustinerinnenklosters geweiht worden war, wurde die Petrus-Bergkirche um 1200 nach Zell verlegt. Damit begann der Aufstieg von Zell zum Vorort im Zeller Hamm.

An der Marienburg beginnt das aussichtsreiche Finale in den Rebfluren des Zeller Hamms in die Winzerstadt **Zell** 07, bekannteste Lage ist die „Zeller Schwarze Katz“, das Denkmal der fauchenden schwarzen Katze ziert den Weinbrunnen auf dem Marktplatz im Herzen der Altstadt.

Mosel-Ausflugsschiff in Zell.

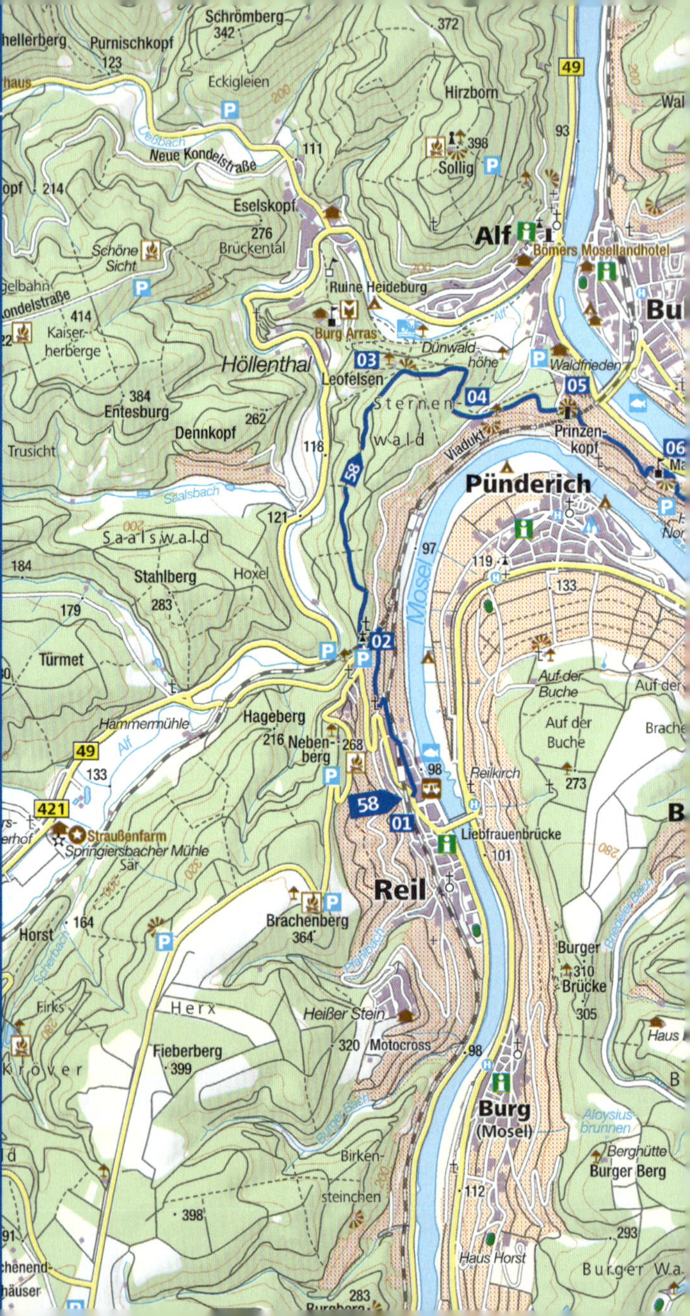
Schrömberg
342
372
Purnischkopf
123
Eckigleien
Hirzborn
49
Deßbach
Neue Kondelstraße
111
398
Sollig
93
Eselskopf
276
Brückental
Schöne Sicht
Alf
Bömers Mosellandhotel
Ruine Heideburg
414
Kaiserherberge
Burg Arras
Höllenthal
03
Leofelsen
Dünwaldhöhe
Waldfrieden
05
04
384
Entesburg
262
Dennkopf
Sternenwald
Prinzenkopf
06
Trusicht
118
Viadukt
Pünderich
58
Saalsbach
121
Saalswald
184
Stahlberg
Hoxel
97
119
133
283
Mosel
179
02
Türmet
Auf der Buche
Hammermühle
Hageberg
216
Nebenberg
268
Alf
49
133
98
Reilkirch
273
421
58
01
Liebfrauenbrücke
Straußenfarm
Springiersbacher Mühle
101
Reil
Horst
164
Brachenberg
364
Pfahlbach
Burger
310
Brücke
305
Herx
Heißer Stein
Haus
Fieberberg
399
320
Motocross
98
Kröver
Burg (Mosel)
Aloysiusbrunnen
Berghütte
Burger Berg
Birkensteinchen
Burger Bach
398
112
293
Haus Horst
Burger Wa
283

Ginster-
berg 285
289
284
254
Kreuzborn
Judenpfädchen
229
232
Onkel Tom's
Hütte
Erbernkaul
Thalbach
Ankerbach
Rothekopf
438
Sarret
Merler
421
404
Sonneck
König
370
Heck
Stausee
173
Babilonsmühle
Merler Bach
MERL
Thiesenmühle
(Dreihermmühle)
Mosel
96
97
Sehlsmühle
Lönshütte
Geisenkopf
346
53
Ruine
Hochgericht
144
93
438
Hofacker
Korayerberg
426
5 Eichen
BARL
ZELL (Mosel)
Zeller Bach
Barl
281
Alte Schanze
Schloss Zell
Fußgänger-
brücke
Collis-Turm
404
KAIMT
07
141
208
96
Weinkellerei
Trais
Marienhöhe
58
369
196
Schachwald
212
102
Erlebnisbad
Zeller Land
Treib
Briedeler
Breuersmühle
343
Schweiz
106
53
Beint
Geisberg
406
Wendlingsmühle
Sündhaus
Wilhelmshöhe
Beinter Kopf
Send
Barzenmühle
Bummkopf
Franksmühle
421
Bummkopf
Heinzenberg
Heck
404
0 500 m

59

MOSELSTEIG ETAPPE: ZELL – BULLAY – NEEF

Vom Zeller Hamm zur Bremmer Moselschleife

19,6 km | 5:45 h | 1250 hm | 1220 hm

START | Schwarze-Katz-Brunnen am Rathaus von Zell (98 m) am Marktplatz in der Balduinstraße bei der Tourist-Information. [GPS: UTM Zone 32 x: 369.742 m y: 5.543.048 m]
CHARAKTER | Kondition und passagenweise Trittsicherheit erfordernde Bergwanderung.

Mit mehr als 1000 Höhenmetern im Anstieg ist diese Weinberge- und Waldetappe die anstrengendste auf dem Moselsteig. Kein Wunder: Der Hochkessel (421 m) im Inneren der Bremmer Moselschleife ist der zweithöchste Moselberg in Deutschland.

▶ Vom Marktplatz im Herzen der Altstadt von **Zell** 01 führt der Moselsteig bergwärts durch die Marktstraße, am Ende rechts (Cuxborn) und wenig später links (Zeller Kehr) vorbei am **Viereckigen Turm.** Zell erhielt 1222 Stadtrechte, die Stadtmauer mit drei Toren wurde 1229 vollendet; seit der systematischen Zerstörung durch Truppen des französischen Sonnenkönigs Ludwig XIV. sind noch der Viereckige Turm im Zeller Bachtal und der runde Turm beim Friedhof erhalten. Der Moselsteig taucht in den Wald und führt dann schräg links in den Weinbergen hinauf zum **Collisturm** 02. Dort bietet sich ein Panorama der Stadt und der Ortsteile Kaimt, Merl und Barl an und über die Mo-

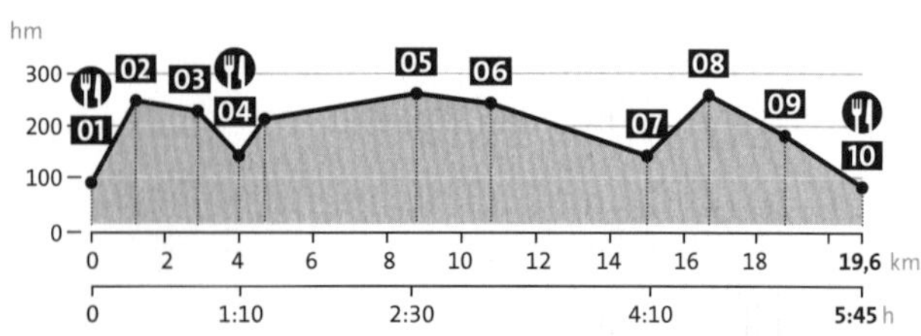

01 Zell, 98 m; 02 Collisturm, 252 m; 03 Löhnshöhe, 219 m; 04 Mühlental, 145 m; 05 Königshütte, 260 m; 06 Bullayer Kreuz, 240 m; 07 Neefer Bachtal, 140 m; 08 Hochkessel-Hang, 260 m; 09 Rastplatz, 190 m; 10 Neef, 90 m

selschleife. Da der aussichtsreiche Collisturm ein viel besuchtes Ausflugsiel ist, hat hier bei schönem Wetter eine Einkehrstation geöffnet; ob sie geöffnet hat, ist schon im Tal zu sehen an einer blauen Flagge mit goldenem „M".
Vom Collisturm führt der Moselsteig passagenweise am Waldrand, passagenweise in Weinbergen zur Schutzhütte auf der **Lönshöhe 03**, wo sich erneut eine weite Aussicht bietet, zurück auf Zell sowie auf die Marienburg und die Moselorte Alf und Bullay. Von der Höhe senkt sich der Moselsteig ins Merler **Mühlental 04**, ein Stück weiter unten liegt das Weindorf Merl mit seinen hervorragend erhaltenen Fachwerkhäusern und Einkehrmöglichkeiten.
Nach Durchqueren des Mühlentals führt der Moselsteig in den Weinhängen hinauf zu einer Weinbergkapelle und wendet sich links mit weitem Blick auf den Zeller Hamm und die doppelstöckige Moselbrücke bei Bullay; sie ist die einzige Brücke in Deutschland, auf der übereinander Eisenbahn und Autos fahren. Fundamente und Pfeiler wurden zu Kaisers Zeiten 1875 als Schwergewichtsmauern aus Tonschiefer- bzw. Tonsteinblöcken hergestellt. Der jetzige Überbau wurde 1929 als Stahlgitterträger mit obenliegender zweigleisiger Fahrbahn im Schotterbett für den Eisenbahnverkehr und untenliegender Betondecke als zweispuriger Fahrbahn für den Straßenverkehr errichtet. Die Brücke hat mit sechs Einfeldträgern und fünf Flusspfeilern eine Länge von 314 m. Der Moselsteig bleibt stets oben in den Weinbergen, ohne nach Bullay hinabzuführen, wendet sich oberhalb der Ortslage aufwärts zur **Königshütte 05**, passiert die Verzweigung am **Bullayer Kreuz 06** und senkt sich nach und nach ins **Neefer Bachtal 07**. Hier wäre der Zielort ganz nah, doch der Moselsteig holt auf dieser Etappe zu einer letzten aussichtsreichen Höhenschleife aus: Im Gegenhang führt er aufwärts, führt durch den **Waldhang** des Bergs **Hochkessel 08**, zuletzt sehr aussichtsreich, und schwingt am **Rastplatz 09** vor dem Eisenbahntunnel der Moselstrecke und dem Petersberg links hinab in den Winzerort **Neef 10**.

Weinberg bei Bullay.

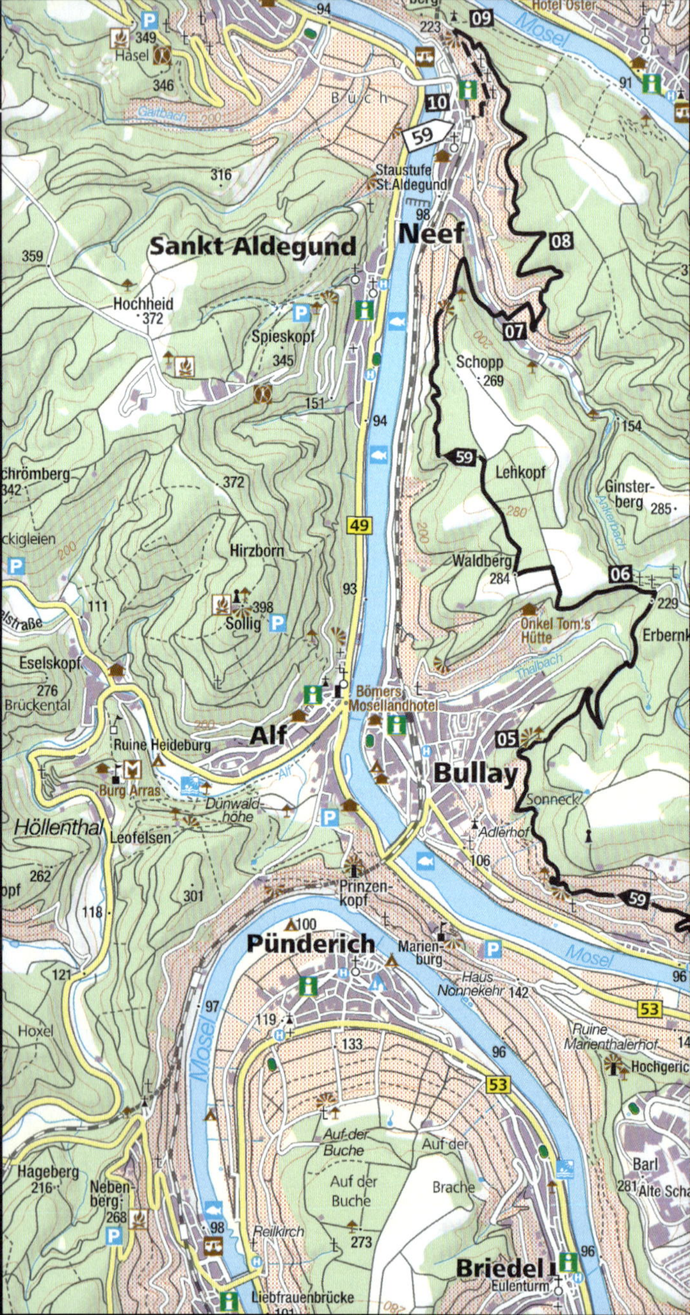
Sankt Aldegund
Neef
Alf
Bullay
Pünderich
Briedel
Mosel
Hasel
Staustufe St. Aldegund
Hochheid
Spieskopf
Schopp
Lehkopf
Ginsterberg
Waldberg
Onkel Tom's Hütte
Erbenk
Hirzborn
Sollig
Eselskopf
Brückental
Ruine Heideburg
Burg Arras
Dünwaldhöhe
Höllenthal
Leofelsen
Bömers Mosellandhotel
Sonneck
Adlerhof
Prinzenkopf
Marienburg
Haus Nonnekehr
Ruine Marienthalerhof
Hoxel
Hageberg
Nebenberg
Auf der Buche
Auf der Brache
Reilkirch
Liebfrauenbrücke
Eulenturm
Barl
Alte Scha
Thalbach
Alf
49
53
59

Mesenich
Edige-
Eller
Neer-
feld
277
90
282
394
Schlack
304
270
Heidenkeller
184
92
Senheim
49
Senhals
NSG
R. Lehmerhof
88
113
Nehren
340
Schützen
Weinmuseum
Einsiedelei
Tauben-
grün
91
Hochkessel
421
NSG
127
Alte Schanz
395
308
255
Junger
Wald
352
Auf der Schob
Neefer Bach
254
289
284
Grenderich
Kreuzborn
449
Alte
Schanzen
232
426
Rothekopf
438
Ankerbach
421
410
Burres
404
Stausee
274
MERL
04
Merler Bach
Thiesenmühle
(Dreiherrnmühle)
Streithell
97
Lönshütte
Geisenkopf
03
Alte Zeller Straße
421
93
438
412
59
Korayerberg
Hofacker
Hoherott
Eichen
426
452
Zeller
Berg
326
Schloss
Zell
Zeller Bach
Collis-Turm
Wochenend-
häuser
Fußgänger-
brücke
02
ZELL
404
Schach-
rott
01
141
0
500 m
Weinkellerei
Trais
208
59
KAIMT
369
284

MOSELSTEIG ETAPPE: NEEF – BREMM – EDIGER-ELLER

Über den steilsten Weinberg Europas

9,9 km | 3:00 h | 660 hm | 630 hm

START | Neef (90 m) Petersbergstraße, 1 Gehminute nördlich des Bahnhofs Neef an der Moselstrecke Trier – Cochem – Koblenz; der Bahnhof befindet sich ebenfalls an der Petersbergstraße.
[GPS: UTM Zone 32 x: 366.942 m y: 5.550.519 m]
CHARAKTER | Kondition und passagenweise Trittsicherheit erfordernde Weinbergwanderung

Der Bremmer Calmont thront sonnendurchflutet über der Bremmer Moselschleife. Obwohl die Etappe kurz ist, rauchen vielen Wanderern in diesem steilen Weinberg die Füße. Auf dem Gipfel des Calmont wurde ein gallorömischer Umgangstempel rekonstruiert. Das alte Bergheiligtum gewährt wie vor 2000 Jahren einen Panoramablick über die engste Moselschleife rund um den Petersberg und die Klosterruine Stuben.

▶ Auf der Petersbergstraße im Hang des Petersbergs in **Neef** 01 folgt der Moselsteig der Bahnlinie kurz Richtung Ediger-Eller, wechselt in die Kloster-Stuben-Straße und überquert die Mosel vor dem Campingplatz auf der Kreisstraßenbrücke. Über dem linken Ufer

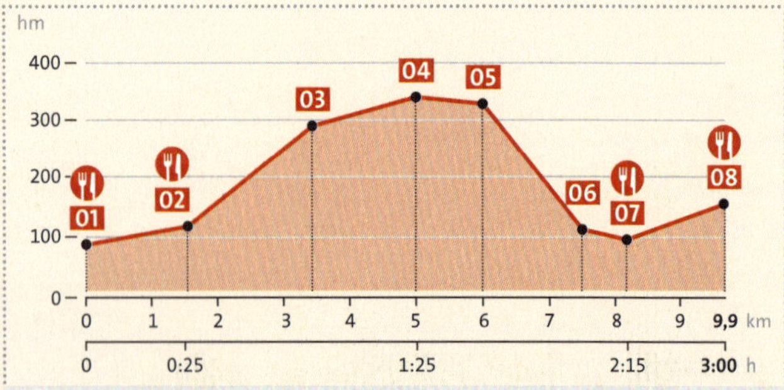

01 Neef, 90 m; 02 Bremm, 110 m; 03 Bergkapelle, 290 m; 04 bei Gipfelkreuz, 340 m; 05 Vier-Seen-Blick, 320 m; 06 Ediger-Eller Bhf., 110 m; 07 Eller, 97 m; 08 Ediger Bergstraße, 160 m

strebt er in den Weinbergen dem Winzerort **Bremm** 02 zu, Steinbecher links und am Weingut rechts Steinbecher, gleich darauf links in die aussichtsreichen Weinberge über dem Ort mit Blick auf die Bremmer Moselschleife. Steil führt der Kreuzweg hinauf zur Bremmer **Bergkapelle** 03, hier kurz längs der Straße, dann rechts ab zum Wanderparkplatz und auf den Calmont. Ausgeschildert ist der 1-Minuten-Abstecher zum aussichtsreichen **Gipfelkreuz** 04, bei dem im Sommer eine Straußwirtschaft geöffnet hat. Ein weiterer hervorragender Aussichtspunkt ist nach Passieren des rekonstruierten römischen Bergheiligtums der **Vier-Seen-Blick** 05, dann senkt sich der Moselsteig zur **Feuerwehrhütte**, wenig später ist der Aussichtspunkt **Eller Todesangst** ausgeschildert, und der Moselsteig folgt dem **Klettersteig Calmont** hinab zur Schutzhütte **Galgenlay**, dort links hinab zum **Bahnhof Ediger-Eller** 06 im Ellerbachtal. Der Moselsteig folgt der Bahntrasse der Moselstrecke in Fahrtrichtung Neef und wechselt vor der Bundesstraße links in den Ortsteil **Eller** 07. Von der Ortslage folgt er der Bachstraße hinauf in die Weinberge, oben rechts und an den Ortsrand des malerischen Fachwerkdorfs **Ediger** 08. Spätmittelalterliche Gotik verbindet sich in den verwinkelten Gassen von Ediger mit stattlichen Fachwerkbauten, der Turm der Martinskirche oberhalb des Orts gilt vielen als schönster gotischer Kirchturm an der deutschen Mosel. Reste der ehemaligen Stadtmauer erinnern daran, dass Ediger im 14. Jh. Stadtrechte innehatte. Wer den steilen Kreuzweg zur Heilig-Kreuz-Kapelle auf dem Eifelplateau hinaufsteigt, genießt ein wundervolles Panorama der Bremmer Moselschleife mit dem Hochkessel und dem Petersberg. Sehenswert im Inneren der Heilig-Kreuz-Kapelle, die 1480 vom Inquisitor Heinrich Institoris, dem „Hexenhammer", geweiht wurde, ist das Gemälde „Christus in der Kelter". Ältestes Gebäude im Ort ist der Templerhof aus dem 13. Jh.

Blick vom Calmont auf die Moselschleife mit der Klosterruine Stuben.

Burglei
Altforsthütte
395
Manna Eiche
386
388
nseifen
386
Dohr
Daustei
Friedheck
354
385
Weilerbach
Lotterbach
Hahn
chmitt
395
Forsthaus Sommel
409
Speerberg
378
Dohrer Kehr
Kunderkop
137
Grabenbach
Ellerstein
Burgberg
425
Adamshölle
Peinettal
Pemetberg
411
Calmont
60
04
Klosterruine St
416
418
Schafstall
423
Bremm
Hotel Weinhaus Berg
03
94
349
Hasel
02
414
346
Beuren
Gartbach
Schockerhöhle
402
nderberg
391
Odengraben
393
316
Sankt Aldegund
400
359
Auf Lenchhecke
Hochheid
372
401
Spieskopf
345
Höllengraben
Purnesbach
Nägels
151
Schrömberg
342
372
urenermühle
Langhellerberg
Purnischkopf
123
Peltzerhaus
Eckigleien
Hirzborn
93
Üeßbach
111
398
Sollig
Neue Kondelstraße
Rehkopf
214
Eselskopf

BRAUHECK
Lescherhof
Kremerhof
Schaakberg
Kaiser-Wilhelm-Tunnel
Reckersberg
316
Ebernacher Bach
Ferien- u. Golfresort Cochem
Ellererberg
Postweg
Kletterwald
Hundskopf
385
384
Buschbaumsmühle
Ellerbach
369
05
06
07
08
Eller
Hotel Oster
Peters-
berg
Mosel
Edige-
Eller
Lehmerbach
Neer-
feld
277
Heidenkeller
184
01
60
Neef
Senheim
Nehren
NSG
R. Lehmerhof
Einsiedelei
Tauben-
grün
Hochkessel
421
Schopp
269
Lehkopf
Ginster-
berg
285
Ankerbach
Neefer Bach
Auf der Schob
Junger Wald
Löscherbach
Waldberg
284
Onkel Tom's Hütte
Erbernkaul
Kreuzborn
0 500 m
49

MOSELSTEIG ETAPPE: EDIGER – SENHEIM – BEILSTEIN

Im Süden des Cochemer Krampens

16 km | 4:30 h | 750 hm | 800 hm

START | Ediger Bergstraße (160 m), Verzweigung am Rand der Weinberge oberhalb von Ediger; Zugang auf der Kirchstraße. [GPS: UTM Zone 32 x: 368.218 m y: 5.551.194 m]
CHARAKTER | Kondition und passagenweise Trittsicherheit erfordernde Weinbergwanderung.

Der Cochemer Krampen ist die etwa 25 km lange Moselschleife von Ediger-Eller bis Cochem. Malerische Wein- und Fachwerkdörfer säumen auf diesem Abschnitt die Mosel, den Zielort Beilstein überragt die Burgruine Metternich.

▶ Der Turm der Martinskirche oberhalb des Fachwerkorts **Ediger** 01 wird vielfach als schönster gotischer Kirchturm an der deutschen Mosel gerühmt. Mit dem Blick auf das Gotteshaus und das Dorf folgt der Moselsteig ganz kurz dem lohnenswerten Kreuzweg Richtung Heilig-Kreuz-Kapelle, bleibt dann jedoch im Hang und führt aussichtsreich durch die Weinberge. In der Mosel liegt die Insel Taubengrün, die letzte unberührte große Flussinsel in der Mosel, seit 1977 steht sie unter Naturschutz. Die Wasser- und Sumpfflächen sind Standorte seltener Pflanzen sowie Brut- und Rastgebiet für zahlreiche Vogelarten. In „Schlafbäumen" überwintern Kormorane. Nach Durchqueren des Tals des **Lehmerbachs** 02

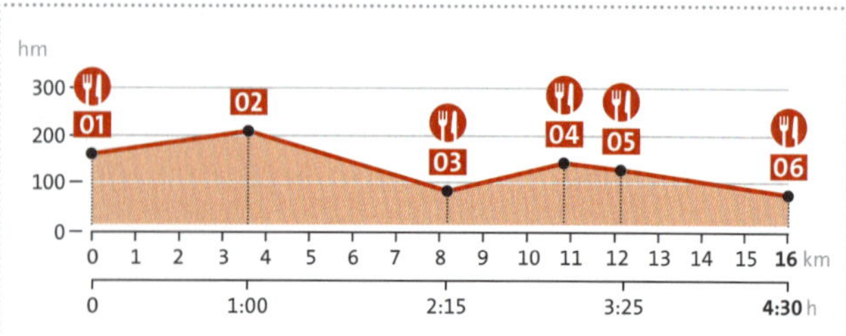

01 Ediger Bergstraße, 160 m; 02 Lehmerbach, 210 m; 03 Senheim, 92 m; 04 bei Mesenich, 142 m; 05 Briedern, 120 m; 06 Beilstein, 88 m

Die Ruine der Burg Metternich überragt das Fachwerkkleinod Beilstein.

zeigen sich oben im Hang zwei „Heidentempel“, römische Grabanlagen mit Blick auf das Weindorf Nehren sowie über die Insel Taubengrün hinweg auf den Hochkessel. Auf der Straßenbrücke von **Senhals** nach **Senheim** 03 ist das Becken des großen Senheimer Sportboothafens mit rund 150 Liegeplätzen zu erreichen. Auf dem Hafenvorgelände an der Mosel gibt es zwei Tennisplätze und eine gepflegte Campinganlage. Ein Muss für alle Weingenießer ist der Besuch des Weinmuseums in Senheim.

Von Senheim schwingt sich der Moselsteig wieder hinauf in die Weinberge, der erste Ort unterhalb des Wegs ist **Mesenich** 04. Den Mittelpunkt des ruhigen Weindorfs bildet der spätbarock-klassizistische Brauweiler Hof; er diente bis Ende des 18. Jhs. auch als Zehnthof, in dem die Abgaben für die Landbesitzer gesammelt wurden. Am oberen Ortsrand steht die romanische Pfarrkirche Sankt Nikolaus. Die nächste Ortslage ist das Weindorf **Briedern** 05 im Cochemer Krampen. Der Rüberberger Domherrenberg, die bekannteste Weinlage des 1275 erstmals erwähnten Orts, befindet sich an den Steilhängen der gegenüberliegenden Moselseite. Die gotische Servatiuskirche war ebenso wie der Servatiusbrunnen Ziel von Wallfahrten. Oberhalb von Briedern taucht der Moselsteig in den Wald ein, dann taucht als Blickfang **Burg Metternich** oberhalb des Fachwerkorts **Beilstein** 06 auf.

BRAUHECK
Lescher Linde
SEHL
Lescherhof
Kremerhof
Schaakberg
Kaiser-Wilhelm-Tunnel
Reckersberg
Ferien- u. Golfresort Cochem
Ellererberg
Postweg
Kletterwald
Hundskopf
Buschbaumsmühle
Rieberberg
Briede
Eller
Hotel Oster
Edige-Eller
Mosel
Lehmerbach
Neerfeld
Heidenkeller
Senhals
Nehren
R. Lehmerhof
Taubengrün
NSG
Einsiedelei
Hochkessel
Schopp
Lehkopf
Ginsterberg
Neefer Bach
Auf der Schob
Junger Wald
Waldberg
Kreuzborn
Onkel Tom's Hütte
Erbernkaul
01
02
04
61
49

Bruttig-
-Fankel
Zum guten Onkel
Moselweinstr.
Bilderbaum
Waldkehr
Kreuzkirche
Beul-
kirst
Staustufe
Fankel
Mückenberg
Renn-
seifen
Spes
Moselstern Hotel Fuhrmann
Ellenz-
Villa Hausmann
Altarberg
-Poltersdorf
Weinhaus Lenz
Hotel Klapperburg
Beilstein
Ruine Burg Metternich
Mosel
Schellenberg
Waldeslust
Kalkberg
Weißmühle
Kalkeiche
Schlack
Senheim
Schützen
Weinmuseum
Auf dem Erft
Alte Schanze
Daveisbach
Flaumbach
Abelsbach
Altenwegsmühle
Flaumbach
Geiershell
Grenderich
Alte
Schanzen
Waldeck
0
500 m

MOSELSTEIG ETAPPE: BEILSTEIN – VALWIGERBERG – COCHEM

Panoramahöhenweg zur „Perle der Mosel“

13,8 km | 3:40 h | 860 hm | 880 hm

START | Beilstein (88 m), Ortsmitte.
[GPS: UTM Zone 32 x: 374.157 m y: 5.552.363 m]
CHARAKTER | Kondition und passagenweise Trittsicherheit erfordernde Weinbergwanderung

Der alte Wallfahrtsort Valwigerberg thront über der verkehrsreichen Flussniederung, die Wege hinauf und hinab zählen zu den Glanzlichtern des Moselsteigs. Ziel ist Cochem, die „Perle der Mosel“, das meistbesuchte Fremdenverkehrszentrum zwischen Koblenz und Trier.

▶ Vom Fachwerkdorf **Beilstein** 01 unterhalb der Burg Metternich führt der Moselsteig wieder hinauf in die Weinberge, an den Steilhängen des Cochemer Krampens am gegenüberliegenden Ufer grüßen die Weindörfer Ellenz und Poltersdorf herüber. Das Weindorf **Fankel** 02 liegt am historischen „Rennweg“, einer alten Verbindungsstraße zwischen den römischen Fernstraßen, auf der heute ein archäologischer Wanderweg zu bronzezeitlichen Hügelgräbern führt. Die Staustufe Fankel wurde 1964 als Schleuse für Großmotorgüterschiffe und als Bootsschleuse errichtet und fungiert zudem als Wasserkraftwerk; ab 2006 wurde sie um eine zweite Schleusenkammer erweitert.

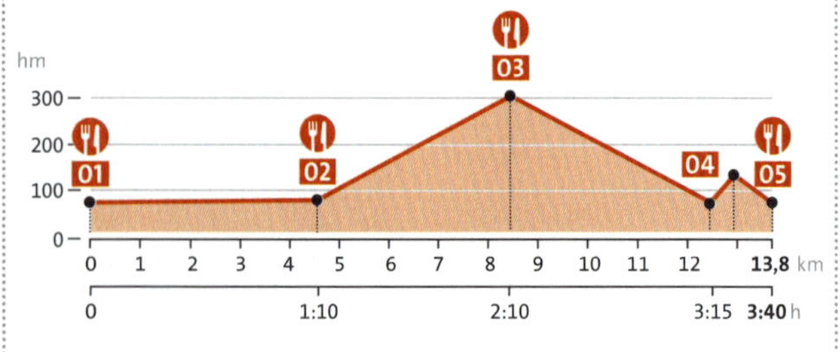

01 Beilstein, 88 m; 02 Fankel, 94 m; 03 Valwigerberg, 305 m; 04 Uferstraße, 85 m; 05 Cochem, 88 m

Beilstein.

Das Tal des Kapainer Bachs gibt im Wald die Route vor beim Aufstieg auf die aussichtsreiche Hangkante über der Mosel, dort oben thront als erster Ort der **Valwigerberg** 03; der Höhenort ist seit dem Mittelalter ein Marienwallfahrtsort, die ältesten Teile der Wallfahrtskirche stammen aus dem 13. Jh., die Dicke Eiche am Sportplatz ist 600 Jahre alt. Der Apolloweg, benannt nach dem schönsten Mosel-Schmetterling, gibt im Steilhang die weitere Route vor. Er führt mit herrlichen Aussichtsstellen durch Weinberge, Felsen und Wälder der Valwiger Moselsteilhänge. Informationstafeln entlang des Apollowegs erläutern Wissenswertes zu Kulturgeschichte, Landschaft, Weinbau, Fauna und Flora. Unterhalb des Brauselay-Felsens, weithin sichtbar an einer Wetterfahne, senkt sich der Moselsteig abwärts im Naturschutzgebiet Brauselay mit seiner mediterranen Vegetation und tangiert schließlich nahezu die **Uferstraße** 04, nimmt jedoch noch einmal einen Aufschwung, um am Kreuzweg einen besonders guten Blick auf Cochem zu bieten. Dann geht es endgültig hinab, der Moselsteig erreicht als ersten Stadtteil von Cochem **Cond** und führt auf der Moselbrücke hinüber in die Burgstadt **Cochem** 05. Ortsbildprägend und ein Aussichtspunkt ersten Ranges ist die mit ihren Spitztürmen, Zinnen und Erkern märchenhaft wirkende Reichsburg auf einem steil zur Mosel abfallenden Bergkegel. Die Stadt selbst besticht durch ihre verwinkelten Gassen und restaurierten Fachwerkhäuser, dem historischen Marktplatz und alten Stadttoren, Kirchen und Mauern. Der dritte Sehenswürdigkeitenkomplex ist die Moselpromenade. Am rechten Ufer liegt zwischen Weinbergen das Hallenwellenbad „Moselbad“.

Viehkirst
354
360
Jünkernwald
Moselschleife
Fahrende
350
Klottener Berg
304
149
Coraidel
Klotten
Wakerlei
334
Wild- und Freizeitpark Klotten
123
Ölmühle
306
Winneburg
Wilhelmshöhe
Freizeitzentrum
Mosel-Kinderland
Pinnenberg
105
Victoriahöhe
206
359
COCHEM
Karl Noss
Villa Tummelchen
Reichsburg
Ströherhof
364
Forsterhof
259
Lescher Linde
270
05
62
Moselbrücke
04
275
Feuchtbiotop
Schafstallerhof
Schuwerackerhof
301
312
287
Valwig
Mosel
Ebernach
SEHL
Jähkehrbusch
AUHECK
356
Lescherhof
Kremerhof
Schaakberg
200
352
212
365
Kaiser-Wilhelm-Tunnel
346
330
175
Reckersberg
316
Ebernacher Bach
Krakleebach
Ferien- u. Golfresort Cochem
Ellererberg
339
318
Postweg
360
Kletterwald
Hundskopf
385
384
Buschbaumsmühle
369
245
Rieberberg
Briedern
346
171
321
322
Eller
Hotel Oster
Mosel
Edige-Eller
Lehmerbach
Neerfeld
277
91
90
Mese

Sonnenuhr
ehem. Römerbrücke
Mosel
Pommerheld
Eichenbüsch
Herrenwäldchen
274
273
Dainz
Dainzhof
Wingertsgraben
Pommerheck
Domeseifen
Labersbach
295
278
Auf Allmesch
316
308
Valwiger Berg
Birkenhof
Daunkopf
ehem. römische Niederlassung
297
347
Urmersheck
Ernst
127
218
146
97
Zum guten Onkel
Bilderbaum
Moselweinstr.
292
Waldkehr
318
Bruttig-
-Fankel
248
281
Beulkirst
Kreuzkirche
356
Staustufe Fankel
Rennseifen
Muckenberg
316
297
357
Moselstern Hotel Fuhrmann
302
Ellenz-
Villa Hausmann
145
304
Altarberg
Beilstein
-Poltersdorf
Hotel Klapperburg
198
Weinhaus Lenz
Ruine Burg Metternich
90
284
89
176
262
Kalkberg
Schellenberg
Waldeslust
347
352
Weißmühle
281
323
282
Kalkeiche
175
309
0 500 m
304
294

63

MOSELSTEIG ETAPPE: COCHEM – POMMERN – TREIS-KARDEN

Winzerdörfer, Dortebachtal, Moseldom

23,9 km | 6:30 h | 980 hm | 980 hm

START | Cochem (86 m) Endertplatz an der Moselbrücke. Der Bahnhof Cochem an der Moselstrecke Trier – Cochem – Koblenz ist zwei Gehminuten entfernt.
[GPS: UTM Zone 32 x: 368.990 m y: 5.556.627 m]
CHARAKTER | Kondition erfordernde Wald- und Hochflächentour.

Von der Burgstadt Cochem führt der Moselsteig über die Höhen längs der Untermosel durch Wein- und Fachwerkorte am Dortebachtal vorbei zum Moseldom im Winzerort Treis-Karden.

Vom Endertplatz mit der Tourist-Information an der Moselbrücke in der Burgstadt **Cochem** 01 folgt der Moselsteig in etwa der Trasse der Cochemer Sesselbahn zum Panorama-Restaurant am **Pinnerkreuz** 02, einem der besten Aussichtspunkte über dem Moseltal. Aus der Vogelperspektive fällt der Blick auf die Moselstadt mit der Reichsburg und dem Zwiebelturm sowie auf die Moselschleife mit dem Naturschutzgebiet Brauselay, über dem Endertbachtal zeigt sich die Ruine der Winneburg. Die Sesselbahn überwindet bis zur Bergstation 155 Höhenmeter. Dieser steile Auftakt lässt sich auch mit der Sesselbahn

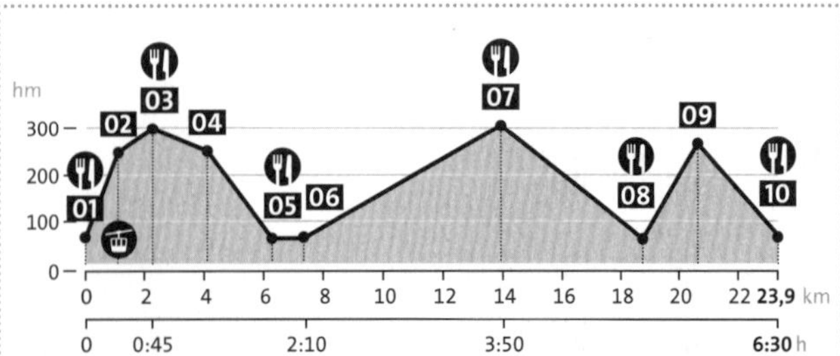

01 Cochem, 88 m; 02 Pinnerkreuz, 255 m; 03 Freizeitpark Klotten, 300 m; 04 Seitskapelle 257 m; 05 Klotten, 86 m; 06 Dortebachtal, 88 m; 07 Kail, 300 m; 08 Pommern, 85 m; 09 Pommerer Martberg, 273 m; 10 Treis-Karden, 87 m

zurücklegen, die Talstation befindet sich an der Endertstraße 44. Bergstation und Pinnerkreuz sind Ausgangspunkt für die nun gemütliche Wanderung zum Wild- und **Freizeitpark Klotten 03**. Im Wald senkt sich der Moselsteig an mehreren Aussichtsstellen und der **Seitskapelle 04** vorbei zu den Rebhängen über dem Winzerdorf **Klotten 05**, das überragt wird von der teilweise wieder aufgebauten Ruine der Höhenburg Coraidelstein (privat).

Am Bahnhof vorbei verlässt der Moselsteig Klotten parallel zur Moselstrecke und zur Bundesstraße und zweigt an einem Parkplatz ins **Dortebachtal 06** ab. Nach einem weit ausholenden, straßenfernen Schlenker durch Wälder und Grünländer zeigt der Spitzhelm der Bartholomäuskirche das Höhendorf **Kail 07** an. Das Moseltal im Süden, Pommerbachtal und Fellerbachtal im Osten und Westen sowie der Kailer Hochwald im Nordwesten umgrenzen das geschichtsträchtige Hochplateau, das schon seit der Steinzeit besiedelt ist. Vom Höhendorf senkt sich der Moselsteig durch ein Waldtal zurück Richtung Mosel und führt durch Weinberge in das Winzerdorf **Pommern 08**. Nach der Stärkung im Gasthof geht es hinauf zum rekonstruierten Höhenheiligtum auf dem **Pommerer Martberg 09** und im Wechsel aus Wiesen und Wäldern hinab zum Ziel, dem Bahnhof **Treis-Karden 10** im Weinort mit dem Moseldom. Treis-Karden liegt beidseits der Untermosel zwischen steil geflankten (Wein-) Bergen Der weiße „Moseldom" Sankt Kastor in Karden, eine romanische und frühgotische Basilika, zählt auch dank seiner Ausstattung und Malereien zu den bedeutendsten Sakralbauten an der Mosel.

Blick beim Wildpark Klotten auf Cochem im Moseltal.

Held
Wirges
Michelshof
Dreifaltigkeitshof
396
369
Siedlung
404
Altes Forsthaus
Esperhof
360
Kavelocherhof
Fahrendeierhof
347
Pfanterbach
Göderthof
Rotlaufkopf
318
Kaderbach
320
284
Balaufberg
·372
346
Mohrenkaul
Neuwald
Fahrendeier Tal
Schiefer-Straße
334
Viehkirst
354
149
Coraidelstein
350
Klottener Berg
304
360
Jünkernwald
05
Klotten
04
63
Wild- und Freizeitpark Klotten
Wakerlei
123
334
03
Freizeitzentrum
200
287
Mosel-Kinderland
Pinnenberg
105
Schafstallerhof
Feuchtbiotop
Pfalzerhof
02
Victoriahöhe
206
63
275
Schuweraeckerhof
312
01
Mosel-brücke
301
COCHEM
Karl Noss
Villa Tummelchen
Valwig
Reichsburg
Mosel
Ebernach
259
270
Lescher Linde
SEHL
Jähkehrbüsch
356
Lescherhof
212
Kremerhof
Schaakberg
200
352
280
Kaiser-Wilhelm-Tunnel
365
330
175
Ebernacher Bach
Krabbebach
346
Reckersberg
·316
278
0
500 m
Ferien- u. Golfresort Cochem
316

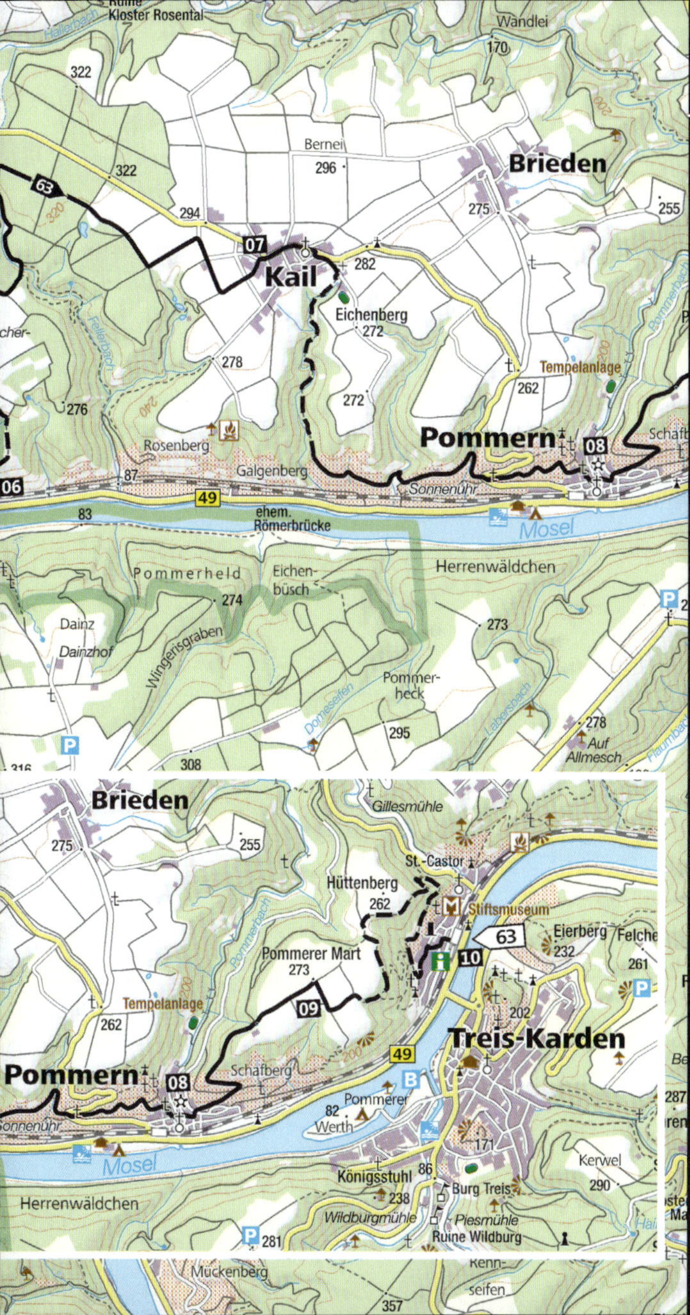

Kloster Rosental
Wandlei
170
322
Bernei
296
Brieden
322
63
294
275
255
07
Kail
282
Eichenberg
272
278
272
Tempelanlage
262
276
Rosenberg
Pommern
08
Galgenberg
06
87
Sonnenuhr
49
83
ehem.
Römerbrücke
Mosel
Pommerheld
Eichen-
büsch
Herrenwäldchen
274
Dainz
Dainzhof
Wingertsgraben
273
Pommer-
heck
295
308
278
Auf
Allmesch
Brieden
Gillesmühle
275
255
St.-Castor
Hüttenberg
262
Stiftsmuseum
63
Eierberg
232
Pommerer Mart
273
10
261
09
202
Tempelanlage
262
Treis-Karden
49
Schafberg
Pommern
08
Pommerer
82
Werth
Sonnenuhr
171
Mosel
Kerwel
Königsstuhl
86
290
238
Burg Treis
Herrenwäldchen
Wildburgmühle
Piesmühle
281
Ruine Wildburg
Muckenberg
357

MOSELSTEIG ETAPPE: TREIS-KARDEN – ELTZ – MOSELKERN

Vom Moseldom zur Mittelalterburg Eltz

12,6 km | 3:45 h | 750 hm | 750 hm

START | Treis-Karden (87), Bahnhof zwischen Mosel- und Sankt-Castor-Straße an der Moselstrecke Trier – Cochem – Koblenz. [GPS: UTM Zone 32 x: 378.612 m y: 5.560.100 m]
CHARAKTER | Wald-, Wiesen- und Weinbergewanderung mit vielen Aussichtsstellen.

Burg Eltz ist eine der besterhaltenen mittelalterlichen Burganlagen in Deutschland. Das aussichtsreiche Maifeld ist die sanft hügelige Hochfläche zwischen den Tälern von Mosel, Nette und Elz, aus wechselnden Perspektiven schweift der Blick aus dem Hochland zur Vulkaneifel, zum Hunsrück und zum Westerwald.

▶ Vom Bahnhof der Winzergemeinde **Treis-Karden** 01 folgt der Moselsteig der Sankt-Castor-Straße in Fahrtrichtung Koblenz und wechselt nach Passieren des Moseldoms Sankt Kastor schräg links hinauf in die Wälder und Weinberge, zunächst auf dem Burg-Eltz-Weg, dann auf den „Buchsbaumwanderweg",

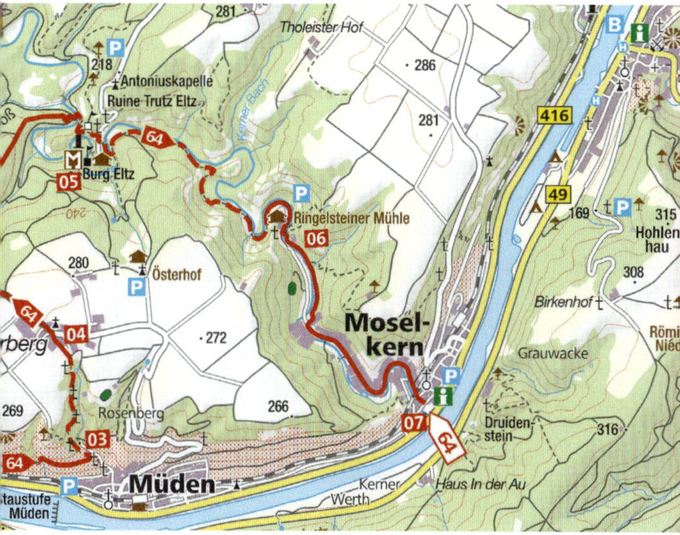

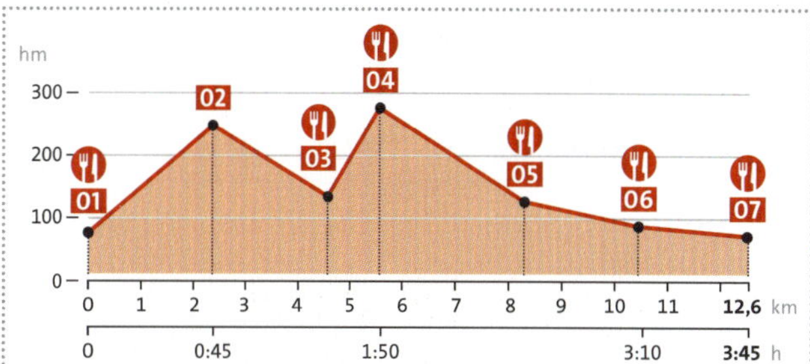

01 Treis-Karden, 87 m; 02 Krailsbach, 245 m; 03 Müden, 125 m; 04 Müdenerberg, 280 m; 05 Burg Eltz, 120 m; 06 Ringelsteiner Mühle 90 m; 07 Moselkern 79 m

der mit mehreren Aussichtsstellen ins Quellgebiet des **Krailsbachs** 02 hinaufführt, dann in den Wäldern dieses Bachtals rasch an Höhe verliert und schließlich durch Rebhänge an den Rand des Winzerorts **Müden** 03 leitet. Hier beginnt der Aufstieg in das Höhendorf **Müdenerberg** 04 auf der Hochebene des Maifelds, dort kann man sich im Hofladen oder auf der Terrasse des Hotels mit tollem Blick auf die Flusslandschaft stärken. Schon die Römer nutzten das fruchtbare Maifeld als Kornkammer, heute werden auch Spargel, Erdbeeren und Kartoffeln angebaut, und im Frühjahr erstrahlen viele Felder im Gelb des Rapses. Vom aussichtsreichen Mündenerberg taucht der Moselsteig bald wieder in den Wald ein und führt zur monumentalen **Burg Eltz** 05. Der Bau mit seinen zahlreichen Türmen erhebt sich über dem straßenfreien, auf weiten Passagen in ursprünglicher Wildheit erhaltenen Elzbachtal, durch das der Moselsteig hinab zum Landhotel und Ausflugsrestaurant **Ringelsteiner Mühle** 06 am Ende der Stichstraße von Moselkern ins Elzbachtal führt. Nun ist es im Elztal nicht mehr weit, und der Winzerort **Moselkern** 07 ist erreicht.

Moseldom in Treis-Karden.

MOSELSTEIG ETAPPE: MOSELKERN – HATZENPORT – LÖF

Ausblicke zwischen Maifeld und Untermosel

13,9 km 4:00 h 740 hm 740 hm

START | Moselkern (79 m), Kirche an der Kirchstraße/Oberstraße. [GPS: UTM Zone 32 x: 383.555 m y: 5.561.184 m]
CHARAKTER | Weinberge- und Waldwanderung, passagenweise auf Stufenanlagen und Pfaden, die festes Schuhwerk erfordern.

Die Panoramen am Rand der Maifeld-Hochfläche sowie auf dem Hatzenporter Laysteig und am Rabenlay zählen zu den Höhepunkten dieser Etappe an der Untermosel.

Von der Kirche im Weindorf **Moselkern** 01 folgt der Moselsteig der Oberstraße Richtung Bahnhof, quert jedoch schon vorher auf der Bergstraße den Bahnkörper der Moselstrecke und folgt der Weinbergstraße hinauf in die Rebflur. Nach einem überraschenden Serpentinenaufstieg schließt sich der Wanderweg der Kreisstraße an, verlässt sie jedoch glücklicherweise in der ersten Linkskurve wieder und zieht überwiegend in Feldfluren hinauf in das Kirchdorf **Lasserg** 02, Ortsteil der Münsterstadt Münstermaifeld auf dem Maifeld-Hochland. Wenn der Moselsteig an der Gaststätte „Zur Burg Bischofstein" den Ort Richtung Hatzenport verlässt, fällt der Name einer weiteren malerischen Burg des Moseltals: Burg Bischofstein thront auf einem nach drei Seiten abfallenden Schieferfelsen, die Umfassungsmauern folgen

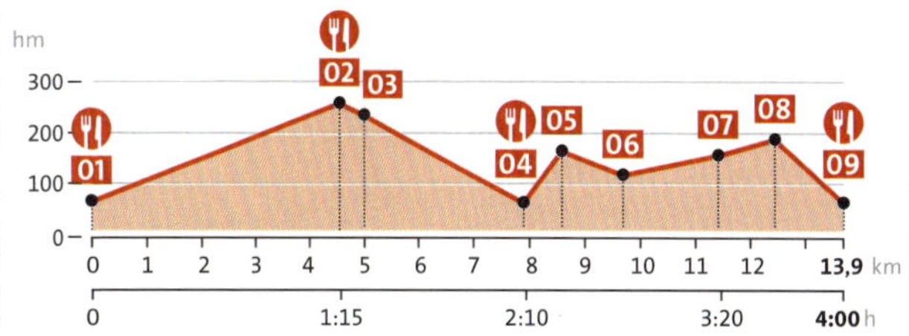

01 Moselkern, 79 m; 02 Lasserg, 260 m; 03 Schutzhütte, 240 m; 04 Hatzenport, 77 m; 05 Wingatshäisje, 185 m; 06 Rabenlay, 105 m; 07 Alzbachtal 175 m; 08 Nachtigallenweg, 195 m; 09 Löf, 76 m

der Abbruchkante des schmalen, lang gestreckten Felsrückens und wurden bergseitig durch einen Graben sowie durch den Bergfried mit dem charakteristischen weißen Putzstreifen etwa auf halber Höhe geschützt. Der Baubeginn erfolgte im 12. Jh. unter Erzbischof Arnold I. von Trier, während des Pfälzischen Erbfolgekriegs wurde die Burg 1689 von den Truppen des bourbonischen Sonnenkönigs Ludwig XIV. zerstört und in den 1930er Jahren wieder aufgebaut. An einer **Schutzhütte** 03 zweigt der ausgeschilderte Pfad zur als Jugendlandheim genutzten Burg ab, während der Moselsteig weiter der Abbruchkante über dem Flusstal folgt und sich dann in Rebfluren in das Weindorf **Hatzenport** 04 senkt. Wahrzeichen des Orts ist der Fährturm aus dem 19. Jh. Der seit dem 16. Jh. bedeutende Fährbetrieb wurde nach dem Bau der Brücke Löf – Alken 1972 eingestellt. In malerischer Lage im Steilhang über der Mosel steht die spätgotische Alte Johanniskirche. Die Neue Pfarrkirche wurde 1870 errichtet. Das Fachwerkgebäude des ehemaligen Pfarrhauses unterhalb der Alten Kirche fungiert heute als Apfelweinkellerei. Der Ortsname verweist auf die Schifffahrt. Er entstand aus „Hattonis porta“, dem Hafentor des Trierer Bischofs Hetti (9. Jh.). Von der Ortslage führt der Moselsteig wieder hinauf in die Weinberge, wo sich Ausblicke auf das Moseltal, Hatzenport und die Alte Johanniskirche öffnen. An der Schutzhütte **Wingatshäisje** 05 schwingt der Moselsteig im Gleichlauf mit dem Hatzenporter Laysteig rechts und schlängelt sich zum Aussichtsfelsen **Rabenlay** 06. Hier wendet sich der Moselsteig wieder aufwärts und folgt dem Waldrand

Markierung des Jakobswegs.

zur Hochfläche, wendet sich bald rechts, durchquert das obere **Alzbachtal** 07 und erreicht den Kreuzweg am **Nachtigallenweg** 08 im Kehrbachtal. Der Nachtigallenweg führt hinab ins Zentrum des Weinorts **Löf** 09 an der Untermosel.

Kolm
264
251
227
Mersberg
224
Kattenes
Katteneser
Mühlental
119
256
254
MÖRZ
Burg-Café
IFELD
Rossberg
246
242
Alken
Steinsmühle
Lochsmühle
Weymühle
08
133
Schrumpf
Moselschiefer-Straße
Nachtsheimsmühle
243
Oberste Mühle
Lohmühle
Kergeshöfe
Traube
260
Guckesberg
Walkmühle
253
07
Schromberg
Thalsberg
09
65
zenporter Höhe
259
Schäfereihof
Löf
Lellmann
Probstmühle
Betzemerhof
223
05
Süsseberg
Hatzenport
181
Sterneburg
06
416
Brod
04
Mosel
Elberbach
Das untere Werth
49
Sägewerk Peier
269
Rothenberg
65
Historische Vogelsang
Hatzen-Pfarrbüsch
Vogelsang
Moselweinstr.
237
Gilbertsmühle
Gänshof
Sonnen
Jahrsberg
297
Jahrsbergerhöfe
104
152
286
Beierberg
246
Ehrenburgertal
Burgen
Schmause-Mühle
317
Kühbitz
274
Baybach
Ölmühle
291
Kawelochberg
315
Hohlen-hau
Schinderhannes-höhle
300
254
292
308
282
299
Römische Niederlassung
260
108
Fischteiche
Am Brie
Schmitt
Forellenzucht
Morsha
Haus auf dem Bröhl
Ortsbach
138
269
ND
Schwengelbr.
Baybach
182
Mohrenmühle
272
0
500 m

66

MOSELSTEIG ETAPPE: LÖF – BLEIDENBERG – KOBERN-GONDORF

Über den berühmtesten Wallfahrtsberg an der Mosel

14,8 km | 4:15 h | 720 hm | 730 hm

START | Löf (76 m), Niederbachstraße an der Kirche nahe der Moselbrücke. [GPS: UTM Zone 32 x: 388.857 m y: 5.566.317 m]
CHARAKTER | Kondition erfordernde Höhenwanderung mit vielen Aussichtsstellen.

Der aussichtsreiche Bleidenberg ist der berühmteste Wallfahrtsberg der Mosel, zahlreiche weitere Aussichtspunkte liegen am Weg, darunter Hitzlay und Mönch-Felix-Hütte. Der Zielort Kobern-Gondorf zählt mit seinen vier Burgen, der gotischen Matthiaskapelle und den zahlreichen Fachwerkhäusern zu den sehenswerten Weinorten der Untermosel.

▶ Von der Kirche an der Niederbachstraße im Weinort **Löf** 01 leitet der Moselsteig hinab zur Bundesstraße, überquert den Fluss auf der Kreisstraßenbrücke und wechselt auf der Abfahrtsrampe rechts auf einen Pfad, der am Rand des Winzerdorfs **Alken** dem Wald zustrebt. Erstes Panoramaziel ist die lang gestreckte Felsgratburg **Thurant** 02. Pfalzgraf Heinrich, ein Bruder König Ottos IV., ließ sie 1197/98 errichten, als er vom Kreuzzug aus dem Heiligen Land zurückkehrte, und benannte sie nach der Syrerfeste Thuron. Das Burggelände bietet einen fantastischen Blick auf Mo-

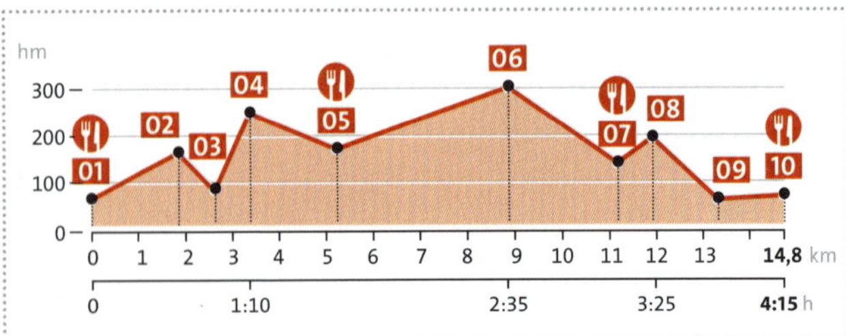

01 Löf, 76 m; 02 Thurant, 170 m; 03 Alkener Bach, 90 m; 04 Bleidenberg, 250 m; 05 Oberfell, 185 m; 06 Röderkapelle, 300 m; 07 Niederfell, 145 m; 08 Mönch-Felix-Hütte, 195 m; 09 Moselgoldbrücke, 65 m; 10 Kobern-Gondorf, 82 m

Blick auf Kobern-Gondorf im Moseltal.

sel und Eifel. Vom Burgberg senkt sich der Moselsteig zur im Kern romanischen alten Pfarrkirche Sankt Michael, die sich inmitten des alten Friedhofs im Steilhang über dem Ort Alken erhebt. Nach Queren der Bachstraße im Tal des **Alkener Bachs** 03 bei der Pilgerherberge führt der Moselsteig auf den **Bleidenberg** 04 mit der gotischen Wallfahrtskirche; der Bleidenberg ist der berühmteste Wallfahrtsberg der Mosel und ein exzellenter Aussichtspunkt. Die fantastische Aussicht begleitet den Moselsteig, während er dem Bleidenberg-Rundweg an der Kante über dem Moseltal folgt, dann senkt sich der Moselsteig an den Rand des Weindorfs **Oberfell** 05. Hier wechselt er auf die Hunsruckhöhen und bleibt eine Zeit lang fern der Mosel im Wechsel aus Wald und Wiesenland, Aussichtsstellen und Rastplätzen, zu den schönsten zählt die Andachtsstätte **Röderkapelle** 06. Hier kehrt der Moselsteig zurück an die aussichtsreiche Hangkante über dem Fluss, senkt sich bald nach Passieren des Aussichtspunkts **Hitzlay** an den oberen Rand des Weindorfs **Niederfell** 07 und erreicht als letzten hervorragenden Aussichtspunkt dieser Etappe die **Mönch-Felix-Hütte** 08. Sie bietet einen phänomenalen Ausblick ins Moseltal mit der über Kobern-Gondorf gelegenen Niederburg und der Oberburg mit der spätromanischen Matthiaskapelle. Felix, ein Wandermönch aus dem Morgenland, kam nach 40-jähriger Pilgerschaft im Jahre 70 n. Chr. in diese Gegend, ließ sich erschöpft an der Stelle der heutigen Mönch-Felix-Hütte nieder, sah hin auf das göttliche Moselland und pflanzte im Hang die ersten Weinstöcke. Auf Felix, den „Glücklichen" (lateinisch: *felix*), sollen der Sage zufolge auch die Ortsnamen Ober- und Niederfell zurückgehen. An diesem Blick stärkt man sich, denn bald beginnt ein Stück Straßenwandern. Die **Moselgoldbrücke** 09 führt von Niederfell nach Kobern-Gondorf, wo der Moselsteig der Bahnhofstraße ins Ortszentrum folgt, zunächst durch den Ortsteil **Gondorf**. In Gondorf thront auf einer Landzunge zwischen Mosel und Nothbach die weitläufige Anlage des Wasserschlosses von der Leyen (privat), der Stammsitz der 1158 erstmals als Reichsritter genannten und 1806 in den Fürstenstand erhobenen Dynastie von der Leyen („zum Felsen"). Die jetzige Anlage stammt aus dem 15./16. Jh. und wurde im 19. Jh. neugotisch verändert. Der Marktplatz von **Kobern** 10 war im Mittelalter der Turnierplatz der Herren von Kobern und damals zur Mosel hin geöffnet. Die Fachwerkhäuser rund um den Marktplatz stammen aus dem 16. bis 19. Jh., in der Mitte steht der an keltische Fabelzeiten erinnernde Tatzelwurmbrunnen. Da Kobern relativ niedrig am Prallhang des Dieblicher Moselbogens liegt, ist der historische Ortskern häufig von Hochwassern betroffen. Das ehemalige Hofhaus der Trierer Abtei Sankt Marien (Haus Simonis) in der Kirchstraße 1 ist dendrochronologisch auf 1320/21 datiert; damit ist es das älteste vollständig erhaltene Fachwerkhaus in Deutschland.

Moselweinstraße
49
Römisches Landgut
Dieblich
Oberburg
Matthiaskap.
Moseltal-brücke
Winning
Moselblick
la Provence
Mühltal
10
Heinrich Haupt
66
Solligerbach
Dieblich-Berg
Insel Ziehfurt
Kehrhof
Kobern-
NSG
70
Talwei
Weltersbach
211
Kalkofen
Delcherhof
39
Koblenz/Dieblich
Konden
203
Silberbergh
205
Sonnenhof
09
411
-Gondorf
Moselgold-brücke
215
Lohbuschhof
Bauhöfe
achsmühle
Niederburg
Schl. v.
Schwalbermühle
223
Kührerhof
Am Forsthaus
08
Linkemühle
cher Mühle
Kehrmühle
121
Rosenhof
246
Nothenmühle
Niederfell
Omerzenberg
225
298
07
Schwalberhof
Fellerhof
Talhof
mittenhöhe
Kühr
238
167
Lehmen
155
Forstberg
303
49
Asepeler Bach
Schwalberbach
280
311
359
Lehmerhöfe
73
06
370
235
Staustufe Lehmen
Röder-kapelle
Wurzeleiberg
232
187
Nikolaushof
Försterhof
376
Arkenwälderhof
367
61
E31
378
Stollen
Rastst. Mosel
Oberfell
Schildberg
242
403
265
74
Broden-
368
380
05
119
404
Dickeberg
bach
Aspeler Bach
321
Bleiden-berg
04
365
Oberfeller Bach
03
Burg Thurant
Burg-Café
Klosterheck
02
Eichelt
Alken
Münnichsberg
336
Alkener Bach
Schiebigeich
Weißer Lay
133
272
451
Moselschiefer-Straße
Schafberg
250
Pfaffenheck
Traube
260
370
0
550 m
01
66
323
Lellmann
Bauhof
420

67

MOSELSTEIG ETAPPE: KOBERN-GONDORF – WINNINGEN

Im Bann der Moseltalbrücke über der Dieblicher Moselschleife

12,6 km | 3:30 h | 850 hm | 730 hm

START | Kobern-Gondorf (82 m), Marktplatz in Kobern. Der Bahnhof Kobern-Gondorf befindet sich an der Bahnhofstraße im Ortsteil Gondorf. [GPS: UTM Zone 32 x: 390.317 m y: 5.574.281 m]
CHARAKTER | Kondition erfordernde Weinberge- und Waldwanderung mit vielen Aussichtsstellen.

Die 935 Meter lange Moseltalbrücke der Bundesautobahn A 61 verbindet Eifel und Hunsrück und ist der Hauptblickfang und -aussichtspunkt auf dieser Terrassenmosel-Etappe. Das seit römischer Zeit besiedelte Weindorf Winningen ist einer der berühmtesten Riesling-Anbauorte der Mosel.

▶ Vom sehenswerten Marktplatz **Kobern** 01 in der Wein- und Schlössergemeinde Kobern-Gondorf folgt der Moselsteig der Kirchstraße aufwärts an den oberen Ortsrand, dort am Mühlengraben rechts vor dem Friedhof, gleich darauf rechts ins Mühlental und kurz vor dem Restaurant „Alte Mühle Höreth" rechts hinauf in die Weinberge mit Blick auf Ober- und Unterburg. Die Ruine der Oberburg erhebt sich auf einem zur Mosel vorgeschobenen Berggrat, auf demselben Grat befindet sich, etwa 50 Meter tiefer gelegen,

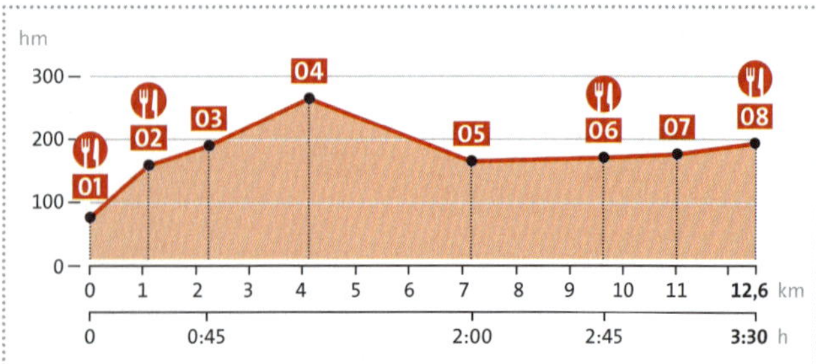

01 Kobern, 82 m; 02 Oberburg, 160 m; 03 Hohesteinsbach, 195 m; 04 Rosenberg 277 m; 05 Belltal, 185 m; 06 Moseltal-West, 170 m; 07 Distelbergerhof, 185 m; 08 Winningen, Hasbornweg, 195 m

Moseltalbrücke.

die Niederburg Kobern. Ein Kreuzweg leitet durch die Weinberge zur **Oberburg** 02, in deren Bergfried und Nebengebäuden ein Restaurant untergebracht ist. Die sehenswerte **Matthiaskapelle** ist das bedeutendste Beispiel einer spätromanischen Kapelle an der Mosel.

Von der Oberburg führt der Moselsteig in das Laubwaldtal des **Hohesteinsbachs** 03 hinauf und nach Überqueren des Bachs rechts über den aussichtsreichen **Rosenberg** 04. Von der Höhe senkt sich der Moselsteig relativ steil ins **Belltal** 05, führt wieder aufwärts im Steilhang und berührt mehrere Aussichtsstellen mit Blick auf die Dieblicher Moselschleife und die 935 Meter lange **Moseltalbrücke** der Bundesautobahn A 61, ehe der Wanderweg nach Passieren des Aussichtspunkts **Blumslay** die Autobahnraststätte **Moseltal-West** 06 erreicht und die Moselsteigwanderer neben Lastwagenfahrern, Motorradhelmen und Autowanderern den Blick vom Autobahn-Aussichtspunkt genießen. Unter der Fahrbahn der Moseltalbrücke führt der Moselsteig auf die Ostseite der Brücke, wo sich eine weitere Autobahnraststätte befindet, das **Rasthaus Winningen-Ost**. Der Moselsteig umgeht das Raststättengelände, nach und nach ebbt der Lärm ab, und der Wanderweg taucht in die aussichtsreichen Winninger Rebfluren ein. Wer nach Winningen hinabgehen und dort übernachten möchte mit dem wunderschönen Aufblick zur Moseltalbrücke, hat die erste Gelegenheit dazu am **Distelbergerhof** 07. Der Distelberger Hofsweg führt durch die Weinberge hinab in das Winzerdorf Winningen. Der Moselsteig hingegen bleibt weiter oben in den Weinbergen, tritt nach Passieren einer Schutzhütte in den Wald ein, nähert sich wieder dem schön geschwungenen Band der

Bundesautobahn und trifft am **Winningen, Hasbornweg** 08 auf den Rheinburgenweg; er bildet die zweite Möglichkeit, nach Winningen abzusteigen. Die Insel **Ziehfurt** ist Winningens „grüne Oase“ und gilt vielen als schönste Insel der Mosel. Camper aus dem

In- und Ausland zieht es auf die Insel zwischen Rebhängen und bewaldeten Höhen, entzückt blicken sie auf zur Moseltalbrücke bis zu 136 Meter über dem Fluss. Auch Wassersportler finden ideale Bedingungen, es gibt einen Bootsverleih und zahlreiche Raststellen.

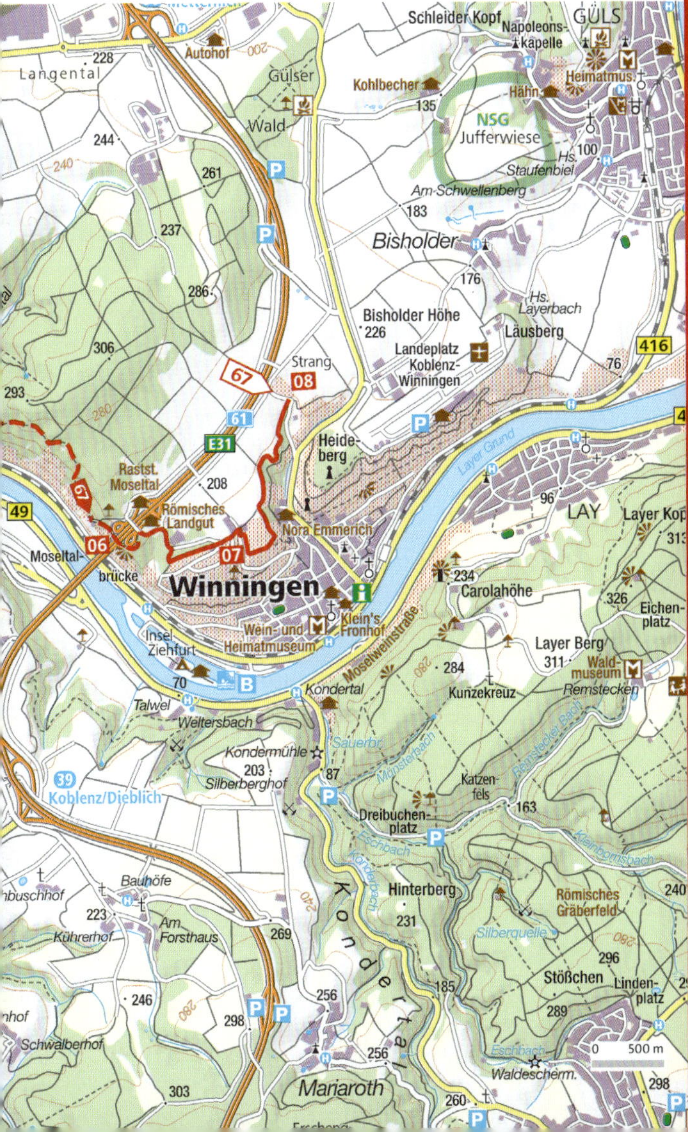

MOSELSTEIG ETAPPE: WINNINGEN – KOBLENZ

Finale zum Deutschen Eck am Rhein

12,8 km | 3:30 h | 140 hm | 270 hm

START | Winningen, Hasbornweg (195 m), Einmündung des vom Dorf heraufführenden Rheinburgensteigs in den Moselsteig an der Straße Hasbornweg oberhalb von Winningen.
[GPS: UTM Zone 32 x: 394.227 m y: 5.575.803 m]
CHARAKTER | Wald-, Wiesen- und Uferwanderung auf bequemen Wegen, passagenweise urban geprägt.

Von den Weinbergen des Rieslingdorfs Winningen senkt sich der Moselsteig zum Flugplatz Winningen-Koblenz und folgt ab dem Blütendorf Güls durchgehend dem Flussufer zum Ziel am Deutschen Eck in Koblenz.

▶ Am Hasbornweg oberhalb des Rieslingdorfs **Winningen** 01 mündet der Rheinburgensteig in den Moselsteig und folgt ihm zunächst westwärts, während unsere Moselsteig-Route ostwärts weiterführt, gleich darauf nach Süden abwinkelt und dann wieder ostwärts dem Rebhang über dem Moseltal folgt. An der Landstraße **August-Horch-Straße** 02 beginnt die Umgehung des **Flugplatzes Koblenz-Winningen**. Der Moselsteig folgt der Landstraße etliche Minutenn Richtung Winningen, zweigt dann links auf den „Flugplatzweg" im Hang des Heidbergs ab, stößt vor dem Flugplatzgelände auf die Straße „Flugplatzweg" (alle Wege und

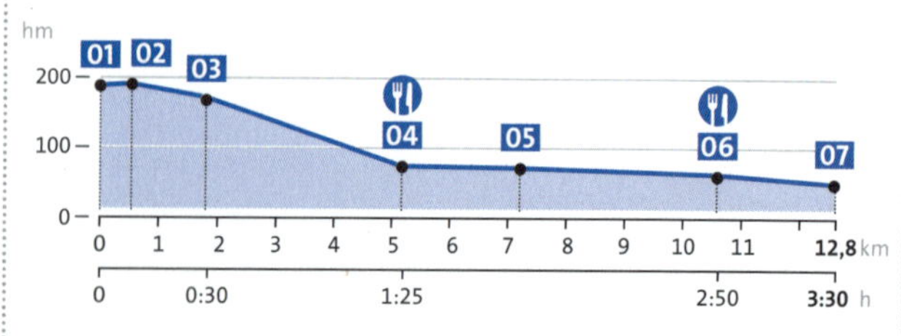

01 Winningen, Hasbornweg, 195 m; 02 August-Horch-Straße, 197 m; 03 Pfarrhecks Kopf, 170 m; 04 Güls, 77 m; 05 Gülser Eisenbahnbrücke, 72 m; 06 Contel, 67 m; 07 Deutsches Eck, 60 m

Moselmarina in Koblenz.

Straßen heißen hier so), folgt ihr rechts und wechselt geradeaus auf einen Weg, der zur Schutzhütte am Aussichtspunkt **Pfarrhecks Kopf** 03 hinaufführt. Hier lassen sich die startenden und landenden bunten Flieger und Helikopter – auch die Polizeihubschrauberstaffel Rheinland-Pfalz ist hier stationiert – beobachten, während über dem Moseltal im Westen die monumentale Moseltalbrücke der Bundesautobahn A 61 herübergrüßt. Wer trudelnde Helikopter und Flugzeuge beobachtet, bedenkt, dass der Anflug nicht immer einfach ist wegen der Lage auf einem Plateau über dem Moseltal, bei starkem Wind treten Leerturbulenzen auf, die Liste der Unfälle ist überraschend lang für einen derart kleinen Flugplatz.

Vom Aussichtspunkt führt der Moselsteig durch die Weinlagen am Flugplatz, wechselt dann rechts versetzt geradeaus auf den Winninger Weg und erreicht nach einem Waldstück an der Gulisastraße den südlichen Ortsrand des Wein- und Blütendorfs **Güls** 04; der Bahnhof liegt wenige Gehminuten weiter nördlich. Güls ist mit Koblenz fast verwachsen, hat jedoch viel von seinem dörflichen Charakter bewahrt. Das seit keltischer Zeit besiedelte Gebiet von Güls war ein alter Moselübergang, dessen Kirche Karl der Große 775 dem Kloster Hersfeld schenkte. Älteste Kirche ist die alte Pfarrkirche Sankt Servatius (um 1210), eine romanische Emporenbasilika. Die neue Pfarrkirche mit den steilen Spitzhelmen („Gülser Zahnstocher“) errichtete

1833–40 Johann Claudius von Lassaulx. Veranstaltungshöhepunkt ist das Blütenfest mit dem Festumzug am 1. Mai.
Nach Queren der Gulisastraße und des Bahnkörpers wechselt der Moselsteig ans begrünte Moselufer, überquert den Fluss auf der **Gülser Eisenbahnbrücke** 05 und folgt dem Ufer des Stadtteils **Moselweiß**, lange Zeit in Begleitung der Bundesstraße 49. Nach Passieren der Kurt-Schumacher-Brücke, der nächsten Brücke, entfernt sich die Bundesstraße, der Uferweg ändert seinen Namen in Willy-Brandt-Ufer, und vor der Schleuse Koblenz lädt der Biergarten des Tagungshotels **Contel** 06 zur Einkehr ein. Nun sind es nur noch wenige Brücken bis zum Ziel, die bedeutendste Brücke ist die fast 700 Jahre alte **Balduinbrücke**, die älteste Moselbrücke in Koblenz. Das 14-bogige Meisterwerk wurde ab 1342 im Auftrag des Trierer Erzbischofs und Kurfürsten Balduin von Luxemburg in jahrzehntelanger Arbeit errichtet und verbindet die Altstadt mit dem Stadtteil Lützel. Jahrhundertelang beschützte symbolisch eine Statue des

„Brückenheiligen“ Nepomuk die Brücke, nach der Eroberung Triers warfen französische Revolutionssoldaten 1794 die Statue in die Mosel. Die Statue auf der Brücke zeigt den Namensgeber Balduin von Luxemburg. Wenige Minuten später erreicht der Moselsteig sein Ziel, das **Deutsche Eck** 07 an der Mündung der Mosel in den Rhein. Wie es hier am Ufer weitergeht zum Bahnhof, erfahren Sie bei Tour 43.

Promenade an der Moselmündung in Koblenz.

Trier: UNESCO-Weltkulturerbe
Die kreuzförmige Liebfrauenkirche neben dem Trierer Dom ist die älteste gotische Kirche in Deutschland, wie der Dom steht sie als Weltkulturerbe unter dem Schutz der UNESCO. Errichtet wurde sie auf dem Gelände der konstantinischen Kirche, die nach der Zerstörung durch die Normannen 882 einschiffig wiederhergestellt worden war. Innerhalb von nur 30 Jahren entstand 1235–65 einer der ersten und bedeutendsten gotischen Bauten in Deutschland; auch der gemeinsame Kreuzgang zwischen Dom und Liebfrauenkirche wurde in dieser Zeit errichtet. Eine Besonderheit der lichtdurchfluteten Räume ist der kreuzförmige Grundriss mit den Kapellen in den Kreuzarmen. Der Zugang erfolgt durch das Nordportal mit dem „Paradies“. Kunstwerke, die vor der französischen Revolutionsarmee in Sicherheit gebracht werden konnten, sind im Bischöflichen Dom- und Diözesanmuseum ausgestellt. Auch die Figuren am Westportal sind Kopien, die Originale befinden sich im Bischöflichen Museum.

Palastgarten: Der weitläufige Park erstreckt sich vor dem Kurfürstlichen Palais in Richtung der Kaiserthermen, an seinem bergseitigen Rand steht das Rheinische Landesmuseum. Der Palastgarten besteht aus einem Barockgarten mit Abgüssen steinerner antiker Götterfiguren des Rokokobildhauers Ferdinand Tietz und einem Landschaftspark des 19. Jhs. Hainbuchenwände mit Bogenöffnungen begrenzen den geometrischen Barockgarten, in dem Quellfontänen in ein Wasserbecken plätschern. Der Landschaftspark mit seiner großen Liegewiese und der fünfstrahligen Fontäne ist ein Ruhepol und Treffpunkt der Trierer und ihrer Gäste.

Dom- und Diözesanmuseum: Das Bischöfliche Dom- und Diözesanmuseum Trier in der Windstraße 6 - 8 wartet mit einer einzigartigen Sammlung christlicher Kunst von der römischen Antike bis in die Gegenwart auf. Zu den antiken Glanzstücken zählen die römerzeitlichen Deckenmalereien aus dem Palast der Kaiserin Flavia Iulia Helena. Höhenpunkte aus gotischer Zeit sind die vor vandalisierenden Jakobinern geretteten Fassadenfiguren der Liebfrauenkirche. Hinzu kommen Christusbilder mit dem Schwerpunkt auf Kreuzes- und Passionsdarstellungen, Mariendarstellungen von der Romanik bis heute, liturgische Gewänder, Textilien und Geräte, Ikonen, religiöse Volkskunst und Wallfahrtsandenken.

Rheinisches Landesmuseum: Das Rheinische Landesmuseum Trier an der Weimarer Allee 1 am Palastgarten präsentiert auf über 3000 m^2 Archäologie und Kunst der Stadt Trier und ihrer Umgebung von der Ur-

Ruwertal, Moseltal bei Trier.

Longuich, Römische Villa.

geschichte bis zur Mitte des 19. Jhs. Schwerpunkte bilden die römischen Funde sowie die christliche Kunst des Mittelalters und Kunstwerke aus Renaissance und Barock. Mosaiken, Statuen und Grabbeigaben zählen ebenso zu den Exponaten wie eine bemalte Kopie der Igeler Säule, ein Trier-Modell aus der römischen Glanzzeit der Stadt, der Trierer Goldschatz, die Grabdenkmäler der Neumagener Gräberstraße und das Neumagener Weinschiff.

Kranufer: Das Kranufer ist benannt nach den Hebekränen, mit deren Hilfe in vergangenen Jahrhunderten die Moselschiffe be- und entladen wurden. Zwei dieser historischen Kräne sind erhalten. Der erste ist der barocke Zollkran (1774). Der Doppelausleger verfügt wie der zweite, wesentliche ältere Kran, der Alte Kran (1413), über ein Drehdach, in dessen Unterbau die gewaltigen Laufräder durch Seilzüge mit Muskelkraft bewegt wurden. Der Alte Kran war bis 1910 in Betrieb.

Riol: Triolago

Am Bootsanleger des weiter oben in den Weinbergen gelegenen Weindorfs Riol befinden sich an Wochenenden ein Winzerstand und ein Beachclub mit 2000 m² Eifeler Quarzsand. Vor der traumhaften Kulisse der Moselberge kann man hier unter Sonnensegeln relaxen. Abkühlung an heißen Tagen bietet der Bade- und Freizeitsee Triolago, umgeben von Badestrand, Wasserskiseilbahn, Liege- und Grillwiesen sowie Sommerrodelbahn und Seerestaurant.

Wild- und Freizeitpark Klotten

Der Wild- und Freizeitpark Klotten vereinigt Fahr- und Funattraktionen mit Tierbeobachtung. Im Wildpark können 120 Tierarten in „freier Wildbahn" beobachtet werden: Neben Rotwild, Kaninchen, Steinböcken und Fasanen auch exotische Tiere wie Strauße, Emus, Nandus und Papageien, selbst Wölfe sind zu sehen. Wild- und Freizeitpark Klotten, 56818 Klotten/Cochem, Tel. 02671-605440, Internet www.klotti.de

Marie-Astrid – Ausflugsschiff der Luxemburger Mosel

Die MS Marie-Astrid ist das Ausflugsschiff der Luxemburger Mosel und bei Streckenwanderungen auf dem Moselpfad hervorragend geeignet, um zum Ausgangspunkt zurückzugelangen. Anleger befinden sich in Schengen, Remich, Wormeldange, Grevenmacher und Wasserbillig, darüber hinaus legt die Marie-Astrid im lothringischen Kœnigsmacker an sowie in Trier. Das schnittige Fahrgastschiff, benannt nach Prinzessin Marie-Astrid, Erzherzogin von Habsburg-Lothringen, bietet Platz für 500 Personen, Fahrräder werden kostenlos transportiert, sofern genügend freie Stellplätze vorhanden sind. Auf dem Sonnendeck finden 200 Gäste Platz. Fahrplan: Entente Touristique de la Moselle, 10 route du Vin, L–6701 Grevenmacher, Tel. (00352-)758275, Internet www.moselle-tourist.lu

Echternacher Springprozession
Alljährlich an Pfingstdienstag tanzen rund 15.000 Pilger in einer kilometerlangen Prozession zum Grab von Sankt Willibrord in der Krypta der romanischen Basilika von Echternach. Die farbenprächtige Tanzprozession, die von der Kirche als Bußübung bezeichnet wird, wird untermalt von der Melodie einer polkaähnlichen Volksweise und lockt Tausende von Schaulustige an. Springende Pilger sind für die Abteistadt an der Sauer erstmals 1497 belegt, auch ein Gemälde von 1604 zeigt, wie Wallfahrer zum Grab von Sankt Willibrord tanzen, der u. a. zum Schutz vor Epilepsie angerufen wird. Der Legende nach geht die Springprozession auf ein Gelübde während einer mittelalterlichen Veitstanz-Epidemie zurück.
In einem eigenartig schwerfälligen Tanz sprangen die Gläubigen unter der rhythmischen Anleitung von Musikanten drei Schritte vor und zwei Schritte zurück. Seit 1945 wird in Echternach nur noch vorwärts gesprungen. Nach einem feierlichen Pontifikalamt in der Basilika und nach der Ansprache des Erzbischofs von Luxemburg beginnt die Prozession im altehrwürdigen Abteihof. Bis in den frühen Nachmittag hinein ziehen Beter- und Springergruppen durch die Stadt und am Ende des Prozessionswegs zum Grab von Sankt Willibrord.

Weinanbau
Die Mosel ist das größte Steillagenweinbaugebiet der Erde und das

Kapelle an der Mosel.

größte Rieslinganbaugebiet weltweit. Schon zu Zeiten der Römer war hier der Weinbau bekannt, heute werden jährlich rund 1,16 Millionen Hektoliter Wein erzeugt, zu etwa 44 % Qualitätswein mit Prädikat, zu etwa 53 % Qualitätswein bestimmter Anbaugebiete. Bis 2007 lautete die auf den Etiketten gedruckte Bezeichnung „Mosel-Saar-Ruwer", von der Verkürzung auf „Mosel" versprechen sich die Winzer eine bessere internationale Verständlichkeit. Die bestockte Rebfläche beträgt 9.828 ha, sie ist fast ausschließlich mit Weißweinreben bestanden, vor allem mit Riesling (55,1 %) und Müller-Thurgau (15,6 %), daneben mit Elbling (7,0 %), Kerner (4,7 %) u. a. Die Hälfte der Weinreben wächst auf Steilhängen aus Schiefergestein mit einer Steigung von über 30 %. Der Schieferboden speichert am Tag die Wärme und gibt sie nachts wieder ab, was sich günstig auf das Wachstum auswirkt. Der mineralreiche Schiefer verleiht den Moselaner Weinen seinen besonderen Charakter: leicht, feinfruchtig, bekömmlich. Die mehr als 5.000 Winzer sind in zahlreichen Winzervereinigungen organisiert, die gebietstypische Weine (u. a. Moseltaler) kreieren. Untergliedert wird das Moseltal in Untermosel zwischen Zell und Koblenz, Mittelmosel zwischen Schweich und Briedel sowie Obermosel zwischen Kreuzweiler und Igel und Moseltor (Perl und Nennig; saarländische Weine).

Geopark Vulkanland Eifel

Die Vulkaneifel wartet mit einer landschaftlichen Formenvielfalt auf von Maaren und Vulkankegeln bis hin zu Schluchten, Lavaströmen

Tawern, Metzenberg
Römertempel-Säule.

und Mineralquellen, als Nationaler Geopark Vulkanland Eifel steht dieses abwechslungsreiche Gebiet auf einer Fläche von mehr als 2000 km^2 unter Schutz. Der Westeifeler Vulkanzug durchzieht die Mittelgebirgslandschaft vom Staatsbad Bad Bertrich nahe der Mosel bis Ormont an der oberen Kyll auf einer Länge von rund 50 km. Acht Krater sind mit Wasser gefüllt, in anderen sind durch Verlandungsprozesse an die Stelle der Seen Feuchtgebiete und Moore getreten. Mit 36 ha ist das Pulvermaar bei Daun der größte See, mit 74 m zählt es zu den tiefsten natürlichen Seen Deutschlands. Museen wie das in der Genovevaburg in Mayen oder das Vulkanmuseum in Daun vermitteln einen Einblick in die natürlichen Reichtümer der seit der Jungsteinzeit besiedelten Vulkaneifel. Die gesunden Wasser der Eifel genießen als „Gerolsteiner" und „Apollinaris" Weltruf und bilden auch eine Grundlage für den Erfolg von „Bitte ein Bit".

ÜBERNACHTUNGSVERZEICHNIS

€ unter 30 EUR €€ 30 – 60 EUR €€€ über 60 EUR
(pro Pers/DZ/incl. Frühstück)

Alf .... **Plz 56859**
Bellevue Mosel-Hotel Alf (€€€), Am Moselufer, Tel. 06542-2581.
Flair Hotel Bömer´s Mosellandhotel (€€€), Ferdinand-Remy-Straße 27, Tel. 06542-2310.

Beilstein .... **Plz 56814**
Hotel Altes Zollhaus (€€), Moselstraße 26, Tel. 02673-1850.
Hotel Gute Quelle (€€), Marktplatz 34, Tel. 02673-1437.

Bernkastel-Kues .... **Plz 54470**
Burgblickhotel (€€€), Goethestraße 29, Tel. 06531-9722770.
Christiana's WeinArtHotel (€€€), Lindenweg 18, Tel. 06531-6627.
Feriengut Bohn (€€€), Goldbachstraße 7, Tel. 06531-8443.
Ferienweingut Port (€€€), Weingartenstraße 57, Tel. 06531-91173.
Hotel Bären (€€€), Schanzstraße 9, Tel. 06531-950440.
Hotel Binz (€€€), Markt 1, Tel. 06531-2225.
Hotel Burg Landshut (€€€), Gestade 11, Tel. 06531-3019.
Hotel Garni Panorama (€€), Rebschulweg 48, Tel. 06531-3061.
Hotel Restaurant Doctor Weinstuben (€€€), Hebegasse 5, Tel. 06531-96650.
Märchenhotel Älteste Weinstube (€€€), Kallenfelsstraße 27, Tel. 06531-96550.
Otto´s Fahrradherberge (€€), Hauptstraße 58, Tel. 06531-973257.
Radfahrer-Domizil - Art Hostel (€€), Weingartenstraße 2, Tel. 06531-4261.
Vital- & Wellnesshotel Zum Kurfürsten (€€€), Amselweg 1, Tel. 06531-96770.
Jugendherberge Bernkastel-Kues (€), Jugendherbergsstraße 1, Tel. 06531-2395.

Brauneberg .... **Plz 54472**
Weingut Harald Konrad Fehres (€€€), Nussbaumallee 9, Tel. 06534-93210.
Weingut Leo Erz-Baum (€€€), Kirchgasse 10, Tel. 06534-293.

Bremm .... **Plz 56814**
Weinhaus Berg (€€€), Moselstraße 39, Tel. 02675-301.

Ruwertal, Moseltal bei Trier.

Briedel .... **Plz 56867**
Ferienwohnung & Weingut Hubertus Schneiders (€€),
Im Weingarten 11, Tel. 06542-4486.
Gästezimmer-Weingut Sonnenhof (€€€), Im Weingarten 9, Tel. 06542-41262.

Bruttig-Fankel .... **Plz 56814**
Ferienweingut Hess-Becker (€€€), Christophorusweg 8, Tel. 02671-8117.
Gästehaus Weingut Riedel (€€), Hauptstraße 34, Tel. 02671-4705.

Bullay .... **Plz 56859**
Gästehaus Budinger (€€), Lindenplatz 6, Tel. 06542-2355.
Gästehaus Münster (€), Moselstraße 7, Tel. 06542-2383
Campingplatz Bären Camp mit Restaurant Bären-Stube (€),
Moselufer 1 und 3, Tel. 06542-900097, Internet www.baeren-camp.de

Burg .... **Plz 56843**
Gästezimmer Heinz Conrad (€€), Im Bungert 1, Tel. 06541-6882.
Kunst-Hotel Zur Post (€€), Moselstraße 21, Tel. 06541-9214.

Cochem .... **Plz 56812**
Hotel Germania (€€€), Moselpromenade 1, Tel. 02671-97750.
Hotel Moselflair (€€€), Bergstraße 6, Tel. 02671-8894.
Hotel Pension Villa Tummelchen (€€), Schlossstraße 22, Tel. 02671-910520.
Hotel Weinhof, Moselpromenade 27 (€€€), Tel. 02671-7462.
Moselgasthaus & Hotel Zur schönen Aussicht (€€€),
Sehler Anlagen 22 / 23, Tel. 02671-7232
Moselromantik-Hotel Keßler-Meyer (€€€), Am Reilsbach 12, Tel. 02671-4600.
Moseltal-Jugendherberge Cochem (€), Klottener Straße 9, Tel. 02671-8633.

Detzem .... **Plz 54340**
Gästehaus Dorothea (€), Neugartenstraße 7, Tel. 06507-3147.
Weingut-Gästehaus E. Schmitz (€€), Neustraße 15, Tel. 06507-3401.
Weingut-Gästehaus R. Thömmes (€€), Bahnhofstraße 13 A, Tel. 06507-3701.
Hotel Zum Anker (€€), Ankerstraße 3, Tel. 06507-3354.

Dieblich .... **Plz 56332**
Gasthaus Moselgruß (€€), Hauptstraße 56, Tel. 02607-223.

Ediger-Eller .... **Plz 56814**
Servaty's Hubertushof (€€), Sankt Jakobstraße 7, Tel. 02675-1048.
Gästehaus am Calmont (€€), Moselweinstraße 83, Tel. 02675-1356.
Hotel-Restaurant Friderichs (€€€), Moselweinstraße 81, Tel. 02675-237.
Hotel Feiden Alte Bürgermeisterei (€€€), Moselweinstraße 22, Tel. 02675-259.

Ellenz-Poltersdorf .... **Plz 56821**
Ferienweingut Schneider (€€), Am Stausee 2, Tel. 02673-1581.

ÜBERNACHTUNGSVERZEICHNIS

€ unter 30 EUR €€ 30 – 60 EUR €€€ über 60 EUR
(pro Pers/DZ/incl. Frühstück)

Enkirch .... **Plz 56850**
Der Malerwinkel – Gästehaus & Appartments (€€),
Ahringstal 9 a, Tel. 06541-813994.
Ferienweingut-Gästehaus Bautz (€), Am Steffensberg 41, Tel. 06541-9708.
Hotel-Restaurant Dampfmühle (€€€), Am Steffensberg 80, Tel. 06541-813950.
Mosel-Weinhotel Steffensberg (€€), Brunnenplatz 1, Tel. 06541-813960.

Erden .... **Plz 54492**
Weingut Gästehaus Lotz (€€), Hauptstraße 71, Tel. 06532-3029.
Weingut und Pension Kaufmann (€€), Fährstraße 2, Tel. 06532-4624.
Weinhof Sankt Anna (€€), Brückenstraße 2, Tel. 06532-2354.

Ernst .... **Plz 56814**
Ferienweingut Zenz (€€), Moselstraße 44, Tel. 02671-7345.

Graach .... **Plz 54470**
Weingut-Gästehaus und Straußwirtschaft Kieren (€€), Hauptstraße 101,
Weinhaus Pension Zum Josefshof (€€), Hauptstraße 128, Tel. 06531-2272.

Hatzenport .... **Plz 56332**
Brunnenhof Winzer Bernard Ibald (€), Moselstraße 58, Tel. 02605-952485.
Gasthaus Zur Traube (€), Moselstraße 10, Tel. 02605-777.
Weinhaus Ibald (€), Moselstraße 34, Tel. 02605-2043.
Winzerhof Gietzen (€€), Moselstraße 70, Tel. 02605-952371.

Kinheim .... **Plz 54538**
Weingut und Ferienwohnung Rieth (€€), Brückenstraße 37, Tel. 06532-2109.

Klotten .... **Plz 56818**
Gästezimmer Bertram (€€), Untere Brühlstraße 5 A, Tel. 02671-1366.
Haus Heimes (€), Hauptstraße 22, Tel. 02671-7619.
Hotel Hubertus (€€), Hauptstraße 35, Tel. 02671-7391.
Hotel Restaurant Zur Post (€€), Bahnhofstraße 24, Tel. 02671-7116.
Hotel-Weingut Kapellenhof (€€), Am Kapellenberg 14, Tel. 02671-1261.
Hotel Zur Linde (€€), Moselstraße 19, Tel. 02671-4376.

Klüsserath .... **Plz 54340**
Mühlenhof (€€), Mühlenweg 4, 54340 Tel. 06507-703530.

Kobern-Gondorf .... **Plz 56330**
Hotel Garni & Weinhaus Moselschänke (€€), Marktplatz 20, Tel. 02607-384.
Hotel Simonis (€€), Marktplatz 4, Tel. 02607-203.
Landgasthaus Zur Kupferkanne (€€), Lutzstraße 20, Tel. 02607-342.

Landgasthof Kastorschänke (€€), Fährstraße 20, Tel. 02607-972037.
Pension Marienhof (€€), Römerstraße 7, Tel. 02607-4593.

Koblenz .... **Plz 56070**
Bier- und Weinstube Alt Neuendorf (€€), Am Ufer 23, Tel. 0261-82847.
Diehl's Hotel (€€€), Rheinsteigufer 1, Tel. 0261-97070.
Fährhaus am Stausee (€€), An der Fähre 3, Tel. 0261-927290.
Hotel Hohenstaufen (€€€), Emil-Schüller-Straße 41-43, Tel. 0261- 30140.
Hotel Restaurant Schlachthof Am Moselstausee (€€€), Schlachthofstraße 50, Tel. 0261-408017.
Hotel Restaurant Weinhaus Grebel (€€€), Planstraße 7-9, Tel. 0261-42530.
Hotel Stein - Schiller's Restaurant (€€€), Mayener Straße 126, Tel. 0261-963530.
Hotel-Weinhaus Kreuter (€€€), Stauseestraße 31, Tel. 0261-941470.
Hotel Weinhaus Zum schwarzen Bären (€€€), Koblenzer Straße 35, Tel. 0261-4602700.
Pension Haus Ursula (€€), Steinebirker Weg 2, Tel. 0261-44676.
Zum Rebstock (€€), Poppenstraße 7, Tel. 0261-42633.
Campingplatz Gülser Moselbogen (€), Am Gülser Moselbogen 20, Tel. 0261-44474.

Konz .... **Plz 54329**
Haus am Saarufer (€), Saarstraße 12, Tel. 0179-4838873.
Hotel-Restaurant Alt Conz (€€€), Gartenstraße 8, Tel. 06501-93670.
Hotel-Restaurant Römerstuben (€€€), Wiltinger Straße 25, Tel. 06501-2075.
Hotel-Restaurant Schmidt-Lieblang (€€€), Bahnhofstraße 24, Tel. 06501-3199.
Hotel-Restaurant Schons (€€€), Merzlicher Straße 8, Tel. 06501-92960.

Römische Villa in Borg.

ÜBERNACHTUNGSVERZEICHNIS

€ unter 30 EUR €€ 30 – 60 EUR €€€ über 60 EUR
(pro Pers/DZ/incl. Frühstück)

Mühlenthaler's Park Hotel (€€€), Granastraße 26, Tel. 06501-2157.
Campingplatz an der Mosel (€), An der Saarmündung, Tel. 06501-2577.
Campingplatz Horsch (€), Könenerstraße 36, Tel. 06501-17571.

Köwerich .... Plz 5434
Moselhotel Ludwigs (€€€), Beethovenstraße 14, Tel. 06507-802456.
Weingut-Gästehaus Porten-Becker (€€), Beethovenstraße 45, Tel. 06507-3786.

Kröv .... Plz 54536
Gästehaus Doris (€€), Moselstraße 26, Tel 06541-6310.
Gutsweinschänke Müllers (€€), Robert-Schuman-Straße 59+79, Tel. 06541-5365.
Reichsschenke Zum Ritter Götz (€€€), Robert-Schuman-Straße 57, Tel. 06541-81660.

Leiwen .... Plz 54340
Alte Metzgerei Herres (€€), Römerstraße 11, Tel. 06507-3328.
Ferienweingut Jostock-Hermes (€€), Maximinstraße 17, Tel. 06507-3156.
Gästehaus Alexanderhof (€€), Liviastraße 24, Tel. 06507-4314.
Gästehaus Porten-Steffes (€€), Am Sportplatz 5, Tel. 06507-3825.
Sektstuuf St. Laurentius (€€), Euchariusstraße 15, Tel. 06507-939055.
Weingut-Gästehaus Loersch (€€), Tannenweg 11, Tel. 06507-3229.
Weinhaus Weis (€€), Römerstraße 10, Tel. 06507-93610.

Lösnich .... Plz 54492
Weingut Gästehaus Schömann-Thiel (€€), Hauptstraße 26, Tel. 06532-2602
Weingut Benedikt Kiebel (€€), Hauptstraße 69, Tel. 06532-2018.

Pforte des Schengener Schlosses.

Mehring .... **Plz 54346**
Wellness-Hotel Haus am Fluss (€€€), Im Bungert 12, Tel. 06502-5017.
Gästehaus Alt Mehring (€€), Linterstraße 3, Tel. 06502-931950.
Hotel Zum Moseltal (€€), Peter-Schröder-Platz 1, Tel. 06502-2656
Winzergasthof Zum Kellerstübchen (€€), Deierbachstraße 9, Tel. 06502-2709
Weingut-Gästehaus Sebastiani (€€), Neustraße 10, Tel. 06502-1000.
Winzerhof Reis-Kohl (€€), Im Bungert 3 a, Tel. 06502-8773.
Gästehaus Christel Reis (€€), Im Bungert 8, Tel. 06502-2529.
Weingut-Gästehaus Karl Loskill (€€), Am Rebenhang 2, Tel. 06502-1701.
Campingplatz Mehring (€), an der Mosel, Tel. 06502-7612.

Nennig .... **Plz 66706**
Hotel-Restaurant Zur Traube (€€), Bübinger Straße 22, Tel. 06866-349
Camping Mosella am Rothaus (€), Moseluferpromenade, Tel. 06866-510
Mosel-Camping Dreiländereck (€), Sinzer Straße 1, Tel. 06866-322.

Neumagen-Dhron .... **Plz 54347**
Hotel-Pension Zum Dhrontal (€€), Harpelsteinstraße 15, Tel. 06507-3112.
Hotel-Restaurant Zum Anker (€€), Moselstraße 14, Tel. 06507-6397.
Warsberger Weinhof (€€), Römerstraße 98, Tel. 06507-92580.

Nittel .... **Plz 54453**
Weinstube-Gästehaus Apel (€€), Weinstraße 26, Tel. 06584-314.
Hampshire Mosel Hotel Nitteler Hof (€€€), Weinstraße 42, Tel. 06584-99360.
Gasthof-Pension Dostert-Schmitt (€€), Kirchenweg 5, Tel. 06584-7105.
Winzerhof Greif, Kirchenweg 11a (€€), Tel. 06584-91440.
Gasthaus Holbach-Müller (€€), Kirchenweg 15, Tel. 06584-321.
Weingut Karl Sonntag (€€), Kirchenweg 22, Tel. 06584-7139.
Hotel-Restaurant Zum Mühlengarten (€€€), Uferstraße 5, Tel. 06584-91420.

Oberbillig .... **Plz 54331**
Gasthaus Burg (€€), Moselstraße 43, 54331 Oberbillig, Tel. 06501-14779.
Gasthaus Zur Fähre (€€), Moselstraße 57, Tel 06501-606906.

Palzem .... **Plz 54439**
Restaurant Zur Moselterrasse (€€), Bahnhofstraße 3, Tel. 06583-610.
Hotel-Gasthof Rebenhof (€€€), Obermoselstraße 9, Tel. 065883-537.
Weingut Brunnenhof (€€), Römerstraße 14, Tel. 06583.

Perl .... **Plz 66706**
Gasthaus Hotel Zur Maimühle (€€), Bahnhofstraße 100, Tel. +49 (0) 6867-9113170, Internet www.maimuehle.de
Hotel Restaurant Hammes (€€), Hubertus-von-Nell-Straße 15, Tel. +49 (0) 6867-91030, Internet www.hotel-hammes.de

● unter 30 EUR ●● 30 – 60 EUR ●●● über 60 EUR
(pro Pers/DZ/incl. Frühstück)

Pension Anna Klein (●●), Triererstraße 13, Tel. 06867-5205
Hotel Perler Hof (●●), Bergstraße 2-4, Tel. 06867-561594

Piesport .... **Plz 54498**
Hotel garni Winzerhof (●●), Bahnhofstraße 8, Tel. 06507-92520.
Pension Weingut Birkenhof (●●), Kettergasse 14-16, Tel. 06507-2403.

Pünderich .... **Plz 56862**
Weinhaus Hotel Lenz (●●), Hauptstraße 31, Tel. 06542-2350.
FerienWeingut Rockenbach (●●), Hauptstraße 7, Tel. 06542-2901.

Remich .... **Plz 5531**
Hotel Domaine La Forêt (●●●), 36, route de l´Europe, Tel. +352-699999.
Hotel St. Nicolas (●●●), 31, Esplanade, Tel. +352-26663.
Hotel-Restaurant Beau-Séjour (●●), 30, quai de la Moselle, Tel. +352-698126.
Hotel-Restaurant de l´Esplanade (●●●), 5, Esplanade, L-5533 Remich, Tel. +352-669171.
Hotel des Vignes (●●●), 29, route de Mondorf, L-5552 Remich, Tel. +352-699149.
Campingplatz Europe (●), Rue du Camping, L-5552 Remich, Tel. +352-698018

Sankt Aldegund .... **Plz 56858**
Sankt Aldegundishof (●●), Am Moselstausee 39, Tel. 06542-2575

Thörnich .... **Plz 54340**
Weingut Schmitthof (●●), Hauptstraße 34, Tel. 06507-3206.
Weingut Thul (●●), Im Bungert 6, Tel. 06507-3752.
Pension Thimmel (●●), Hauptstraße 15, Tel. 06507-3742.

Traben-Trarbach .... **Plz 56841**
Hotel Trabener Hof (●●●), Bahnstraße 25, Tel. 06541-70080.
Hotel Moselschlösschen (●●●), An der Mosel, Tel. 06541-8320.
Superior Romantik-Jugendstilhotel Bellevue (●●●),
An der Mosel 11-13, Tel. 06541-7030
Central-Hotel (●●●), Bahnstraße 43, Tel. 06541-6238
Hotel Bisenius (●●●), An der Mosel 56, Tel. 06541-813710
Mosel-Hotel Zum Anker (●●●), Rißbacher Straße 3, Tel. 06541-83080
Hotel Vier Löwen (●●●), An der Mosel 12, Tel. 06541-815908.
Mittelmosel-Jugendherberge Jugendgästehaus Traben-Trarbach (●),
Hirtenpfad 6, Tel. 06541-9278.

Treis-Karden .... **Plz 56253**
Hotel-Weinhaus Am Stiftstor (●●●), St.-Castor-Straße 17, Tel. 02672-1363.
Schloss-Hotel Petry (●●●), St.-Castor-Straße 80, Tel. 02672-9340.

Hotel Brauer (€€€), Moselstraße 25-26, Tel. 02672-1211.
Haus Born Simon (€€), Kirchberger Straße 7, Tel. 02672-1413

Trier .... **Plz 54295**
DJH-Jugendgästehaus am Moselufer (€), An der Jugendherberge 4, Tel. 0651-146620
Hilles Hostel (€€€), Gartenfeldstraße 7, Tel. 0651-7102785
Hostel Warsberger Hof (€€€), Dietrichstraße 42, Tel. 0651-975250
Europäische Akademie des rheinland-pfälzischen Sports (€),
Herzogenbuscher Straße 56, Tel. 0651-14680-0
Sportjugendheim Trier (€), Kockelsberger Weg 21, Tel. 0651-86663
Camping- und Reisemobilpark Treviris (€), Luxemburger Straße 81, Tel. 0651-8200911

Trier .... **Plz 54295**
Tagungs- und Gästehaus der Barmherzigen Brüder Trier (€),
Nordallee 1, Tel. 0651-2081026
NH Trier (€€€), Zurmaiener Straße 164, Tel. 0651-9280
Park Plaza Trier (€€), Nikolaus-Koch-Platz 1, Tel. 0651-99930
Ramada Hotel (€€€), Kaiserstraße 29, Tel. 0651-94950
Mercure Trier Porta Nigra (€€€), Porta-Nigra-Platz 1, Tel. 0651-27010
Mercure Trier An den Kaiserthermen (€€€), Metzer Allee 6, Tel. 0651-93770
Hotel Restaurant Deutscher Hof (€€€), Südallee 25, Tel. 0651-97780
Hostel Warsberger Hof (€€), Dietrichstraße 42, Tel. 0651-975250
Altstadt Hotel (€€€), Rindertanzstraße 1, Tel. 0651-9770200
Hotel Eurener Hof (€€€), Eurener Straße 171, Tel. 0651-82400
Blesius Garten (€€€), Olewiger Straße 135, Tel. 0651-36060
Nells Park Hotel (€€€), Dasbachstrasse 12, Tel. 0651-14440
Robert-Schuman-Haus (€€), Auf der Jüngt 1, Tel. 0651-81050
Hotel Restaurant Römerbrücke (€€€), Aachener Straße 5, Tel. 0651-8266-0
Hotel Restaurant Römischer Kaiser (€€€), Porta-Nigra-Platz 6, Tel. 0651-9770100
Hotel Restaurant Constantin (€€€), St.-Barbara-Ufer 1-2, Tel. 0651-978570

Wasserliesch .... **Plz 54332**
Waldhotel Albachmühle (€€€), Im Albachtal, Tel. 06501-94950

Winningen .... **Plz 56333**
Hotel Emmerich (€€€), Raiffeisenstraße 15, Tel. 02606-537.
Campingplatz Winninger Ferieninsel (€), Tel. 02606-357

Zell .... **Plz 56856**
Mosel-Feriendomizil Winzerhaus Haas-Lenz (€€), Plänterstraße 9, Tel. 06542-4420.
Haus Brandenburg (€€), Brandenburg 27, Tel. 06542-5010.
Haus Notenau (€€), Notenau 8, Tel. 06542-5010.

Zeltingen-Rachtig .... **Plz 54295**
Pension Beucher (€€), Uferallee 14, Tel. 06532-2402
Gästehaus Kunz (€€), Burgstraße 17, Tel. 06532-4295
Weinstube Pension Moselblümchen (€€), Fährstraße 18, Tel. 06532-2403

TOURISMUSINFORMATIONEN

Ferienland Cochem
Tourist-Information Ferienland Cochem, Endertplatz 1, 56812 Cochem, Tel. 02671-60040, www.cochem.de

Römische Weinstraße
Touristinformation Römische Weinstraße, Brückenstraße 46, 54338 Schweich, Tel. 06502-93380, www.roemische-weinstrasse.de

Saar-Obermosel
Tourist-Information Saar-Obermosel, D-54329 Konz, Granastraße 22, Tel. +49 (0) 6501-7790, www.konz.eu

ORTE/TOURISMUSBÜROS

Alf
Touristinformation Alf, D-56859 Alf / Mosel, Tel. +49 (0) 6542-2619, www.alf-mosel.de

Bernkastel-Kues
Mosel-Gäste-Zentrum (Tourist-Information), Gestade 6, D-54470 Bernkastel-Kues, Tel. +49 (0) 6531-4023, www.bernkastel.de

Brauneberg
Touristikbüro Brauneberg, Moselweinstraße 101, D-54472 Brauneberg, Tel. +49 (0) 6534-93 33 33, www.brauneberg.de

Bremm
Tourist-Information Bremm, Moselstraße 27, 56814 Bremm, Tel. 02675-370, www.bremm-mosel.de

Briedel
Tourist-Information Briedel, D-56867 Briedel, Bergstraße 2, Tel. +49 (0) 6542-4013, www.briedel.de

Bullay
Tourist-Information Bullay, Am Lindenplatz 2, D-56859 Bullay, Tel. +49 (0) 6542-21141, www.bullay.de

Burg
Tourist-Information Burg (Mosel), Schulstraße 8, D-56843 Burg (Mosel), Tel. +49 (0) 6541-811420, www.burg-mosel.de

Cochem
Tourist-Information Ferienland Cochem, Endertplatz 1, 56812 Cochem, Tel. 02671-60040, www.cochem.de

Detzem
Heimat- und Verkehrsverein Detzem, 54340 Detzem, Tel. 06507-9389925, www.detzem.com

Ediger-Eller
Tourist-Information Mosel-Calmont-Region Ediger-Eller, Tel. 02675-1344, Pelzerstraße 1, 56814 Ediger-Eller, www.ediger-eller.de

Enkirch
Tourist-Information Enkirch, Brunnenplatz 2, D-56850 Enkirch, Tel. +49 (0) 6541-9265, www.enkirch.de

Grevenmacher
Syndicat d´Initiative et de Tourisme de la Ville de Grevenmacher, 10, route du Vin, L-6701 Grevenmacher, Tel. +352-758275, www.grevenmacher.lu

Hatzenport
Fremdenverkehrs- und Heimatverein Hatzenport, Moselstraße 58, 56332 Hatzenport, Tel. 02605-952485, www.hatzenport.de

Kinheim
Tourist-Information Kinheim, Moselweinstraße 14, D-54538 Kinheim / Mosel, Tel. +49 (0) 6532-3444, www.kinheim-mosel.de

Kobern-Gondorf
Touristinfo Sonnige Untermosel, Bahnhofstraße 44, 56330 Kobern-Gondorf, Tel. 02607-4927, www.sonnige-untermosel.de und www.kobern-gondorf.de

Koblenz
Koblenz-Touristik, Bahnhofplatz 7, 56068 Koblenz, Tel. 0261-303880, www.koblenz.de

Konz
Tourist-Information Saar-Obermosel, D-54329 Konz, Granastraße 22, Tel. +49 (0) 6501-7790, www.konz.eu

Kröv
Tourist-Information Kröv, Moselweinstraße 35, 54536 Kröv, Tel. 06541-9486, www.kroev.de

Leiwen
Tourist-Information Leiwen, Römerstraße 1, 54340 Leiwen, Tel. 06507-3100, www.leiwen.de

Verkehrsbüro Lieser, Am Markt 43, D-54470 Lieser / Mosel, Tel. +49 (0) 6531-8746, www.lieser-mosel.de

Mehring
Touristinformation Mehring, Bachstraße 47, 54346 Mehring, Tel. 06502-1413, www.mehring-mosel.de

Nennig
Verkehrsverein Nennig, Bübinger Straße 1 A, D-66706 Perl-Nennig, Tel. +49 (0) 6866-1439, www.nennig.de

Neumagen-Dhron
Tourist-Information Neumagen-Dhron, Hinterburg 8, 54347 Neumagen-Dhron, Tel. 06507-6555, www.neumagen-dhron.de

Palzem
Ortsgemeinde Palzem, Zum Moselufer, D-54439 Palzem, Tel. +49 (0) 6583-844, www.palzem.de

Perl
Gemeindeverwaltung Perl, Trierer Straße 28 (Rathaus), D-66706 Perl, Tel. +49 (0) 6867-660, www.perl-mosel.de

Piesport
Touristinformation Piesport, Heinrich-Schmitt-Platz 1, 54498 Piesport, Tel. 06507-2027, www.piesport.de

Pünderich
Tourist-Information Pünderich, Raiffeisenstraße 3, D-56862 Pünderich, Tel. +49 (0) 6542-900021, www.puenderich.de

Remich
Tourist-Information Remich, Esplanade (Busbahnhof), L-5533 Remich, Tel. +352-36.84.88, www.remich.lu

Sankt Aldegund
Tourist-Information Sankt Aldegund, Am Moselstausee, 56858 Sankt Aldegund, Tel. 06542-1338, www.st-aldegund.de

Schengen
Bureau Touristique Régional Schengen, Rue Robert Goebbels, L-5441 Schengen, Tel. +352-26.66.58.10, www.schengen.lu

Traben-Trarbach
Tourist-Information Traben-Trarbach, Am Bahnhof 5, D-56841 Traben-Trarbach, Tel. +49 (0) 6541-83980, www.traben-trarbach.de

Treis-Karden
Verkehrsamt Treis-Karden, Hauptstraße 27, 56253 Treis-Karden, Tel. 02672-6137, www.treis-karden-mosel.de

Trier
Tourist-Information Trier, An der Porta Nigra, D-54290 Trier, Tel. +49 (0) 651-978080, www.trier.de und www.tit.de

Winningen
Fremdenverkehrsamt Winningen, August-Horch-Straße 3, 56333 Winningen, Tel. 02606-2214, www.winningen.de

Wintrich
Tourist-Information Wintrich, Bergstraße 3, 54487 Wintrich, Tel. 06534-8628, www.wintrich-mosel.de

Zell
Tourist-Information Zeller Land, Balduinstraße 44 (Rathaus), D-56856 Zell / Mosel, Tel. +49 (0)6542-96220, www.zellerland.de und www.zellmosel.de

Zeltingen-Rachtig
Verkehrsbüro Zeltingen-Rachtig, Uferallee 13, D-54492 Zeltingen-Rachtig, Tel. +49 (0) 6532-2404, www.zeltingen-rachtig.de

REGISTER

A

Ahn • 69
Alf • 143
Alkener Lay • 177
Amphitheater • 96
Apach • 26
Apollofalter • 153
Archäologiepark Römische Villa Borg • 38
Archäologiepark Martberg • 164
Atzbüsch • 38

B

Bahnhof Boppard-Buchholz • 171
Bahnhof Echternach • 80
Bahnhof Ediger-Eller • 148, 149
Bahnhof Igel • 85
Bahnhof Kaisersesch • 157
Bahnhof Mettlach • 47
Bahnhof Neef • 145
Bahnhof Nennig • 28
Bahnhof Nittel • 72
Bahnhof Perl • 24, 26, 27
Bahnhof Pommern • 162
Bahnhof Traben-Trarbach • 130, 134
Bahnhof Wasserliesch • 88
Bahnhof Wincheringen • 64
Beinter Kopf • 138
Bernkastel-Kues • 221
Bilzingen • 58
Birkenhof • 169
Bismarck-Hütte • 134
Borg • 38
Brandengrabenmühle • 172
Brästwald • 57
Brauselay • 152
Brodenbach • 172
Briedel • 136, 138
Bullay • 142, 143
Bullayer Doppelstockbrücke • 142
Burgen • 168, 169
Burg Eltz • 167
Burgstadt Sierck • 26
Butzerbachtal • 97
Butzweiler • 98

C

Cloef • 44, 49, 50
Collisturm • 139
Contz-les-Bains • 25

D

Daubisberger Mühle • 172
Deutsches Eck • 181, 183, 275
Dilmar • 58
Donatus-Kapelle • 68
Dortebachfall • 155
Dortebachtal • 68
Dreifaltigkeit • 125, 126
Dreiländereck • 32
Druidenstein • 32

E

Eft • 43
Ehnen • 64
Ehringer Berg • 37
Eisenzeitkelten Moselland • 170
Elisensitz • 52
Enkirch • 133, 134
Ernzen • 78
Elterberg • 69
Eselstratt • 112
Esingen • 58

F

Fatima-Kapelle • 38
Felsberg • 28
Felsentor • 52
Ferlfelsen • 52
Fisch • 52
Forsthaus Rotherhof • 167
Freiheitstempel • 176
Fünfseenblick • 108

G

Galgenlay • 148, 149
Geißberg • 134
Gemünd • 58
Genovevahöhle • 98, 99
Geyersley • 97
Girsterklaus • 81
Graacher Schanzen • 132
Grana-Denkmal • 89
Greinskopf • 126
Grevenburg • 134
Grevenmacher • 69
Grillhütte Rupperoth • 101
Gutenbachtal •78

H

Hambuchermühle • 158
Hammelsberg • 32, 43
Hauptmarkt • 92, 96
Haus Becker • 49
Heidbaachtal • 63
Hellendorf • 44
Helenenkreuz • 58
Hierer Mühle • 172
Hierscht • 69
Hindenburglay • 137
Hochburg • 98
Hochkessel • 145
Hosteberg • 56
Hügelgräber • 35

I

Igel • 87
Igeler Säule • 85
Irreler Wasserfälle • 76, 78

K

Kaiserthermen • 96
Kampholz • 38
Kastel • 52
Kavelocherhof • 155
Kelterdell • 77
Klause • 52
Klause • 119
Klausenhöhle • 97
Klosterruine Rosenthal • 158
Klotten • 154
Klüsserath • 112, 113, 120
Köllig • 68
Koeppchen • 68
Kövenig • 134
Krailsbachs • 167
Krövblick • 132
Kuckuckslay • 54
Kumer Knüppchen • 106, 108
Kümmern • 54
Kueser Plateau • 126

L

Laacher See • 185
Langheck • 73
Lateswald • 35
Leiwen • 108
Liersberg • 86
Lieser • 124, 126
Liboriuskapelle • 77
Lorettablick • 134
Lönshütte • 140
Löschemer Kapelle • 89
Löwener Mühle • 86
Lumbüsch • 73

M
Machtum • 69
Maria Laach • 184, 186
Marienburg • 142
Markusberg • 27
Martberg • 164
Marterkapelle • 113
Mehringer Berg • 101
Mehring• 107
Merzkirchen • 37
Merl • 140
Mettlach • 49
Metzenberg • 54
Michelbüsch • 37
Minheimer Schutzhütte • 119
Mittelmoselmuseum • 130
Montclair • 49
Monzel • 119
Moersdorf • 81
Moselkern • 165, 167
Moselsteig • 89
Moselsteig Etappen 1–24 • 187–275
Moseltal • 86, 117
Moseltal • 86, 117
Mosel-Weinbahn • 230

N
Naubour • 32
Neef • 113, 147
Nennig • 34, 35
Neuewald • 155
Neufels • 52
Neumagen • 113
Nittel • 72, 73, 75
Nitteler Felsen • 72

O
Oberfell • 176
Oberperl • 32
Oberstwald, • 31
Orscholz, • 44, 48, 49

P
Palzem • 57, 58, 60
Parkplatz Klause • 51
Paulskirche •12451
Perfeist • 90
Perl • 33, 38, 42, 43
Petersberg • 146
Pfaffendorfer Brücke • 181
Piesport • 116, 123
Pillinger Hof • 38
Pilsfelsen • 52
Pommern • 158, 162, 164
Pommern Martberg • 163
Porta Nigra • 91, 96
Primerberg • 64
Prinzenkopf Panorama • 144
Prinzenkopftunnel • 143
Prinzenkopfturm • 143
Pündericher Aussicht • 143
Pützlöchern • 98

R
Rabüscheck • 31, 32, 38, 43
Rachtig • 128
Ramstein • 97
Renglischberg • 38
Rehlingen • 73
Rehlinger Kirche • 38
Reil • 143
Reiler Hals • 143
Remerschen • 27
Remich • 28, 63, 66
Remicherboesch • 64
Richardshöhe • 86
Ringelsteiner Mühle • 166
Riol • 104, 106
Rioler Fährhaus • 104
Rioler Römerberg • 104
Rochuskapelle • 73
Rosport • 81
Römerstraße • 58
Römertempel Calmot • 150
Römertor • 52
Römisch Heiligenhäuschen • 128
Römische Langmauer • 98
Römische Villa • 107
Rottenblick • 133

S
Saarburger Straße • 56
Saarmündung Konzer Brücke • 196
Sankt Stephanus • 128
Schengen • 27
Schengener Schlass • 25
Schinderhanneshöhle • 169
Schlemmerkopf • 149
Schloss Berg • 35
Schloss Thorn • 58
Schweich • 100, 102
Schweierbierg • 28
Sehndorf • 38
Sendemast • 32
Sierck-les-Bains • 26
Sonnenberg • 108
Stadtbredimus • 64
Stadtmuseum Simeonstift
Starkenburg • 134
Stromberg • 25, 27

T
Taubenhaus • 130
Tawern • 54, 55, 56
Teufelsschlucht • 77
Teufelssteinhütte • 49
Totes Holz • 156
Trarbach • 130, 131, 132
Trarben • 132
Trier • 93
Trittenheim • 113

V
Valwig • 151, 152
Valwigerberg • 152
Viereckiger Turm • 139
Villa Margaretha • 158

W
Wallfahrtskirche Bleidenberg • 178
Wasserbillig • 84
Wasserliesch • 90
Wehr • 57
Weißley • 116
Wellen • 69, 71
Wellesbachtal • 49
Wilhelmshöhe • 137
Willibrord-Basilika • 80
Wincheringen • 58, 68
Windhäuserhöfe • 167
Windhof • 73
Wintrange • 28
Wolfer Kloster • 132
Wormeldange • 64, 67

Z
Zell • 139, 140
Zeltingen • 127, 129
Zitronenkreuz • 101
Zummethof • 108
Zummethöhe • 211

IMPRESSUM

Wanderführer mit 68 Touren
Mosel mit Moselsteig

Covergestaltung: Britta Wilken
Gesamtherstellung: EDITIONNOVA GmbH, Rheinbreitbach
Text: Bernhard Pollmann
Fotos (soweit nicht anders angegeben): Bernhard Pollmann
Foto Seite 10-11: gandolf, © www.fotolia.de
Umschlagvorderseite: Luftaufnahme von Beilstein von Burg Metternich (Foto: iStockphoto/trabantos); Wanderlogo (Foto: iStockphoto/Victor)

Kartengrundlage für Gebietsübersichtskarte S. 12-13, U4:
© MairDumont, D-73751 Ostfildern 4

Haftungsausschluss
Alle Angaben und Routenbeschreibungen wurden nach bestem Wissen gemäß unserer derzeitigen Informationslage gemacht. Die Wanderungen wurden sehr sorgfältig ausgewählt und beschrieben, Schwierigkeiten werden im Text kurz angegeben. Es können jedoch Änderungen an Wegen und im aktuellen Naturzustand eintreten. Wanderer und alle Kartenbenützer müssen darauf achten, dass aufgrund ständiger Veränderungen die Wegzustände bezüglich Begehbarkeit sich nicht mit den Angaben in der Karte decken müssen. Bei der großen Fülle des bearbeiteten Materials sind daher vereinzelte Fehler und Unstimmigkeiten nicht vermeidbar. Die Verwendung dieses Führers erfolgt ausschließlich auf eigenes Risiko und auf eigene Gefahr, somit eigenverantwortlich. Eine Haftung für etwaige Unfälle oder Schäden jeder Art wird daher nicht übernommen. Für Berichtigungen und Verbesserungsvorschläge ist die Redaktion stets dankbar.